国家检察官学院浙江分院培训讲义系列之一

刑事诉讼热点问题

十讲

XINGSHI SUSONG REDIAN WENTI
SHIJIANG

胡　勇◎主　编

邱　李◎副主编

中国检察出版社

图书在版编目（CIP）数据

刑事诉讼热点问题十讲／胡勇主编. —北京：中国检察出版社，2020.6
ISBN 978 - 7 - 5102 - 2423 - 2

Ⅰ.①刑… Ⅱ.①胡… Ⅲ.①刑事诉讼 - 研究 - 中国 Ⅳ.①D925.204

中国版本图书馆 CIP 数据核字（2020）第 056212 号

刑事诉讼热点问题十讲

胡　勇　主编

出版发行：中国检察出版社
社　　　址：北京市石景山区香山南路 109 号 （100144）
网　　　址：中国检察出版社 （www. zgjccbs. com）
编辑电话：(010)86423751
发行电话：(010)86423726　86423727　86423728
　　　　　(010)86423730　68650016
经　　　销：新华书店
印　　　刷：北京宝昌彩色印刷有限公司
开　　　本：710 mm ×960 mm　16 开
印　　　张：17.75　插页 4
字　　　数：249 千字
版　　　次：2020 年 6 月第一版　2020 年 6 月第一次印刷
书　　　号：ISBN 978 - 7 - 5102 - 2423 - 2
定　　　价：68.00 元

主编寄语

2018 年以来，国家检察官学院浙江分院深入贯彻落实浙江省人民检察院党组关于学院实体化运作的决策部署，以贾宇检察长提出的"五个一流"（一流的环境、一流的师资、一流的课程、一流的效果和一流的服务）的学院梦为目标引领，牢牢把握学院姓"学"的职能定位，突出教学主责主业，创新培训课程体系建设，努力打造名师名课，推出了一批高质量的精品课程。

为促进培训成果的最大化运用，进一步提升全省检察教育培训的内涵和学术水准，学院决定在充分发掘优质师资和课程的基础上，编写一套贴近检察实务、具有浙江特色的检察实务培训教材。本次出版的《刑事诉讼热点问题十讲》，即系列培训教材的第一本。

本书以刑事诉讼热点前沿问题为主题，以 2019 年学院课中十个备受好评的教学成果为主体，同时以最高人民检察院原副检察长朱孝清的《检察机关在认罪认罚从宽制度中的地位和作用》一文作为特稿。在内容编排上，既有对检察官客观公正义务的深入解读，又有对认罪认罚从宽制度的实践检视；既有对证据审查判断的系统阐述，又有对被追诉人权利保护的全方位关照，还有对刑事疑难案件办理中正当程序与司法方法的具体应用讨论。在作者选择上，既有学术界的知名学者，也有实务界的理论专家，还有身处办案一线的资深法官、检察官和律师。总之，本书对刑事诉讼热点前沿问题从理念、制度和方法作了多角度的探讨，突出学术研究与司法实践之间的沟通、对话与互动，突出成果的多层次、多侧面，突出主题的广泛性、多样性，以期对指导司法办案和推进司法领域的学术研究均有所裨益。

本书的编辑出版，得到了贾宇检察长的大力支持。贾宇检察长高度重视和关心学院课程体系建设，多次作出指示，并欣然应允将《坚持"少捕慎诉" 促进社会治理》一文作为本书代序。朱孝清先生应浙江省人民检察院王祺国副检察长之邀，在极短的时间内完成了特稿的写作修改。王祺国副检察长将《关于检察机关适用认罪认罚从宽制度的几点思考》一文作为代跋，为本书增色不少。本书的作者们克服疫情带来的困难，如期完成了文稿的修改、完善工作。

　　本书的顺利出版，离不开中国检察出版社的鼎力相助。在此，向为本书的编辑出版作出智识贡献和辛苦付出的领导、作者和编辑一并致以由衷的敬意和谢意！

胡　勇

2020 年 4 月 12 日

目　录

▶代序

坚持"少捕慎诉" 促进社会治理[*]

贾 宇[**]

浙江是习近平新时代中国特色社会主义思想的重要萌发地，也是"枫桥经验"的发源地。长期以来，特别是 2015 年以来，在中共浙江省委和最高人民检察院的坚强领导下，全省检察机关牢牢把握、充分发挥"枫桥经验"发源地的优势，自觉深入践行新时代"枫桥经验"精神，在司法办案中大力持续推进"少捕慎诉、保障权益"专项工作，坚持依法可捕可不捕的不捕、可诉可不诉的不诉，积极促进刑事和解，努力化解社会矛盾，不断提升办案效果，全力保障当事人合法权益，有效推动社会治理和平安浙江建设，为浙江连续成为全国最具安全感的省份之一作出了积极贡献。全省刑事犯罪"不捕率""不诉率"持续上升，不捕率从 2015 年的 18% 上升到 2018 年的 26.9%，增幅近 9 个百分点；不诉率从 2015 年的 6.5% 上升到 2018 年的 15.2%，不诉率翻了一番多。同时，不捕不诉案件质量高、效果好，公安机关对不捕不诉案件复议复核比例、当事人对不捕不诉案件申诉信访比例均明显低于全国平均数。主要做法有：

---

[*] 原文发表于《人民检察》2019 年第 19—20 期合刊。

[**] 浙江省人民检察院党组书记、检察长，二级大检察官。

一、提高政治站位，深化认识，进一步增强"少捕慎诉"思想自觉和行动自觉

（一）坚持把"少捕慎诉"作为践行发展新时代"枫桥经验"的重要抓手来认识和推进

"少捕慎诉"与"枫桥经验"的"捕人少、治安好""矛盾就地解决，不上交"等要义高度契合，是"枫桥经验"在检察领域的生动实践，体现了法律监督三个效果的有机统一。从司法实践来看，不少案件引起"全民围观"往往不是事实认定或者司法程序出了问题，更多是因为机械办案而遭受舆论不满，所推出的"检察产品"不能满足情理法的统一。省检察院坚持把"少捕慎诉"作为践行发展新时代"枫桥经验"的重要抓手，将"枫桥经验"与检察机关司法办案、化解矛盾纠纷有机结合，将"依靠群众、化解矛盾、预防犯罪、维护稳定、促进社会和谐发展"等"枫桥经验"贯穿于司法办案全过程，开展了一系列的实践探索。从全省检察机关评选以规范、理性、文明为核心的"绿色司法"优秀案例到"枫桥经验"检察教学基地的挂牌成立，从《人民日报》锐评浙江省办理吴英父亲案件不捕决定时的"批捕就该谨慎"到"将案件数量降下来"战略目标的最终确立，从坚持检察机关办案事实关、证据关和法律关到延伸工作触角进一步强调源头风险的防范和治理，持续推动"枫桥经验"在检察办案实践中落地生根。

（二）坚持把"少捕慎诉"作为促进浙江省"两个高水平"建设的重要举措来认识和推进

浙江省第十四次党代会提出了高水平全面建成小康社会、高水平推进社会主义现代化建设"两个高水平"建设的奋斗目标。这对法治建设、社会治理体系和社会治理能力建设提出了更高的要求。高水平小康社会，必然是一个法治昌明、良法善治的社会，是一个司法规范、理性、文明的社会，是一个个体权益得到保障进而社会和谐有序的社会。省检察院认真贯彻落实省委部署，坚持把"少捕慎诉"作为检察机关主动服务平安中国示范区建设的重大举措,部署开展"少捕慎诉、保障权益"专项检察活动,明确提出"三个进一步"工作目标,即进一步严格审查逮捕起诉的条件,进一步降低逮捕起诉率,进一步压缩逮捕起诉总量,引导全省检察机关在严格、依法、文明、规范办案的同时,通过"少捕慎诉"最大限度从源头上防控犯罪总量,最大限度化解社会矛盾,最大限度尊重和保障人权,努力实现浙江法治建设高水平发展,实现社会良法善治。

(三)坚持把"少捕慎诉"作为落实以人民为中心思想的重要途径来认识和推进

中国特色社会主义进入新时代,检察机关法律监督面临的形势发生了巨大的变化,人民群众对检察机关的要求已经从"能不能监督""有没有监督"转变为"监督好不好""质量优不优"的更高层次。坚持"少捕慎诉",正是顺应新时代人民群众对美好生活的新期待,立足于用情理来疏释法的刚性,强化检察权的谦抑性、恢复性与社会和谐内在的契合,坚决摒除就案办案、机械司法的观念和做法,切实把"谦抑、审慎、善意"的理念贯穿于司法办案全过程,坚持司法理性,在严格、平等适用法律的前提下,对轻微刑事案件注重非罪化、非刑罚化和非监禁化的处理方式,从而体现司法的克制性、妥协性和宽容性。充分发挥诉前主导作用,在司法办案中想得更细致,为老百姓谋划得更充分,办好每一个案件、做好每一起矛盾化解工作、维护好每一个当事人的合法权益,努力让人民群众在每一个司法案件中都感受到公平正义,不断增强人民群众的获得感、幸福感和安全感。

二、突出重点难点,创新制度机制,全方位推进"少捕慎诉"在司法办案中落实落地

(一)突重点、破难点,加大依法不捕不诉工作力度

浙江长期以来面临刑事案件多发、易发、高发的严峻形势,办案任务一直十分繁重。然而,从犯罪的结构看,轻刑案件占85%左

右；从犯罪主体看，外省籍人员占比超过一半，未成年人占相当比重。另外，浙江省系民营经济大省，涉民营企业案件也有相当数量。这既为浙江省落实宽缓刑事政策推进"少捕慎诉"提供了客观现实条件，也表明了轻微刑事犯罪、未成年人犯罪等是实施"少捕慎诉"的重点，外来人员犯罪是实施"少捕慎诉"的难点。一是加大对轻微刑事犯罪的不捕不诉力度。加大对危险驾驶、轻伤害、盗窃、诈骗等多发、易发轻微刑事犯罪案件不捕不诉的力度。对于因民间纠纷、邻里矛盾等引起的轻伤害案件，一般由当事人双方先行和解，达成和解的一般作不起诉处理；对于没有前科劣迹，只是初犯、偶犯的轻微盗窃、诈骗犯罪嫌疑人尽可能作不起诉处理；针对浙江省"醉驾"案件数量居高不下的问题，2017年省检察院与省公安厅、省法院制定了会议纪要，在严格依法的同时，针对浙江司法实际，适当放宽了对"醉驾"案件不起诉或免予刑事处罚、适用缓刑的条件，并规范了执法标准，缓解了浙江省"醉驾"案件处罚面过宽、打击过严的现状，受到省委充分肯定。2015年、2016年浙江省"醉驾"案件量均居全国首位，2017年纪要出台后，当年全省醉驾案件起诉数同比下降39.2%，2017年、2018年"醉驾"案件受理数分别退居全国第四位、第五位。二是强化对外来人员的平等对待。针对外来人员犯罪审前羁押率高这个难点，积极探索建立从严从紧适用逮捕强制措施的新方式，全面推进外来人员与本地人员平等化的"同城待遇"政策和措施，努力降低外来人员审前羁押率。2015至2018年，全省检察机关不捕案件中，外来人员41135人，占不捕总人数的60.2%；不起诉案件中，外来人员20922人，占不起诉总人数的37.2%。各地检察机关也结合本地实际积极采取有针对性的措施。例如，宁波市检察院会同该市公安局出台了《关于外来人员犯罪案件适用逮捕措施的若干意见》，强化对外来人员的平等对待，在全市范围内进一步推广外来人员"同城待遇"机制，外来人员定罪不捕率从2012年的2.43%逐步提升到2018年的15.93%，与涉罪本地人员基本持平。舟山市检察机关探索建立从严从紧适用逮捕强制措施的新方式，努力降低外来人员审前羁押率，3年多来该市外来人员占不捕人数的 61.7%，不诉案件中外来人员比例也超过 50%。三是加大对涉罪未成年人的特殊司法保护。对主观恶性较小的初犯、偶犯、过失犯、无社会危害性、犯罪情节轻微的未成年人，尽可能不捕不诉或附条件不起诉，全面加强对未成年人的特殊司法保护。对未成年人犯罪的不捕率从 2015 年的 26.2% 上升到 2018 年的 38.7%，不起诉率从 2015 年 13.3% 上升到 2018 年的 35.6%。四是审慎办理民营企业家涉罪案件。办理涉企案件时，准确把握非法集资、合同诈骗等刑民交叉案件法律政策界限，综合把握危害税收征管类犯罪案件的案发原因和社会背景，尊重涉企职务侵占、挪用资金类犯罪中被害企业的意见，提前介入企业恶意欠薪案件并推行柔性司法，不搞简单地一诉了之。2018 年，全省涉企类案件依法不起诉率达 18.4%。宁波市海曙区检察院对涉及民营企业高级管理人员、技术骨干等的刑事案件，在法律允许范围内"轻拿轻放"，2018 年共决定不起诉民营企业负责人、高管等 46 人，占决定不起诉人数的 33.8%。

（二）推进制度创新，积极探索"少捕慎诉"配套工作机制

一是建立赔偿保证金制度。针对轻伤害案件、交通肇事案件所遇到的少数被害人"漫天要价"的索赔以及缠访闹访等严重影响审查逮捕、审查起诉工作的情况，省检察院积极与省法院、省公安厅、省司法厅沟通，联合制定轻微刑事案件赔偿保证金制度，对风险防控、矛盾化解、强制性措施适用、刑事和解及审理判决等进行一揽子制度安排，最大限度地提高刑事和解适用率。2018 年试行以来，适用赔偿保证金制度作不捕决定的有 54 人，缴存赔偿保证金共计 554.5 万元。二是建立羁押必要性审查"提示单"制度。在审查逮捕过程中，将暂时不具备刑事和解、认罪悔罪、退赃退赔等条件的案件以"提示单"形式告知刑事执行检察部门，由刑事执行检察部门跟进案情发展，对符合"提示单"所列条件的案件及时进行羁押必要性审查。2018 年，全省立案办理羁押必要性审查案件 4906 件，立案数列全国第四，建议被采纳 3977 人，采纳数同比上升 134%。

三是引入生态修复补偿。将恢复性司法引入生态环境保护实践，积极探索"司法＋督促生态修复"办案模式，在打击犯罪的同时使受到损害的生态环境得到及时、有效的修复，并根据具体案情对犯罪嫌疑人依法作出不捕不诉等从宽处理，取得了打击犯罪和保护生态环境的双重效果。如龙泉市、开化县检察院联合法院、公安、环保、国土、林业、水利、农业等部门联合出台了《关于联合建立生态环境修复补偿工作机制的若干意见》，就生态修复方式、补偿标准、执法信息共享、执法程度、监督途径等工作达成一致意见，形成整体推进生态修复的工作合力。四是探索社会公益服务。一些基层检察院针对醉驾刑事处罚手段单一等问题，积极探索开展对符合相对不起诉标准的犯罪嫌疑人参与社会公益服务工作。如瑞安市检察院联合"爱心顺风车"公益组织，对拟作不起诉决定的犯罪嫌疑人，安排其参加担任交通劝导员等公益服务，通过参与社区帮教提升办案社会效果。

（三）秉持双赢共赢理念，强化部门协作，形成工作合力

"少捕慎诉"是一项系统工程，涉及公安、法院、司法行政等方方面面，必须强化部门协作，形成工作合力。一是构建共建共享检警协作工作新平台。在全国率先实现在全省基层公安机关设立检察官办公室（截至目前全省89个基层检察院已在同级公安机关设立检察官办公室），建立对公安机关立案、侦查信息定期查询重点查询及信息互享的常态化机制，为"少捕慎诉"搭建了检警协作新平台。二是共同制定规范相关办案流程。省检察院先后联合省法院、省公安厅制定《关于进一步规范适用逮捕等刑事强制措施若干问题的规定（试行）》《关于办理当事人和解的刑事公诉案件的若干规定》等规范性文件，在全省规范不捕不诉案件公开审查、听证试点，以及不捕不诉案件释法说理、教育疏导、矛盾化解等工作，提高了不捕不诉工作的满意度、公信力。宁波、温州、金华等地也相继出台一系列办理不捕不诉案件的规范指引，进一步规范审查标准，简化办案流程，特别是对无社会危险性不捕和情节轻微相对不诉应遵循的

原则和标准进行了具体细化，使判断犯罪嫌疑人的社会危险性和相对不诉条件有了更加客观的标准，使审慎适用逮捕措施和不起诉有据可循，确保不捕不诉案件的规范办理。三是联合部署专项检查或者调研。如为全面梳理全省存疑不捕案件办理情况，进一步规范检察机关存疑不捕、公安机关不捕后补充侦查及后续处理工作，省检察院联合省公安厅共同部署开展了全省存疑不捕案件专项检查活动，通过检查发现不论是公安机关前期侦查取证、后期补充侦查还是检察机关提前介入、存疑不捕决定和后期跟踪监督，都存在不少值得重视的问题，在此基础上再进行磋商并提出有针对性的解决措施。又如，针对部分地方公安机关、法院对于逮捕措施适用理念的转变尚存在不理解、不一致的地方，及时将有关情况报告省委政法委，并在省委政法委组织下进行座谈和调研，共同解决"少捕慎诉"理念在落地过程中所遇到的实际问题，凝聚共识，努力实现多赢共赢。

三、立足检察机关内设机构改革新格局，延伸工作职能，持续推进"少捕慎诉"深入开展

随着检察机关内设机构改革的完成，捕诉一体新格局和刑事诉讼法认罪认罚从宽制度的全面落地，如何持续推进"少捕慎诉"就需要认真研究和分析。捕诉一体作为刑事检察办案"全程、全能、全责"新的运行模式，能有效促进检察官从过去片面、分散、部分行使检察权向全面、完整、充分行使检察权转变，能有力推动检察业务转型升级。但由于目前处于改革初期，办案节奏尚不适应、工作方式尚需熟悉、应用程序尚未打通，实施过程中自然会面临很多新情况新问题。这要求我们必须立足检察机关内设机构改革新格局，把"少捕慎诉"的要求与执行认罪认罚从宽制度、宽严相济刑事政策等有机结合起来，进一步深入研究当前特别是互联网大数据时代浙江省刑事犯罪发展、变化的规律特征，系统总结持续推进的"少捕慎诉、保障权益"专项工作的实践经验，不断提升检察机关对新形势下刑事犯罪打防控的法律监督的能力和

水平。在依法办案的同时，针对刑事案件的多发领域、社会关注的热点问题、执法司法的监督盲点以及类案发生的特点规律，加强情况研判、风险预警和社会治理建议，为党委政府和有关部门决策提供辅助参考，推动社会治理现代化。

（一）完善多元化矛盾纠纷解决机制

在办案过程中始终注重加强对案件矛盾化解的力度，特别是发挥在基层公安机关设立的检察官办公室的作用，加强刑事案件源头治理、事先会商、提前介入、联合检查等基础性工作，提高执行"少捕慎诉"的主动性。密切与司法行政、律师协会、人民调解组织等单位的沟通联络，充分依靠社会各方力量搭建刑事和解平台，构建多元立体的矛盾纠纷化解机制，进一步创造"少捕慎诉"的良好社会环境。

（二）加强信息共享和质量管控

依靠省委政法委的领导、协调，加强与公安机关、法院的沟通协调，建立健全刑事案件信息共享互通机制，定期共同分析研判不捕不诉案件情况，加强联合调研、统一执法司法标准，健全制度机制，增强贯彻"少捕慎诉"的自觉性。根据认罪认罚从宽制度、捕诉一体机制重大改革对"少捕慎诉"提出的新要求，进一步发挥案件管理部门对业务工作的中枢调控、过程监测、数据分析作用，通过流程监控、质量评查等业务监管，加强对不捕、不诉案件的程序和实体监督。继续完善双向说理和公开听证审查机制，通过强化说理、科学考评和引入外部监督确保办案的质量和效果。

（三）积极参与社会治理

充分发挥检察建议和白皮书的作用，对案件办理中发现的领域、行业共性问题，特别是扫黑除恶、P2P金融、食药医环等社会关注的热点问题，及时分析研判，为党委政府和有关部门提供决策参考，促进集中整治，消除治理隐患。如省检察院对全省检察机关近年来办理的金融犯罪案件进行调研，分析了其犯罪特点及原因，并有针对性地提出治理对策和建议，形成《我省金融犯罪案件情况调查分析》送党委政府参考，获得省委领导批示肯定。杭州市检察院以杭州市民营企业家犯罪案件为样本，形成《近五年来杭州市民营企业家犯罪分析与风险防控对策》一文，系统分析了发案特点及原因，提出防范风险的对策建议，为有效预防民营企业家犯罪提供了较多的参考。

"少捕慎诉"是一项法律性、政策性很强的系统工程，也是一项长期工作。下一步，全省检察机关将以贯彻落实中央加强诉源治理工作的要求和浙江省委《进一步加强检察机关法律监督工作的若干意见》为契机，进一步压实领导责任，统一适用标准，建立健全工作机制，加强部门协作配合，努力推动少捕慎诉工作提质增效，为做优刑事检察工作作出浙江检察机关应有的贡献。

▶ 特稿

检察机关在认罪认罚从宽
制度中的地位与作用[*]

朱孝清^{**}

目　次

---

* 原文发表于《检察日报》2019 年 5 月 13 日，作者有修改。

** 最高人民检察院原副检察长。

（四）加大相对不起诉、附条件不起诉的力度

（五）进一步提高量刑建议的能力和水平

（六）充分发挥律师的作用

（七）严防司法腐败，确保公正廉洁执法

2019 年 4 月 17 日，张军检察长在政法领导干部专题研讨班指出，要"全面落实认罪认罚从宽制度，切实发挥检察机关的主导作用"。笔者理解，张军检察长不仅指明了检察机关在认罪认罚从宽制度中作用的主导性，而且指明了检察机关在认罪认罚从宽制度中地位的主导性。易言之，检察机关在认罪认罚从宽制度中居于主导地位，应当发挥主导作用。

一、检察机关在认罪认罚从宽制度中为什么居于主导地位

刑事诉讼法学界一般认为，检察机关在刑事诉讼的审前程序中居于主导地位。这是因为检察机关在审前程序中，通过对审查批捕、审查起诉、诉讼监督和部分职务犯罪的侦查四项职能，担当以下角色：第一，检察机关是犯罪的国家追诉者。负责将涉嫌犯罪的嫌疑人提起公诉，要求法院审判，以实现国家刑罚权。侦查机关虽然也属于犯罪的追诉方，但侦查是为起诉作准备的，应当服从、服务于起诉。第二，检察机关是案件的过滤把关者。通过对提请批捕、移送起诉案件的审查过滤，保证逮捕、起诉案件的质量，并使起诉的案件符合审判要求。第三，检察机关是程序分流的调控者。根据犯罪事实、情节及犯罪嫌疑人认罪态度等因素，对案件分别作出不诉、起诉的决定。对不诉的，终结诉讼程序；对起诉的，开启审判程序，限定审判范围，并向法院提出分别适用普通程序、简易程序或者速裁程序审理的建议。第四，检察机关是合法权益的保障者。通过审查逮捕、审查起诉，确保无罪的人不受刑事追究；通过侦查监督，纠正侦查中的违法和错误，进行司法救济，保障诉讼参与人特别是

犯罪嫌疑人及其律师的合法权益。第五，检察机关是国家法制和司法公正的守护者。通过四项职能的行使，保证国家法律在审前程序的正确实施，维护审前程序的公平正义。

总之，在审前程序中，检察机关基于法律监督机关的定位，通过审查逮捕、审查起诉和诉讼监督、职务犯罪侦查等职能的行使，既追诉犯罪，又保障人权；既纠正违法，又维护合法；既监督、引导侦查，又启动审判程序、限定审判范围，从而保障法律在审前程序的正确实施、维护审前程序的公平正义，是当之无愧的主导者。

在认罪认罚从宽制度中，检察机关又何以成为主导者——不仅是审前程序的主导者，而且是整个刑事诉讼程序的主导者呢？这是因为在认罪认罚案件的诉讼程序中，检察机关除了在一般刑事诉讼中的职责担当之外，还具有以下身份：

（一）检察机关是案件拟处理意见与辩方的协商者

对认罪认罚案件，根据《刑事诉讼法》第 173 条和第 174 条的规定，检察机关应当就涉嫌的犯罪事实、罪名及适用的法律规定，从轻、减轻或者免除处罚等从宽处理的建议，认罪认罚后案件审理适用的程序，以及其他需要听取意见的事项，听取犯罪嫌疑人、辩护人或者值班律师、被害人及其诉讼代理人的意见；犯罪嫌疑人自愿认罪、同意量刑建议和程序适用的，应当在辩护人或者值班律师在场的情况下签署认罪认罚具结书。法律规定的这个程序，实质上是控辩双方就案件处理意见进行协商的程序。因为所谓"协商"，是指"共同商量以便取得一致意见"。而上述程序就体现了控辩双方就案件处理意见"共同商量以便取得一致意见"的精神：（1）对认罪认罚之外的案件，法律并未规定该程序，对认罪认罚案件规定该程序，就是为了使控辩双方在案件的处理上通过协商取得一致意见。（2）"听取意见"体现的是控辩之间的沟通。一方面，检察机关向辩方告知拟处理意见不是检察机关单方通知、"我说你听"，而是为了"听取意见"，因此，辩方有权提出自己的意见和要求。另一方面，检察机关"听取意见"不是为听取而听取、听过了事，而是为了使拟处理意见考虑得更加全面、更加客观公正，并与辩方取得一致意见。即辩方意见如果有理，应予采纳，并修正拟处理意见；辩方意见如果无理或站不住脚，则予解释说明。故检察机关"听取意见"的过程，是控辩双方围绕案件的处理进行协商并与辩方取得一致意见的过程。（3）犯罪嫌疑人签署认罪认罚具结书所体现的是控辩协商的成果，易言之，是控辩双方就案件的处理在协商一致基础上所达成的公法意义上的一种协议。虽然具结书是犯罪嫌疑人签署的，但案件的罪名、量刑建议、程序适用意见等内容都写在具结书上，因而体现的是控辩双方的意志。具结书一经签署，就对控辩双方产生约束力：除非发生足以影响案件处理的情形，控方应按犯罪嫌疑人同意的处理意见处理，辩方应按具结的意见接受处理。总之，从检察机关"听取意见"到犯罪嫌疑人"签署具结书"，较完整地体现了控辩双方就案件的处理进行协商并取得一致意见的过程。

刑事诉讼法不仅规定了上述控辩协商程序，而且明确了控辩协商以下四个方面的内容：（1）明确了控辩协商的主体是控辩双方；（2）明确了控辩协商的诉讼阶段是审查起诉阶段（侦查阶段也可以认罪认罚，但听取意见、签署具结书的这种协商只能在审查起诉阶段）；（3）明确了控辩协商的范围主要是量刑协商和程序适用协商，还有极少数可以作特别从宽处理案件可以是定罪协商；（4）明确了控辩协商的法律后果，这就是《刑事诉讼法》第201条规定的人民法院依法作出判决时，除了法律规定的情形之外，一般应当采纳检察机关指控的罪名和量刑建议。

刑事诉讼法规定控辩协商程序，并非出于立法者的任意，而是基于认罪认罚从宽制度的内在需要。

首先，这是使"认罚"落到实处（落到地）的必然要求。"认罚"是认罪认罚从宽制度的一个要素。"认罚"的特点之一是，其内容是随着诉讼程序的推进而逐步具体、明晰的：在侦查和审查起诉环节，表现为犯罪嫌疑人表示了"愿意接受刑事处罚"这个原则态度；在起诉环节，表现为同意检察机关的量刑建议；在审判后，表现为服从法院的判决。"认罚"的特点之二是，犯罪嫌疑人认罚与法院从宽处罚互为前提：一方面，只有犯罪嫌疑人认罚，法院才会从宽处罚；另一方面，只有法院从宽处罚，犯罪嫌疑人才会最终认罚。但是，法院是不是会从宽处罚，能宽到什么程度，犯罪嫌疑人在诉讼初期是不知道的。为了使犯罪嫌疑人所认之"罚"（犯罪嫌疑人主观上预期的"罚"）与法院判决之"罚"（客观上的"罚"）相对接，从而使犯罪嫌疑人"认罚"落到实处（接受法院判决的刑罚），就需要检察机关在诉讼中搭个桥，由检察机关根据犯罪嫌疑人认罪的情况和认罚的原则态度，提出量刑建议和案件审理适用的程序，听取犯罪嫌疑人及其律师的意见，并协商取得一致意见。案件起诉到法院后，如果法院能够采纳协商的意见，那犯罪嫌疑人主观上所认之"罚"与法院判决这个客观上的"罚"就相对接了，案件判决后，犯罪嫌疑人就会认可法院判决的"罚"。因此，控辩协商是使"认罚"落到实处的必然要求。

其次，这是在诉讼程序上体现合作式司法的需要。司法有对抗式司法与合作式司法之分。前者以不认罪案件为标志，控辩对抗贯穿刑事诉讼的始终；后者以认罪案件为标志，辩方在案件是否构成犯罪这一刑事诉讼最重要的问题上，与控方持合作态度。认罪认罚案件更属于合作式司法的案件类型，辩方在涉嫌的犯罪事实、行为性质、罪名、量刑建议、审理程序等方面，都与控方持合作态度。这种合作需要在诉讼程序上体现出来。规定控辩协商程序是体现控辩合作的较好方式。

再次，这是在诉讼程序上保证认罪认罚自愿性和具结书内容真实性、合法性的需要。通过听取意见、律师在场、犯罪嫌疑人签署具结书等程序，并记录在案，有助于从程序上保证认罪认罚的自愿性和具结书内容的真实性、合法性，也便于事后检查。相反，如果没有这个程序，认罪认罚的自愿性和具结书内容的真实性、合法性就少了程序上的保证。

最后，这是发挥控辩协商价值的需要。规定控辩协商程序，有重要的价值和意义：一是有利于使犯罪嫌疑人对"从宽"的内容和程度看得见、摸得着，从而下决心走认罪认罚从宽之路。如果没有该程序，办案人员虽然也可以"坦白从宽"等政策教育犯罪嫌疑人，但到底怎么从宽、能宽到什么程度，往往难以具体表态。由于对"从宽"看不见、摸不着，更无以为凭，犯罪嫌疑人对这种政策教育往往半信半疑甚至心存警惕，这难免影响政策教育的效果。如今，从宽的内容和程度看得见、摸得着，且有具结书为凭、律师在场见证，这无疑有利于促使犯罪嫌疑人下决心走认罪认罚从宽之路。二是有利于体现犯罪嫌疑人的诉讼主体地位和控辩平等。在控辩协商中，控方以比较平等的姿态与犯罪嫌疑人协商，以比较明确的利益来换取犯罪嫌疑人认罪认罚，其效果比控方以居高临下的姿态所进行的政策教育要好得多。三是有利于检察机关所提量刑建议精准、公正。设置该程序，有利于检察机关兼听则明，在听取犯罪嫌疑人及其律师意见的基础上，把量刑建议提得更为恰当、精准和公正。四是有利于犯罪嫌疑人改过自新，回归社会。控辩协商使案件的处理结果是犯罪嫌疑人自己在审判之前通过协商认可的，比司法机关强加给他的更容易接受；同时，控辩协商有利于促使犯罪嫌疑人向被害人赔礼道歉、赔偿损失，从而缓解双方紧张关系，有些还取得被害人谅解甚至双方和解，这也有利于犯罪嫌疑人回归社会。五是有利于减少社会对抗、促进社会和谐，并促进国家治理体系与治理能力的现代化。控辩协商程序在认罪认罚从宽制度中的设立，使百分之八十左右的刑事案件可以通过控辩双方协商而不是对抗了结，并实现案结事了，其意义不可低估。在对抗型诉讼中，由于刑罚是司法机关强力裁判的结果，因而被告人在判后上诉、刑罚执行中抗拒改造、刑满释放后重新犯罪的会比较多。现在，大部分案件可以通过控辩双方合作、协商的方式来解决，并实现案结事了，这是国家治理能力现代化在刑事诉讼领域的一个体现，也是诉讼制度现代化的一个体现。

（二）检察机关是案件处理的实质影响者

对起诉的认罪认罚案件，《刑事诉讼法》第201条对认罪认罚案件控辩协商成果的法律效力作出了明确规定。该条第1款规定："对于认罪认罚案件，人民法院依法作出判决时，一般应当采纳人民检察院指控的罪名和量刑建议。但有下列情形的除外：（一）被告人的行为不构成犯罪或者不应当追究其刑事责任的；（二）被告人违背意愿认罪认罚的；（三）被告人否认指控的犯罪事实的；（四）起诉指控的罪名与审理认定的罪名不一致的；（五）其他可能影响公正审判的情形。"第 2 款规定："人民法院经审理认为量刑建议明显不当，或者被告人、辩护人对量刑建议提出异议的，人民检察院可以调整量刑建议。人民检察院不调整量刑建议或者调整量刑建议后仍然明显不当的，人民法院应当依法作出判决。"以上规定包含两个意思：第一，如无第 1 款和第 2 款规定的除外情形，人民法院就应当采纳人民检察院指控的罪名和量刑建议。第二，如有第 1 款和第 2 款规定的除外情形，人民法院有权不采纳人民检察院指控的罪名和量刑建议。据此可以认为，检察机关对认罪认罚案件的处理意见很大程度上决定了法院判决的内容。有法学专家认为，是检察机关的量刑建议主导了法院的裁判。

对《刑事诉讼法》第 201 条的规定，有人认为检察机关的量刑建议权侵蚀了法院的审判权。还有人认为该条规定与"以审判为中心"存在矛盾，因为"以审判为中心"要求"诉讼证据出示在法庭、诉辩意见发表在法庭、案件事实查明在法庭、裁判结果产生于法庭"，从而"使庭审在查明事实、认定证据、保护诉权、公正裁判上发挥决定性的作用"。但根据《刑事诉讼法》第 201 条的规定，对认罪认罚案件，人民检察院的量刑建议却"一般"地决定了法院判决的内容。由于认识上存在异议，因而在司法实践中，有极少数法官为了"维护"法院的自由裁量权，动辄对检察机关的量刑建议加以调整。

笔者认为，《刑事诉讼法》第 201 条的规定是科学的、合理的，它与"以审判为中心"并不矛盾，理由是：

首先，《刑事诉讼法》第 201 条的规定是维护控辩协商成果严肃性和有效性的需要。如前所述，刑事诉讼法规定控辩协商程序，是基于认罪认罚从宽制度的内在需要，且有多方面的必要性和意义。

这就必然要求控辩协商的成果只要在法律规定的范围之内，不影响司法公正，就应得到法院的认可，通过其判决来维护和确认控辩协商成果的严肃性和有效性。否则，如果依法做了控辩协商、律师见证、犯罪嫌疑人具结等工作，但协商的成果又得不到确认，那上述协商程序就会失去意义，认罪认罚从宽制度就无法有效运行。

其次，《刑事诉讼法》第 201 条的规定符合诉讼原理。根据诉讼原理，控辩双方达成合意的案件，必然会限缩刑事审判权的裁量空间。因为审判权具有被动性，实行不告不理。在民事诉讼中，只有两造存在纠纷并诉至法院，法院才能受理并居中作出裁判。如果两造不存在纠纷，法院就没有介入并裁判的必要；对于原来存在纠纷并已诉至法院，后来自愿和解或者调解的案件，法院则无须裁判，由当事人撤诉，或者由法院以调解书结案。刑事诉讼与民事诉讼虽然有区别，确认有罪必须经过法院裁判，但由于犯罪嫌疑人认罪认罚，控辩双方在与案件处理有关的涉嫌的犯罪事实、行为性质、罪名、量刑建议、审理程序等方面，都已经取得一致意见，也就是说，控辩双方经过协商，已经自行找到了解决纠纷的方案，在这种情况下，法院就应确认该方案，除非该方案越过了法律的底线，影响司法公正。从诉讼构造来看也是如此。由于控辩双方对案件处理都达成了一致意见，使诉讼构造中两造相互对抗的格局不复存在，等腰三角形的两个底角已向中间位移至相当接近甚至相互重叠，原来"两造对抗、法官居中裁判"的等腰三角形诉讼构造，已经演变为以控辩双方合为一方、以法院为另一方的双方构造。在这种构造下，控辩双方之间已没有什么纠纷和意见分歧，因而只要控辩双方的协商成果在法律规定的范围之内，没有影响司法公正，那法院的裁判就应对控辩双方依法协商的成果作出确认。如果法院对控辩双方协商提出的解决"纠纷"方案不予采纳，非要找一个控辩双方不一定认可的方案来判决，有违诉讼的基本原理，特别是审判权的职责是解决纠纷的原理。

再次，根据《刑事诉讼法》第 201 条的规定，法院仍然既审又判，行使审判职能。为了守住法律底线，实现司法公正，《刑事诉讼法》第201条规定了法院一般应当采纳检察院指控的罪名和量刑建议的除外情形。具体地说，如果案件有该条第1款规定的五种情形，法院就不应当采纳检察机关指控的罪名；如果案件有该条第1款和第2款规定的六种情形，法院就不应当采纳检察机关的量刑建议。这说明，法院对认罪认罚案件仍要认真审查，并依法作出裁判。特别是对犯罪嫌疑人、被告人认罪认罚的自愿性，具结书内容的真实性、合法性，案件事实、证据的可靠性，量刑建议的妥当性等内容，法院要进行实质性审查。未经法院确认并作出判决，检察机关的量刑建议永远都只是"建议"，不可能变成刑罚权得以实现的"判决"。因此，行使审判权的法院对认罪认罚案件的处理有最终决定权。

最后，《刑事诉讼法》第201条及其他有关规定符合权利与责任相一致原则。根据刑事诉讼法的规定，在认罪认罚从宽制度中，检察机关权力有所拓展，相应的，其任务也明显加重，责任也明显加大，除了常规的审查起诉工作之外，新增了控辩协商、听取被害人意见、提出量刑建议、请律师在场见证犯罪嫌疑人签署认罪认罚具结书等工作，有些案件还要对犯罪嫌疑人进行社会风险性评估。法院庭审的时间明显缩短，工作量有所减轻，相应的，裁判权的空间也有所缩减。刑事诉讼法作出的这种根据案件类型（是否认罪认罚）而对检察机关、审判机关的权力和责任进行动态微调的制度安排，不仅顺应了认罪认罚案件的需要，而且符合公权力机关权力与责任相一致的原则。

（三）检察机关（限最高人民检察院）是案件作特别从宽处理的核准者

在其他案件的诉讼中，侦查机关只能对"不应当追究刑事责任"的案件予以撤销；检察机关只能对无罪、证据不足、微罪案件不起诉或对特定轻罪案件附条件不起诉。但对认罪认罚案件，根据《刑事诉讼法》第182条的规定，犯罪嫌疑人自愿如实供述涉嫌犯罪的事实，有重大立功或者案件涉及国家重大利益的，经最高人民检察院核准，公安机关可以撤销案件，人民检察院可以作出不起诉决定，也可以对涉嫌数罪中的一项或者多项不起诉。这是"宽严相济"刑事政策中"宽"的一面在立法上大尺度的反映。法律赋予了检察机关对极少数特殊的有罪案件在实体上超常规的出罪权和程序上超常规的分流权。

综上所述，认罪认罚从宽制度赋予了检察机关对认罪认罚案件处理有相当大的实体性权力。在认罪认罚从宽制度中，检察机关在诉讼中不仅是承上启下的枢纽和监督者，而且是罪案处理的实质影响者乃至决定者，因而无论在程序上还是在实体上都居于主导地位。

二、在认罪认罚从宽制度中审判是否仍是刑事诉讼的中心

有些同志提出，以审判为中心的核心是庭审实质化，但在适用认罪认罚从宽制度的案件中，庭审大大简化了，其中适用速裁程序的，往往只需十几分钟甚至几分钟，审前检察机关做了大量工作，如果检察机关是主导，审判还是刑事诉讼的中心吗？在法学、法律界，对此也有不同认识：有人认为，只有庭审实质化的案件，审判才是诉讼的中心；有人则认为，无论办理何种刑事案件，无论适用何种程序审理，只要经过法院裁判，审判都应是刑事诉讼的中心。

笔者认为，要回答上述问题，需要研究以下三个问题：第一，审判为什么是刑事诉讼的中心；第二，在认罪认罚从宽制度中审判是否还是中心；第三，检察机关"主导"与审判"中心"的关系。

（一）审判为什么是刑事诉讼的中心

审判是刑事诉讼的中心，这是由刑事诉讼的规律和现实需要决定的。具体地说，是因为：

在职能上，审判是决定诉讼结局的环节，侦查、起诉的成果都要接受审判的审查和检验。任何案件都只有经过审判，才能对被告人认定有罪并处以刑罚。《刑事诉讼法》第12条明确规定："未经人民法院依法判决，对任何人都不得确定有罪。"同时，对起诉的案件，侦查机关和检察机关所收集、固定、审查、认定的证据是否具

有证据资格和能力，所认定的案件事实是否符合客观真相，都要接受审判的审查，并由法庭作出裁判。

在诉讼地位上，侦查、起诉、执行都围绕审判并服务于审判。刑事诉讼是实现国家刑罚权的活动，由侦查、起诉、审判和刑罚执行四个环节组成，这四个环节都围绕"实现国家刑罚权"这一目标进行各自的职能活动。其中，侦查是为审判进行准备的活动，起诉是开启审判程序（也是为审判作准备）的活动，审判是国家刑罚权得以实现的活动，执行是落实审判结果的活动。可见，侦查、起诉、执行都围绕审判并服务于审判，审判在整个刑事诉讼程序中处于中心地位。有些国家的刑事诉讼法典把侦查、起诉都规定在"第一审程序"中，而没有与"第一审程序"并列，其理由就是侦查、起诉都是为审判做准备的。

在证据上，侦查、起诉环节收集、固定、审查、运用证据，都应当与刑事审判关于证据的要求相一致。证据是诉讼的核心，诉讼的过程就是收集、固定、审查、认定、运用证据的过程。由于审判要对侦查、起诉制约、把关，并决定诉讼最终结局，只有符合裁判要求的证据才能被法院作为认定案件事实的根据，因而必然要求侦查和起诉阶段在收集、固定、审查、运用证据时，要与审判关于证据的要求相一致。当然，审判关于证据的要求，又必须符合法律规定。

在条件上，审判具备程序正义的最完整形态，因而有条件作为刑事诉讼的中心。在刑事诉讼中，审判与其他诉讼环节相比，具有许多优势，因而有利于实现司法公正：（1）审判具备"控辩对抗、法官居中裁判"这一最典型的诉讼构造，有利于法官在充分对抗中查明事实真相，正确适用法律。而在侦查阶段，只有侦查方与被侦查方，不具有三方构造；在审查起诉阶段，存在以侦查机关为控方、犯罪嫌疑人及其律师为辩方、检察机关居中作出是否起诉决定的"小三角形"诉讼构造，但它没有审判阶段的诉讼构造那么典型，且当作出起诉决定、检察官出庭公诉时，检察机关又成为控方。（2）审判是最中立的环节，有利于不偏不倚、客观公正地处理案件。而侦查阶段，侦查人员不可能中立；在审查起诉阶段，检察官是中立的，但在出庭时，作为控方，又不中立了。（3）审判是最公开透明的环节，它不仅有利于防止暗箱操作，有利于防止发生刑讯逼供、暴力取证、贿买证人等妨碍司法的问题，而且有利于各诉讼参与人意志自由地参与诉讼、回答问题、表达意见，而较少受外力干扰。而在侦查阶段，侦查基本上是秘密和相对封闭的；审查起诉阶段也不可能像审判阶段那样公开透明。（4）审判是对抗制约最充分的环节，如控辩之间的对抗、被告人与被害人之间的对抗、证言与证言之间的制约、鉴定人与有专门知识的人之间的制约等等，这有利于使事实越审越清、理越辩越明，从而在对抗制约中实现"兼听则明"。而在侦查、起诉阶段，虽然要听取犯罪嫌疑人辩解和律师的意见，但与审判阶段的对审听证尚有明显的区别。（5）审判是诉讼参与人最多的环节，通过众多诉讼参与人对案件事实和证据的相互辩驳、相互校正、相互补充，有利于法院对案件的认识趋于客观全面。而在侦查、起诉阶段，侦查人员、检察官虽然也要接触有关人员，但都是个别进行，不可能像庭审那样集中和面对面。因此，审判比其他环节更有利于查明案件事实真相、正确适用法律，从而实现司法公正，它具备作为诉讼中心的条件。当然，在审前程序中比在法庭上更能获得真实证言的情况也是存在的，如有的证人在侦查人员和检察人员面前愿意讲真话，但在法庭这个大庭广众面前，特别是面对昔日关系较好的被告人，就不愿证明案件的真实情况。对于庭上证言与审前证言不一致的情况，根据有关司法解释，并不是简单地以庭上证言为准，而要根据"印证原则"，采信能够得到其他证据印证的证言。因此，审前比在庭上更能获得真实证言情况的存在，也不影响"审判比其他诉讼环节更有利于客观全面地认定案件事实，正确适用法律，实现司法公正"观点的成立。

在目的上，"以审判为中心"有利于提高办案质量，防止冤假错案。传统的刑事诉讼实际上实行的是案卷笔录中心主义，检察机关审查批捕、审查起诉时，主要审查案卷，以案卷所载的事实和证据作出是否批捕、起诉的决定；法院审判时，证人和律师出庭率都不高，法庭也主要审查公诉人提举和出示的案卷中的事实和证据，并据此作出裁判。案卷上所记载的一些非法证据、虚假证据较难通过庭审发现。有的甚至"未审先定"。案卷是侦查机关制作的，故"以案卷为中心"实际上又是"以侦查为中心"。这种"以案卷为中心""以侦查为中心"的诉讼方式，影响了案件质量，甚至导致了一些冤假错案。"以审判为中心"就是针对司法实践中存在的"以案卷为中心""以侦查为中心"和庭审形式化而提出来的，是强化人权司法保障、确保办案质量、防止冤假错案、实现司法公正的需要。

理解"以审判为中心"，要注意把握以下几点：第一，"以审判为中心"实质上是以审判活动为中心。当前，法学界对"以审判为中心"的理解不尽一致，有的认为是以审判阶段为中心，有的认为是以审判职能为中心，还有的认为是以审判活动为中心，等等。笔者理解，刑事诉讼只有经过侦查、审查起诉、审判、刑罚执行这四个先后相继的诉讼阶段的诉讼活动，才能实现国家的刑罚权，审判阶段也只有通过审判活动才能完成审判的任务、实现审判的目的，因此，"以审判为中心"实质上是以审判活动为中心，特别是以庭审活动为中心。第二，证据是诉讼的核心，故"以审判为中心"归根结底是以证据为核心。准确地说，是以符合法律规定和审判要求的证据为核心。第三，"以审判为中心"不是减轻而是加强了侦查、起诉的重要性和责任。侦查是刑事诉讼的基础，侦查任务完成得好坏、侦查质量的高低，关系到起诉、审判的质量。起诉是连接侦查与审判的纽带，既监督引导侦查、审查过滤案件，使之符合审判要求，又启动审判程序，限定审判范围，故没有起诉就没有审判，且起诉的质量直接关系到审判的质量。就客观上有罪的案件来说，如果审前程序不能查清事实、揭示案件真相，那么审判阶段是不可能查清事实、揭示真相的，法院只能根据"疑罪从无"原则处理，从而实现底线的公正。也就是说，如果侦查、起诉工作没有做到位，那审判只能保证"不错"，而不可能做到"不漏"。"以审判为中心"既要求侦查、起诉案件的事实、证据符合审判要求，否则就白费力气；

也要求公诉人切实提高出庭支持公诉的能力和水平，在"庭审"这个审判的中心环节履行好职责，否则其主张就难以得到法院的支持。第四，"以审判为中心"不是法院一家的事。如前所述，以审判为中心实质上是以审判活动为中心，而审判活动是控辩审三方以及其他诉讼参与人都参与的活动。审判程序只是为所有诉讼参与人参与案件审理搭建了一个平台，各诉讼参与人都不可或缺，其中控、辩、审三方是平台的主角。只有各诉讼参与人特别是主角依法履行好各自的职责，法院才能作出公正的裁判。第五，"以审判为中心"与公检法互相配合互相制约、检察机关的审判监督是并行不悖的两个方面，既不能以前者否定后者，也不能以后者否定前者。第六，"以审判为中心"是从应然的角度，而不是从实然角度来说的。在实然层面，"以案卷为中心""以侦查为中心"殷鉴不远。因此，不能认为不管怎么诉讼、怎么审判，审判都是中心。

（二）审判在认罪认罚从宽制度中是否仍是中心

笔者认为，在认罪认罚从宽制度中，审判仍是中心。

第一，"以审判为中心"是诉讼规律的必然要求，不因被追诉人是否认罪、法院适用何种程序审理、各诉讼阶段所需时间和精力的多寡而受影响。如前所述，"以审判为中心"既是诉讼规律的必然要求，也是提高办案质量、防止冤假错案、实现司法公正的现实需要。因此，只要上文所述的证明"以审判为中心"的理由成立，审判就应当是刑事诉讼的中心。

当然，这里需要再次说明的是，"以审判为中心"是从应然角度来说的。在审理认罪认罚案件时，如果审判人员未恪尽职守，对被告人认罪认罚的自愿性、认罪认罚具结书内容的真实性和合法性以及案件事实证据的可靠性，不作认真审查就贸然采纳检察机关指控的罪名和量刑建议；如果发现应排除的非法证据不予排除，仍把它作为认定案件事实的重要依据；如果未审先定，检察人员、审判人员按照有关方面事先确定的处理意见分头走程序予以落实；如果审判受权力、人情等案外因素干扰，不能做到依法独立等，那么，应然的"以审判为中心"就没有落实为实然的"以审判为中心"。

第二,"庭审实质化"在不同审理程序中的要求是分层次的,对认罪认罚案件仍要进行一定程度的实质审理。庭审实质化是针对庭审形式化而提出来的,其目的是实现诉讼证据出示在法庭、案件事实查明在法庭、诉辩意见发表在法庭、裁判结果产生于法庭,从而使庭审在查明事实、认定证据、保护诉权、公正裁判中发挥决定性的作用。庭审实质化有狭义和广义之分。狭义的庭审实质化又称"典型的庭审实质化",是指庭审要依据司法亲历性的原理,实行直接、言词审理,案卷中的言词笔录原则上不能进入法庭作为裁判的根据;其重点在于强化证人和鉴定人、侦查人员出庭作证和律师辩护。狭义的庭审实质化主要就不认罪案件特别是疑难复杂案件的一审普通程序而言。广义的庭审实质化要求对案件事实、证据进行实质性审理,并按照法庭查明的事实作出裁判,但对较为简单的案件,在法官亲历、直接言词审理乃至法庭调查、法庭辩论等方面的要求可以有所降低。也就是说,广义的庭审实质化在刑事诉讼的不同审理程序中,其要求是分层次的:在审理不认罪案件特别是其中的疑难、复杂案件的一审普通程序中的要求最高,是庭审实质化的典型形态;在审理认罪认罚案件的普通程序中的要求次之,允许某些环节实行简化审理;在审理认罪认罚案件的简易程序中的要求再次之,允许不受法律规定的讯问被告人、询问证人和鉴定人、出示证据、法庭辩论程序的限制;在审理认罪认罚案件的速裁程序中的要求最低,一般不进行法庭调查、法庭辩论。这里需要特别指出的是,即使在认罪认罚案件的速裁程序中,法庭仍要对案件的重点内容进行实质审理,如被告人认罪认罚的自愿性、认罪认罚具结书内容的真实性和合法性、案件事实证据的可靠性以及检察机关量刑建议的妥当性;控辩双方若有不同意见仍可充分发表意见;在判决宣告前要听取辩护人的意见和被告人的最后陈述意见。由于庭审实质化在不同审理程序中的要求分层次,因而"以审判为中心"在不同审理程序中就有不同的实现形式。

庭审实质化在不同审理程序中的要求之所以分层次,是因为:

首先，这是满足当事人多样化需求的需要。任何被追诉人都有获得正当程序审判的权利。而正当程序审判的典型形态，就是典型的庭审实质化。但是，正当程序审判既然是一项诉讼权利而不是诉讼义务，那么被追诉人根据案情和需求就有权自愿放弃，选择采用简化的诉讼程序如速裁、简易程序对其审判，并在法定范围内获得"好处"。在不同诉讼程序中对庭审实质化提出不同层次的要求，是满足不同案件当事人多样化需求的需要。

其次，这是实现刑事诉讼"公正优先、兼顾效率"价值目标的需要。公正是刑事诉讼最高的价值目标。为此，各国的诉讼制度都设置了包括典型的庭审实质化在内的一系列正当程序，以保证查明案件事实，正确适用法律，实现司法公正。但在追求公正的同时，刑事诉讼也要兼顾效率，因为迟到的公正是非公正。于是各国在规定普通程序的同时，都设置了不同形式的简化程序，并使这种程序既大大提高效率，又能满足最低限度的公正要求。因此，为了实现刑事诉讼"公正优先、兼顾效率"的价值目标，就需要对"庭审实质化"在不同程序中提出分层次、有区别的要求，而不宜一刀切，不加区分。

最后，这是节约司法资源、实现诉讼经济的需要。为了实现司法公正，任何国家都必须为司法提供必要的资源。但司法资源是有限的，诉讼需求却无止境，任何国家哪怕是最富有的国家，也不能不计成本地任意耗费司法资源。为了节约司法资源，实现诉讼经济，各国通过诉讼程序的分类，对不同的案件进行繁简分流、难易分流，实行"繁案精审、简案快办"。庭审实质化在不同审理程序中区分层次，就是"繁案精审、简案快办"的措施之一，它有利于建立普通程序、简易程序、速裁程序既有序衔接又繁简分流、各行其道的多层次诉讼制度体系，从而把优质司法资源集中到处理疑难、复杂案件上来，使"以审判为中心"在不同程序的诉讼中得到不同形式的落实。因此，不能因为认罪认罚案件庭审实质化程度没有像不认罪案件那么高和典型，就认为没有进行实质审理，进而对"以审判为中心"产生怀疑。

第三，"以审判为中心"与"庭审实质化"有密切联系，但二者不能画等号。"以审判为中心"是相对于刑事诉讼中侦查、起诉、刑罚执行诸项活动而言的，它要回答的是在刑事诉讼诸项活动中谁是中心的问题。"庭审实质化"是相对于其他庭审方式而言的，所要解决的是司法实践中实际存在的庭审形式化如未审先定、裁判结论受庭外因素干扰、普通程序中证人和鉴定人出庭率低、律师辩护率低或不能有效辩护等问题，它是实现"以审判为中心"重要途径和措施，但并非"以审判为中心"本身。因此，不能因为在认罪认罚案件中庭审实质化的程度放低，而对"以审判为中心"产生怀疑和动摇。

综上所述，审判在刑事诉讼的诸程序中都处于中心地位，不能因庭审实质化在不同审理程序中作分层次的要求，"以审判为中心"在不同审理程序中有不同的实现形式，就对认罪认罚案件"以审判为中心"产生怀疑。

（三）认罪认罚从宽制度中"主导"与"中心"的关系

在认罪认罚从宽制度中，检察机关是主导，审判是中心，二者是怎样的关系？笔者认为，要分析二者的关系，既要依据认罪认罚从宽法律制度的规定，又离不开二者据以存在的职能，因为无论是"主导"还是"中心"，都是依据各自的职能而存在的，也是依据各自的职能分别发挥作用的。据此，二者的关系为：

第一，目标一致。二者在认罪认罚从宽制度中各有其质的规定性，各有其存在的理由和根据，各有其作用，既不可或缺，又不可代替，其目的都是实现司法公正，让人民群众在每一个司法案件中感受到公平正义。

第二，互相作用。一方面，"以审判为中心"必然要求将审判的要求传导至审前，从而使侦查、起诉案件的事实、证据能够主动与审判的要求对接。因此，检察机关要以审判的要求引导侦查，还要以审判的要求审查过滤案件，使起诉的案件符合审判要求。另一方面，"主导"也要作用于"中心"，如检察机关的起诉对审判有实质影响力，法院在作出审判时，一般应当采纳检察机关指控的罪名和量刑建议。

第三，互相制约（还有检察监督）。如检察机关的起诉限定了审判范围，检察机关还要对法院的审判进行监督；法院要对检察机关起诉的案件进行审查，并依法作出判决。

第四，相辅相成。一方面，"主导"离不开"中心"。检察机关发挥主导作用的目的之一，就是使诉讼程序符合认罪认罚案件的特殊要求，并使审判发挥好"中心"的作用，从而使案件得到依法审判、公正审判。另一方面，"中心"离不开"主导"。只有检察机关发挥好主导作用，审判才能发挥好"中心"作用。也正因为如此，凡研究"以审判为中心诉讼制度改革"的论著，几乎无一例外地都把"检察机关发挥好审前程序的主导作用"作为一条重要措施。

三、检察机关在认罪认罚从宽制度中如何发挥主导作用

检察机关在认罪认罚从宽制度中发挥主导作用，除了履行好一般程序中的职责之外，还要紧紧围绕认罪认罚从宽制度的特点，做好以下七个方面的工作：

（一）在严格依法办案的前提下与辩方协商，并力促认罪认罚

我国的认罪认罚从宽制度虽然包含控辩协商的内容，但它与美国的辩诉交易具有本质区别，总体上没有离开法律的框架。其中的特别从宽制度虽对原法律有所突破，但又以新的法律加以规制，将其纳入法治轨道。因此，在严格依法办案的前提下与犯罪嫌疑人、辩护人或者值班律师协商，是从我国实际出发借鉴辩诉交易的合理因素并使其存利祛弊的关键。要坚持以事实为根据、以法律为准绳，遵循罪刑法定、罪责刑相适应、证据裁判等原则，坚持"案件事实清楚，证据确实、充分"的证明标准，防止越过法律底线与辩方进行协商。对于需要特别从宽处理的案件，必须从严把握：在实体上，必须是"犯罪嫌疑人自愿如实供述涉嫌犯罪的事实，有重大立功或者案件涉及国家重大利益"；在程序上，要层报最高人民检察院核

准,故在协商此类案件时不能随意许愿。要努力教育、引导犯罪嫌疑人思想转化、认罪认罚。对有被害人的案件,要督促犯罪嫌疑人向被害人赔礼道歉、赔偿损失,以取得被害人的谅解,进而争取达成和解,为从宽处理创造更有利的条件。检察机关在提量刑建议时,要把犯罪嫌疑人向被害人赔礼道歉、赔偿损失以及被害人谅解、和解等情况作为重要情节加以考虑,但不以被害人谅解、和解作为从宽处理的必要条件。在与辩方协商的同时,还要听取并充分考虑被害人及其诉讼代理人的意见。

（二）坚持客观公正立场

第十三届全国人大常委会第十次会议通过的《检察官法》第5条规定:"检察官履行职责,应当以事实为根据,以法律为准绳,秉持客观公正的立场。检察官办理刑事案件,应当严格坚持罪刑法定原则,尊重和保障人权,既要追诉犯罪,也要保障无罪的人不受刑事追究。"这是世界各国公认并被联合国有关文件确认的"检察官客观公正义务"在我国法律上的体现。在办理认罪认罚案件中,检察官秉持客观公正立场具有特殊的必要性。如前所述,检察机关要就案件的处理与犯罪嫌疑人进行协商,其量刑建议在相当程度上决定了法院判决的内容,最高人民检察院还有权对极少数案件核准作非罪处理。在这种情况下,检察机关如果不能秉持客观公正立场,存在片面追诉倾向,那就会对案件造成处理不公的结果,也就没有发挥好主导作用。因此,检察机关要全面、正确地理解自己的角色,坚持法律监督机关的定位和客观公正立场,切实防止片面追诉倾向,不偏不倚地履行职责,全面关注对犯罪嫌疑人、被告人有利与不利的各种情节,既依法追诉犯罪,又依法维护犯罪嫌疑人、被告人的合法权益。

（三）确保犯罪嫌疑人认罪认罚的自愿性和具结书内容的真实性、合法性

犯罪嫌疑人认罪认罚的自愿性和具结书内容的真实性、合法性,是认罪认罚从宽制度的根基,也是法院判决"一般应当采纳人民检

察院指控的罪名和量刑建议"的必要前提。否则，认罪认罚从宽制度就会崩塌，提出的量刑建议也不可能得到法院采纳。因此，检察机关在确保案件事实、证据可靠性的同时，必须确保犯罪嫌疑人认罪认罚的自愿性和具结书内容的真实性、合法性，从而为法院审判打好坚实的基础。为此，要依法告知犯罪嫌疑人享有的诉讼权利和认罪认罚的法律规定，并使其真正理解含义，防止搞"愚民政策"；要坚持依法讯问，严禁威胁、引诱、欺骗；要坚持平等协商，防止居高临下、以强凌弱；要坚持充分协商，充分听取犯罪嫌疑人及其律师的意见，防止片面求快、催逼签署具结；要使双方真正达成一致意见，防止强迫"同意"、违心画押；要保证有律师辩护或提供法律帮助，防止犯罪嫌疑人孤立无援。对于在侦查阶段就认罪认罚的，检察机关要认真审查认罪认罚的自愿性，发现违背意愿的，要查明原因，依法监督，并根据查明的事实对案件作出处理；同时，还要注意审查有无遗罪漏犯，防止有的犯罪嫌疑人认小瞒大、丢卒保车，防止侦查机关满足于犯罪嫌疑人认罪认罚而不深挖余罪漏犯。

（四）加大相对不起诉、附条件不起诉的力度

设置认罪认罚从宽制度的初衷之一，就是落实宽严相济刑事政策，优化司法资源配置、提高诉讼效率，它必然要求检察机关加强对认罪认罚案件的程序分流，加大自由裁量力度，对符合不起诉条件的案件不予起诉；刑事诉讼法关于控辩协商程序、对极少数案件特别从宽处理程序等的规定，也意味着检察机关自由裁量权的扩大。综观世界刑事诉讼发展史，随着有罪必罚的报应刑理念让位于预防主义的刑罚理念，随着犯罪的高涨和诉讼经济思想的勃兴，检察机关的自由裁量权都呈扩大之势。其中在英美法系国家特别是美国，由于当事人处分主义的诉讼理念，检察官的自由裁量权几乎不受限制；在大陆法系国家，则由起诉法定主义转变为起诉法定主义与起诉便宜主义相结合。因为诉讼实践表明，实行起诉便宜主义，有利于根据案件具体情况对案件作出有针对性的处理，从而实现个案的具体正义；有利于使不需要判处刑罚的人尽快从刑事诉讼中解脱出

来回归社会，防止短期性所带来的交叉感染；有利于减少司法资源投入，实现诉讼经济。根据有关资料，在德国，有 2/3 的刑事案件是由检察官终结诉讼程序的；在法国，不起诉的案件占刑事案件总数的 30%—70%；在日本，1994 年，由检察官裁量而作出的不起诉占全部刑事案件的 29.2%。因此，检察机关对认罪认罚案件自由裁量权的扩大，符合现代刑事诉讼发展规律，也符合我国新时代治理犯罪的需要。

但在司法实践中，一些办案人员对一些微罪案件和符合条件的未成年人案件没有作不起诉处理，而是将其诉至法院。其原因主要是"三怕"：一怕被人怀疑存在私情私利或接受了说情送礼；二怕增加工作量，影响办案业绩；三怕不起诉后犯罪嫌疑人出现反复，给自己带来风险。检察机关作为程序分流的调控者，应当发挥好"调控"作用，依法对符合条件的认罪认罚案件作不起诉处理。为此，要教育引导办案人员树立敢于负责、敢于担当精神，依法敢用、善用、用准、用好相对不起诉和附条件不起诉；要完善考核制度，以制度鼓励办案人员对符合条件的案件决定不起诉；要加强起诉必要性审查，用好起诉裁量权；要细化相对不起诉、附条件不起诉的适用条件，制定规范，以供遵循；要收集下发相对不起诉、附条件不起诉的典型案例，以供参照；要加强对不诉案件的释法说理，接受社会监督。

（五）进一步提高量刑建议的能力和水平

在较长时间里，检察机关无论是在办案中还是在研究中，都对案件的定性比较重视，而对量刑重视不够，这难免影响量刑建议能力、水平的提高。而如前所述，根据法律规定，对认罪认罚案件，法院判决时一般应当采纳检察机关的量刑建议。这就对量刑建议提出了很高的要求，迫切需要办案人员围绕"精准"这一目标，进一步提高量刑建议的能力和水平。量刑是综合的平衡的艺术，必须从多方面下功夫：要加强量刑的学习研究，掌握其基本要求和规律；要完善量刑标准，会同法院制定认罪认罚案件量刑指导意见；要发挥大数据智能辅助系统的作用；要认真采纳律师对量刑建议的合理意见；对重大、有影响的案件的量刑建议，要注意发挥员额检察官会议的咨询作用和检察长、检察委员会的决策把关作用。

（六）充分发挥律师的作用

充分发挥律师的作用，在认罪认罚案件中尤为必要。因为犯罪嫌疑人有权对自己的案件发表意见，且该意见可能直接影响对案件的处理。为此，要依法保障犯罪嫌疑人获得律师辩护或者法律帮助的权利，在审查起诉中，及时告知犯罪嫌疑人有聘请律师和申请法律援助律师的权利；对于符合提供法律援助律师条件的，依法通知法律援助机构指派律师提供辩护；对于没有辩护人的，应当告知犯罪嫌疑人有权约见值班律师为其提供法律帮助，并为值班律师了解案件有关情况提供必要的便利。在律师资源短缺的地方，要建议主管部门在全省、全地区统筹使用律师资源。要保证律师参与控辩协商，依法听取律师对量刑建议、程序适用等方面的意见，并在律师在场的情况下由犯罪嫌疑人签署具结书，以保证控辩协商的公正性、犯罪嫌疑人认罪认罚的自愿性和具结书内容的真实性、合法性。律师是检察机关精准起诉、精准提出量刑建议的得力帮手，要高度重视其意见，合理的予以采纳，不合理的予以解析说明。

（七）严防司法腐败，确保公正廉洁执法

权力是柄双刃剑。认罪认罚从宽制度在扩大检察机关权力的同时，也增加了腐败的风险。在公诉权仅是程序权的情况下，检察人员尚且是犯罪分子腐蚀收买的对象，在控辩双方可以对案件处理进行协商、检察机关在相当程度上决定法院判决的内容的情况下，腐败的风险必然大大增加。要通过规范控辩协商程序、完善量刑指导意见、加强检察机关内部对办案的监督管理、支持法院对案件的实质审查等措施，严格防止检察人员在认罪认罚从宽制度中与被追诉人及其家属私下"勾兑"，产生司法腐败，确保公正廉洁执法。

▶ 第一讲

认罪认罚从宽制度改革：
机遇与挑战 [*]

魏晓娜 [**]

目　次

---

　　* 本文系作者根据在浙江省检察机关基层检察院领导推进"三个年"建设素能培训班上的讲义整理。

　　** 中国人民大学法学院教授。

一、出台背景

随着社会结构变迁，中国进入社会转型期，同时随着全球性风险社会的到来，各类风险聚集引发公共安全焦虑。[①] 而一旦涉及人身自由，以行政为主导的社会控制手段的"正当性"日益受到质疑。[②] 在上述因素的综合作用下，中国的刑事立法观日益转向积极主义、功能主义，即重视通过刑法规范引导个体行为、参与社会管理、解决社会突出矛盾。这种新动向在《刑法修正案（八）》和《刑法修正案（九）》中表现得尤为突出。例如，将原本属于交通违法的"醉驾"行为入刑，增设危险驾驶罪；将原本具有民事性质的"欠薪"行为犯罪化，规定拒不支付劳动报酬罪；动用刑事手段处罚严重丧失社会诚信的虚假诉讼、使用虚假身份证件、考试作弊等行为；将某些预备行为、帮助行为规定成为实行行为，立法上积极评估未来可能出现的法益侵害并及时跟进，确立相对较低的行为入刑标准；等等。[③] 劳动教养制度废除后，许多原来由劳动教养处理的行为进入刑法调整的视野，犯罪门槛进一步降低。[④] 其结果是刑事处罚的端口前移，刑法干预社会生活的范围大幅度扩张，刑事法网正在经历从"厉而不严"到"严而不厉"的结构性转型。1979 年，刑法只有 100 多个罪名，经过刑法各修正案大幅度增加和扩充罪名，我国刑法规定的罪名总数目前已经达到 468 个。

---

① 参见劳东燕：《风险社会与变动中的刑法理论》，载《中外法学》2014 年第 1 期。

② 作为这种质疑的结果，1996 年收容审查制度被废除，2003 年"孙志刚事件"后废止收容遣送制度，2013 年劳动教养制度被废除。对于类似措施，如针对卖淫嫖娼人员的收容教育、针对违法犯罪的未成年人的收容教养，以及针对吸毒成瘾者的强制隔离戒毒，质疑或废止的呼声一直不绝于耳。

③ 参见周光权：《转型时期刑法立法的思路与方法》，载《中国社会科学》2016 年第 3 期。

④ 参见熊秋红：《废止劳教之后的法律制度建设》，载《中国法律评论》2014 年第 2 期。

由此所造成的后果是刑事案件数量的持续增加。1995 年，公安机关刑事案件立案数是 1690407 件，2013 年达到 6598247 件，不到 20 年的时间里翻了将近两番。[①] 水涨船高，法院刑事一审收案数也持续上扬。图 1 显示的是 1995—2015 年法院一审收案数。1995 年，法院刑事一审案件收案数为 495741 件；2014 年人民法院刑事一审案件收案数已突破百万大关，达 104 万件；2015 年则达到 1126748 件，增幅约 127.29%。再看法院的人数变化。1995 年，全国法院总人数为 280512 人，法官人数为 168571 人。[②] 2013 年，全国法院总人数为 33 万，法官人数约 19.6 万。[③] 2014 年，全国法院总人数为 36 万，法官人数为 19.88 万。[④] 近 20 年的时间里法官人数增幅仅为约 18.6%，远远跟不上收案数的增幅。

当然，人案矛盾的产生，案件量增加固然是主要原因，现行的司法体制和工作机制，以及相关的程序制度也在无形中做了推手。全国各级法院工作人员中约 58% 是法官，其中又有相当一部分任职于综合业务和行政部门。同时，法院内部司法辅助人员配备普遍不足，大量事务性或程序性工作只能由法官承担。审判业务之外，法官还要面对来自各方面的业绩考核压力，相当一部分精力消耗在劝

---

① 数据来源于《中国法律年鉴》(1996—2014)。

② 20 世纪 90 年代以后，最高人民法院基本上没有正式地、系统地公布过审判人员的人数，因此本文列举的法院干警人数和法官人数只能根据公开报道或者发表的相关数据进行推算。关于 1995 年全国法官人数，根据最高人民法院政治部《〈法官法〉实施十年之回顾与进展》(载《法官职业化建设指导与研究》2006 年第 1 辑)，1995 年法官法实施前，全国法官中研究生 354 人，仅占法官总数的 0.21%。据此推算，全国法官总人数为 168571 人。

③ "我国法官人数已达到 19.6 万人，约占全国法院总人数的 58%。"参见《中国法官人数已近 20 万人》，载新华网，http://news.xinhuanet.com/legal/2013-07/25/c_116690358.htm，2016 年 1 月 25 日访问。

④ 数据来源于最高人民法院司法改革领导小组办公室规划处处长何帆在 2015 年珞珈法学论坛上的发言：《法院"案多人少"的八大原因/2015 年珞珈法学论坛实录》，参见"武大大海一舟"微信公号，2015 年 12 月 3 日。

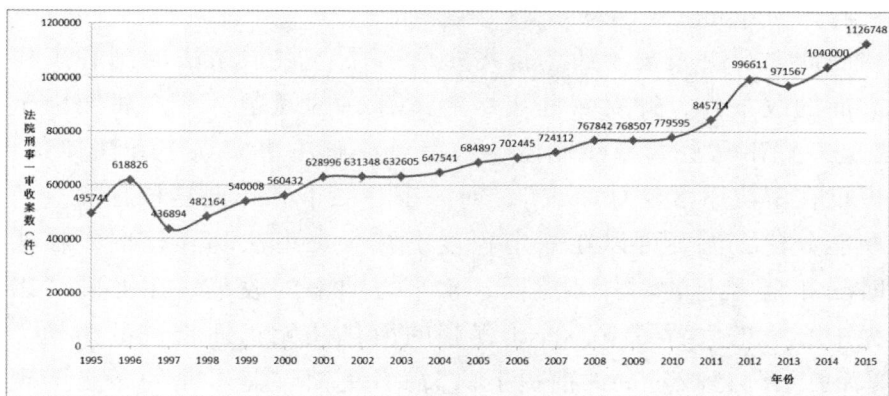

图1　1995—2015 年法院刑事一审案件收案数①

访息诉等业务外事务。② 现有的程序制度也不利于缓解人案矛盾。从垂直的审级制度看，除了第一审外，第二审程序和死刑案件中的死刑复核程序都实行"全面审查"原则，均为"事实审"，各级法院无论审级高低，都在事实问题上牵扯大量的时间和精力。水平方向上，党的十八届四中全会通过的《中共中央关于全面推进依法治国若干重大问题的决定》（以下简称《决定》）提出"推进以审判为中心的诉讼制度改革"。依据学界共识，除理顺侦查、审查起诉和审判三者关系外，"以审判为中心"将会落脚于庭审实质化，强化庭审的质证、辩论，最终的着力点是推动证人、鉴定人出庭作证。"以审判为中心"的提出，以防范冤假错案为出发点，切中目前刑事诉讼纵向结构的时弊。然而，这一改革，如果没有相应的制度举措，对于缓解人

---

①　1995—2013 年的数据来源于《中国法律年鉴》（1996—2014）；2014 年的数据来源于黄彩相：《全国法院收结案数量再创新高审判工作取得新进展——2014 年全国法院案件情况分析》，载《人民法院报》2015 年 4 月 30 日第 5 版；2015 年的数据来源于最高人民法院研究室：《2015 年全国法院审判执行情况》，载最高人民法院网，http：//www. court. gov. cn/fabu - xiangqing - 18362. html，2016 年 3 月 21 日访问。

②　参见林娜：《案多人少：法官的时间去哪儿了》，载《人民法院报》2014 年 3 月 16 日第 2 版。

案矛盾，却并非利好消息。

因此，解决人案矛盾，也需多管齐下。除了司法体制和工作机制方面的改革外，针对目前审级制度存在的问题，十八届四中全会《决定》提出"完善审级制度，一审重在解决事实认定和法律适用，二审重在解决事实法律争议"，对一审、二审和死刑复核程序进行适当职能分化，无疑可以在一定程度上减少二审法院和死刑复核法院在时间和精力上的消耗。然而，水平方向上的改革，在推进"以审判为中心"的大背景下，普通程序的简化几无正面推进的余地。在"繁者更繁"已成定局的前提下，"简者更简"是不是一条更为现实的出路？

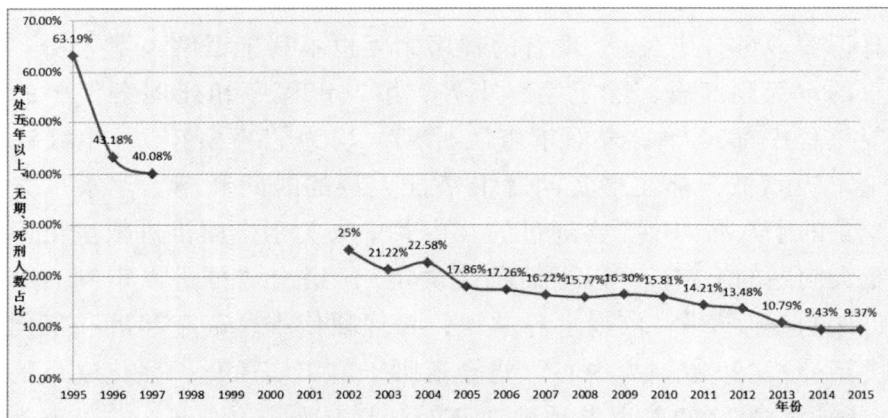

图2　历年判处5年以上有期徒刑、无期徒刑和死刑（包括死缓）人数占比①

近20年来刑事案件结构的变化为这一思路提供了实证依据。据公安部门统计，近年来严重暴力犯罪的发案数是下降的，收案的增

---

① 1995—1997年的数据来源于《最高人民法院工作报告》（1996—1998），2002—2013年的数据来源于《中国法律年鉴》（2003—2014），2014年的数据参见《依法惩治刑事犯罪守护国家法治生态——2014年全国法院审理刑事案件情况分析》，载《人民法院报》2015年5月7日第5版。因1998年之后《最高人民法院工作报告》不再显示判处5年以上有期徒刑、无期徒刑和死刑（包括死缓）的人数，而《中国法律年鉴》从2003年才开始公布这一数据，所以1998—2001年之间的数据缺失。

量基本就是轻罪案件，轻罪在发案数中所占比重越来越高。如图2所示，1995年，判处5年以上有期徒刑、无期徒刑、死刑（包括死缓）的重刑犯有63.19%，[①] 到了2013年只有10%多一点。相反，表1显示，量刑为3年有期徒刑以下刑罚的案件所占的比例到2013年已超过80%。

表1　轻罪（刑）生效判决人数及占比[②]

年份	生效判决总人数	3年以下有期徒刑	拘役	有期徒刑、拘役缓刑	管制	单处附加刑	免予刑事处罚	轻罪/刑总人数	轻罪/刑率
2011	1051638	365037	76683	309297	14829	22125	18281	806252	76.7%
2012	1174133	395574	112766	355302	12853	23602	18974	919071	78.3%
2013	1158609	405032	133044	356523	14641	24819	19231	953290	82.3%

相对于案件结构的变化，刑事诉讼自1996年以后形成的"普通程序—简易程序"二级"递简"格局却并无优势可言，其突出表现是"繁者不繁""简者不简"。一方面，对疑难、复杂案件，被告人不认罪的案件，普通程序的精细化、正当化程度还不够，庭审快速走过场。[③] 另一方面，简易程序适用跨度大，程序相对单一，量刑3年以上和3年以下的案件，除对审判组织和审理期限有不同要求外，简化程度没有明显区别，繁简分流、区别对待的精神未能充分体现。

正是在这种背景下，全国人民代表大会常务委员会于2014年6月27日颁布了《关于授权最高人民法院、最高人民检察院在部分地区开展刑事案件速裁程序试点工作的决定》，授权最高人民法院、最高人民检察院（以下简称"两高"）在北京、天津、上海等18个城市开展刑事案件速裁程序试点工作。同年8月26日，"两高"会同

---

① 该数据来自时任最高人民法院院长任建新在1996年3月12日在第八届全国人民代表大会第四次会议上所作《最高人民法院工作报告》。

② 数据来源：《中国法律年鉴》（2012—2014）。

③ 参见最高人民法院副院长黄尔梅2015年12月2日在北京市刑事案件速裁程序试点专家论证会上的讲话。

公安部、司法部制定了《关于在部分地区开展刑事案件速裁程序试点工作的办法》，试点工作正式启动。

　　试点工作取得一定成效的同时，也暴露了两个比较突出的问题：一是速裁程序试点仍然是在审判程序本身的简化上"做文章"，无法控制进入审判程序的总量；二是速裁程序的适用率不够理想，① 说明试点方案对被告人的激励机制不足，对被告人没有足够的吸引力。因此，2016 年 9 月 3 日，全国人大常委会又发布《关于授权最高人民法院、最高人民检察院在部分地区开展刑事案件认罪认罚从宽制度试点工作的决定》，授权 18 个地区开展刑事案件认罪认罚从宽制度试点，速裁程序试点纳入新的试点继续进行。

　　上述改革历程，在时间上基本与国家监察体制改革同步进行。为了保障国家监察体制改革顺利进行，完善监察与刑事诉讼的衔接机制，刑事诉讼法修改被列入《全国人大常委会 2018 年立法工作计划》。速裁程序、认罪认罚从宽制度分别经过 4 年和两年的试点，已经形成一些可复制、可推广的经验和行之有效的做法，也需要借此刑事诉讼法修正的机会上升为法律规范，在全国范围内推行。② 2018 年 5 月 9 日，全国人大公布了《中华人民共和国刑事诉讼法（修正草案）征求意见稿》（以下简称《草案》），向社会公开征求意见。不同于 1996 年、2012 年的两次大修，此次刑事诉讼法修正缘起于监察体制改革，是一次名副其实的"专题式修法"。《草案》只有 24 条，但其中涉及认罪认罚从宽制度内容的，就有 14 条，③ 牵动的刑事诉讼法条文达 18 条。

---

　　① 根据 2015 年 11 月最高人民法院、最高人民检察院向全国人大常委会所作的《关于刑事案件速裁程序试点情况的中期报告》，各试点法院适用速裁程序审结刑事案件数占试点法院同期判处一年有期徒刑以下刑罚案件的 30.70%，占同期全部刑事案件的 12.82%。

　　② 参见《关于〈中华人民共和国刑事诉讼法（修正草案）〉的说明》。

　　③ 《草案》第 1 条、第 4 条、第 7 条、第 9 条、第 11 条、第 13—21 条。

二、认罪认罚从宽制度的基本内涵

（一）认罪认罚从宽的概念梳理

十八届四中全会之后不久，中央政法委书记孟建柱撰文指出，"要加强研究论证，在坚守司法公正的前提下，探索在刑事诉讼中对被告人自愿认罪、自愿接受处罚、积极退赃退赔的，及时简化或终止诉讼的程序制度，落实认罪认罚从宽政策，以节约司法资源，提高司法效率"。[①] 可见，认罪认罚从宽制度下的"从宽"可以是三种行为的结果：认罪、认罚，以及积极退赃退赔。

"认罪"，一般是指被追诉人对指控犯罪事实的全部或部分承认。在不同诉讼制度、不同程序环节中，被告人的"认罪"被赋予了不同的法律意义，因而对认罪的内容也有不同的要求。在英美对抗式审判中，控辩双方的主张存在实质上的对立是审判有序展开的必要前提，实际上不是所有的被告人都选择与控方对抗，因此，在案件被起诉到法院之后、开始审判之前，会有一个专门的传讯程序对案件进行分流。[②] 只有在传讯程序中答辩无罪的被告人才会进入正式审判程序，答辩有罪的被告人则直接进入量刑程序，不再举行审判。所以，传讯程序中的认罪是一种"答辩"，具有特别的法律意义，即终结诉讼，审判从根本上不再举行，其法律效力相当于民事诉讼中的"自认"。相比之下，法庭上的当庭"认罪"、警察讯问过程中的

[①] 孟建柱：《完善司法管理体制和司法权力运行机制》，载《人民日报》2014年11月7日第6版。

[②] 在美国联邦司法系统，大陪审团对被告人提起公诉，或者检察官提交起诉书之后，就要对被告人进行传讯。在传讯程序中，会向被告人宣读起诉书的内容、向辩护律师提供一份起诉书的复印件，然后要求被告人对每个指控进行答辩，根据被告人的答辩决定是否进入正式审判程序。因此，传讯程序可以理解为正式审判开始之前的一个分流机制。See Joshua Dressler & Alan C. Michaels, Understanding Criminal Procedure（Ⅱ），Matthew Bender & Company, Inc. （2006），p. 175.

"认罪"只具有证据法意义，其效力如何，理论上仍要受制于法官的自由心证。传讯程序中的认罪答辩也不要求被告人提供如同"供述"一样的事实细节，被告人只需概括地宣称有罪，法官经审查认为有罪答辩是被告人"自愿""理智"的选择，并有一定的事实基础即可接受。[①]

在非对抗制的诉讼制度中，"认罪"更正式的称谓是"供述"或"自白"，是法定证据的一种和法官自由心证的对象，但其效力往往受到立法者有意的限制，[②] 这是刑事证据法领域少数证明力规则之一。既然是法官审查判断的对象，"认罪"就不能满足于概括性地承认罪行，在内容上必须提供事实方面的细节。值得注意的是，创制国际刑事法院的《罗马规约》第65条在"关于认罪的程序"中采用了"认罪"（admission of guilty）的表述，而没有采用普通法中"认罪答辩"（plea of guilty）的说法，其内涵更接近非对抗制诉讼中的"供述"。究其原因，有学者指出，"供述"比形式性的认罪宣告更容易解读出忏悔，在国际刑事法院背景下，明确的忏悔，特别是那些大规模侵犯人权活动的领导者作出的忏悔，对于活动的受害人，会有一种疏导效果，并动摇活动参与者的信仰系统，[③] 而这种效果，是形式性的宣告认罪无法实现的。

基于同样的理由，在我国语境下，"认罪"是提供犯罪细节的"供述"，不能仅是形式化的宣布"认罪"，因为供述比形式性的认罪宣告更容易反映出犯罪人主观上的悔过态度。这既是追求案件真相所需，也可避免认罪认罚从宽制度完全沦为应对案件压力的工具，体现认罪认罚从宽制度自身应有的价值。当然，认罪认罚从宽制度

---

① Joshua Dressler & Alan C. Michaels, Understanding Criminal Procedure（Ⅱ）, Matthew Bender & Company, Inc. （2006）, p. 178 – 186.

② 例如，我国《刑事诉讼法》第55条规定："只有被告人供述，没有其他证据的，不能认定被告人有罪和处以刑罚。"

③ See Mirjan Damaska, Negotiated Justice in International Criminal Courts, Journal of International Criminal Justice, vol. 2, 2004, p. 1023.

下的"认罪"，意味着对被指控的犯罪事实的承认和叙述，并不当然包含对罪名的认同，因为罪名的认定归根结底属于法律适用问题。所以，如果供认了犯罪事实，但对认定的罪名不认同的，仍可构成"认罪"。

"认罚"，是指被追诉人对司法机关提出的处罚方案的接受。这里的处罚，不应局限于刑事处罚，还应该包括其他性质的处罚措施。这一观点有实体和程序两个方面的根据。首先，《刑法修正案（八）》和《刑法修正案（九）》将一些原本属于行政不法和民事不法的行为纳入刑法规范的范围，其立意不在于惩治犯罪人，而在于督促履行义务、引导社会行为、解决社会问题。例如，《刑法》第201条第1款列举了逃税行为，但同条第4款又规定，"经税务机关依法下达追缴通知后，补缴应纳税款，缴纳滞纳金，已受行政处罚的，不予追究刑事责任"。在这里，"补缴应纳税款，缴纳滞纳金"，并接受"行政处罚"可以成为不追究刑事责任的条件。其次，由于认罪认罚"从宽"的结果可能导致刑事诉讼程序的终止，此时对当事人的不法行为施加刑事处罚已无可能，为全面追究其法律责任，应当有其他领域的处罚措施相衔接，因此，"认罚"不应局限于刑事处罚。

"积极退赃退赔"里的"退赃"，是指犯罪人将犯罪所得的赃款或者赃物，直接退还被害人或上缴司法机关的行为。"退赔"，是指犯罪人因犯罪所得的赃物已被非法处置或毁损而无法退还被害人原物，采取折价方式直接赔偿被害人或上缴司法机关的行为。"积极退赃退赔"的关键在于，通过主动的、自愿的退赃退赔，可以对犯罪后果进行一定程度的修补，挽回被害人的损失，降低犯罪行为的社会危害性，使遭到破坏的社会关系得以修复。

"从宽"，应该理解为兼具实体性和程序性，[①] 即不仅包括实体处理上的从宽，也包括程序适用上的从宽。前者，例如《刑法》第

---

① 参见陈卫东：《认罪认罚从宽制度研究》，载《中国法学》2016年第2期。

390 条第 2 款规定，"行贿人在被追诉前主动交待行贿行为的，可以从轻或者减轻处罚。其中，犯罪较轻的，对侦破重大案件起关键作用的，或者有重大立功表现的，可以减轻或者免除处罚"。后者，例如犯罪嫌疑人与被害人双方根据刑事诉讼法的有关规定达成和解协议的，可以作为人身危险性降低的表征而作出不批准逮捕的决定或者不予逮捕。在进行羁押必要性审查时，犯罪嫌疑人、被告人"与被害方依法自愿达成和解协议，且已经履行或者提供担保的"，人民检察院可以向办案机关提出释放或者变更强制措施的建议。①

对"认罪""认罚"和"积极退赃退赔"的被追诉人予以从宽处理，在理论逻辑上主要有两方面的根据。一是从客观上，行为人通过事后的行为，挽回犯罪后果，降低了社会危害性；二是主观上，犯罪人事后的认罪、自愿接受处罚，或者积极退赃退赔的态度和行为，表明其尚存在法规范意识，已经认识到自己行为的不法性，并有配合司法机关的意愿。这表明行为人已有悔罪表现，人身危险性不大，再犯可能性较小，不再有通过严厉的刑罚实现矫正效果之必要。意大利学者菲利也指出，对刑事司法程序中的认罪者给予刑罚轻缓化并不在于诱使其尽快认罪，而在于认罪体现出犯罪嫌疑人的悔罪表现和改造可能性，从而其人身危险性相对未认罪者较低，从而应当给予刑罚轻缓化的处遇措施，以有利于对犯罪人的教育改造，达到刑罚特殊预防之效果。② 在实践层面，行为人是否自首、坦白，认罪态度如何，以及是否积极赔偿，也是影响缓刑的适用、罚金数额、刑罚长度的重要因素。③ "认罪认罚从宽"与"公诉案件当事人和解"两种制度之间有重叠，但旨趣不同。认罪认罚从宽制度旨在

---

① 参见 2016 年 1 月 13 日最高人民检察院第十二届检察委员会第四十七次会议通过的《人民检察院办理羁押必要性审查案件规定（试行）》第 18 条第 7 项。

② 参见［意］恩里科·菲利：《实证派犯罪学》，郭建安译，中国人民公安大学出版社 2004 年版，第 311 页。

③ 参见文姬：《醉酒型危险驾驶罪量刑影响因素实证研究》，载《法学研究》2016 年第 1 期。

以"从宽"为条件，鼓励犯罪嫌疑人、被告人放弃抵抗，与公权力机关合作；当事人和解制度则是在恢复性司法理念支配之下，促进犯罪嫌疑人、被告人与被害人之间的和解，进而在一定程度上影响刑事案件的处理。当事人和解以被害人同意为必要前提，而认罪认罚从宽制度不以被害人同意为条件。

（二）认罪认罚从宽的制度边界

"认罪认罚从宽"有两种不同的制度形式。一种是以贯彻"宽严相济"刑事政策为脉络的实体法上的对"自首""认罪""坦白""确有悔改表现"等的从宽处理制度。例如，《刑法修正案（八）》将"坦白从宽"的刑事政策上升为立法，成为实体上的量刑规则。《刑法》第 67 条第 3 款规定："犯罪嫌疑人虽不具有前两款规定的自首情节，但是如实供述自己罪行的，可以从轻处罚；因其如实供述自己罪行，避免特别严重后果发生的，可以减轻处罚。"此后，最高人民法院 2014 年 7 月 31 日发布《关于常见犯罪的量刑指导意见》，其中第 6 条、第 7 条对犯罪嫌疑人、被告人"如实供述"和"当庭认罪"规定了具体而量化的"从宽"量刑标准。2015 年，《刑法修正案（九）》修改了《刑法》第 383 条，重订了贪污罪和受贿罪的定罪量刑标准，也从量刑上体现了"坦白从宽"的精神。修改后的《刑法》第 383 条规定："对犯贪污罪的，根据情节轻重，分别依照下列规定处罚：（一）贪污数额较大或者有其他较重情节的，处三年以下有期徒刑或者拘役，并处罚金。（二）贪污数额巨大或者有其他严重情节的，处三年以上十年以下有期徒刑，并处罚金或者没收财产。（三）贪污数额特别巨大或者有其他特别严重情节的，处十年以上有期徒刑或者无期徒刑，并处罚金或者没收财产；数额特别巨大，并使国家和人民利益遭受特别重大损失的，处无期徒刑或者死刑，并处没收财产。……犯第一款罪，在提起公诉前如实供述自己罪行、真诚悔罪、积极退赃，避免、减少损害结果的发生，有第一项规定情形的，可以从轻、减轻或者免除处罚；有第二项、第三项规定情形的，可以从轻处罚。"

以上规定，均是国家根据行为人犯罪后的表现单方面提供给罪犯的相对固定的量刑上的利益，在这种关系中，国家是主导者，被告人是相对消极的利益接受者，提供利益的根据在于罪犯的"认罪""认罚"和"积极退赃退赔"体现出社会危害性和人身危险性的降低。作为"宽严相济"刑事政策的体现，这种意义上的认罪认罚从宽制度，在我国刑法中不仅早已存在，而且在适用上不受案件范围的限制，甚至也可以不受诉讼阶段的限制，从侦查阶段的强制措施适用，到审判中的量刑，乃至判决执行过程中的减刑、假释，都践行着这一制度理念。

有学者主张侦查阶段不适用认罪认罚从宽制度，主要原因是担心侦查机关采用刑讯逼供、威胁、引诱等不当方式取证。[①] 对此问题的回答，涉及对认罪认罚从宽制度的功能设定。认罪认罚从宽制度的功能之一在于破解特定案件中的侦查困境，发挥认罪的激励功能，《刑法》第 67 条第 3 款对"犯罪嫌疑人"的强调，第 383 条第 3 款对"在提起公诉前"的强调，以及《刑事诉讼法》第 120 条规定的侦查人员在讯问时应当告知犯罪嫌疑人如实供述自己罪行可以从宽处理的法律规定，莫不是围绕此一功能作出的立法努力。因此，一概排除认罪认罚从宽制度在侦查阶段的适用并不妥当。至于非法取证，则需要加强侦查讯问程序的人权保障来解决，这是另外的重要课题，并非认罪认罚从宽制度的作用场域。

另一种是与现有的"宽严相济"刑事政策着眼点不同的类似于"辩诉交易"的协商程序。"完善认罪认罚从宽制度"的重心之一应该是这种包含着制度创新的协商程序。因为，如果仅仅是重申既有的刑事政策，则完全没有必要由十八届四中全会如此郑重地在《决定》中提出。与上述"宽严相济"的制度形式中国家以居高临下的姿态"恩惠"式地给予认罪认罚的被告人某种量刑上的利益不同，在这里，国家开始以相对平等的姿态与被告人协商，以某种特定的

---

① 参见陈卫东：《认罪认罚从宽制度研究》，载《中国法学》2016 年第 2 期。

实体上或程序上的利益来换取被告人的认罪。在这一种制度形式中，官方与被告人的关系趋于平等化，"从宽"是协商的结果。

总之，我国刑事诉讼中已初步形成了"普通程序—简易程序—速裁程序"的三级"递简"格局。决定具体程序适用的，有一"明"一"暗"两条线索。"明线"是案件的严重程度，从普通程序、简易程序到速裁程序，适用案件的严重程度分别从可能判处无期徒刑以上刑罚的案件至25年有期徒刑以下刑罚、一年有期徒刑以下刑罚的案件。在案件严重程度相近的前提下，"被告人认罪"则成为区分简易程序、速裁程序与普通程序的"暗线"，即简易程序、速裁程序的适用，均以被告人"认罪"为前提，并以被告人对简易程序、速裁程序的自主选择为条件。

究其原因，国家通过立法设计出一系列简化程序解决成本、效率问题，但这种努力必须有来自当事人方面的最低限度的"配合"。这种配合，如前所述，既包括实体方面的"认罪"，也包括程序方面的，即对简化程序的自主选择适用。然而，无论是实体上的"认罪"，还是程序方面的自主选用，对被追诉人而言都是一种"利益自损"行为。若从"理性经济人"的假设出发，非有额外的利益作为驱动力，难以期待犯罪嫌疑人、被告人在上述两个方面的主动配合。如此则需要引入实体或程序上的"从宽"处理来作为动力机制，驱使理性的犯罪嫌疑人、被告人在追求个人利益的过程中，"主动"配合立法者的设计，在实践层面完成降低成本、加速程序的立法目标。因此，如果说简化程序需要被追诉人实体方面的"认罪"来提供"正当化"机制，那么被追诉人的"认罪"则需要实体或程序上的"从宽"处理来提供动力机制。

可见，"认罪认罚从宽"制度的基本价值和功能在于为简易程序和速裁程序的适用提供正当化机制和动力机制，提高两种程序的适用率，从行动层面实现优化司法资源配置的立法意图。就这一点而言，认罪认罚从宽制度服务于纾解案件压力的目标，这是它所具有的外在的、"辅助性"价值。

然而，"认罪认罚从宽"的价值不止于此。传统司法程序中的判决是强加给被告人的，判决的执行依赖的是外部的强制力，对被告人而言，这是一种"他律"的判决。如果被告人能够通过自主"认罪"、选择简化程序，并因而获得实体处理或程序上的优待，就等于在一定程度上自主地设定自己和他人、自己和社会未来的关系。那么，被告人未来更可能放弃抵抗行动，接受和服从自己参与确定的判决内容。这样，对判决的服从就从"他律"的外在强制转化为"自律"的内在服从。这在实践效果上，应该更有利于犯罪人改过自新，回归社会。

"认罪认罚从宽"对侦查取证也有特殊的意义。在现有的侦查技术条件下，口供仍然是刑事诉讼中最重要的证据形式之一，尤其是在某些特殊类型的犯罪如贿赂案件中，无现场、无被害人，很大程度上仍要依赖口供，没有口供几乎难以定案，如何合法取得口供成为反腐工作顺利推进必须要解决的问题。然而，随着我国刑事诉讼法对侦查取证规范的严密化，"不得强迫任何人证实自己有罪"规则的引入，以及非法证据排除规则的确立，以身体或心理强制为条件获取口供的方式已经受到立法者明确的否定。在这种情况下，有必要适当转换一下侦查思路，从过去的以身体或心理强制为条件的取供，转向"认罪认罚从宽"鼓励下的自愿供述，既取得了口供，又不触犯立法禁区，无疑是双赢之举。因此，立法和相关司法解释格外鼓励犯罪嫌疑人在侦查阶段"坦白"，而不仅仅是笼统地当庭认罪。这是在我国现实国情下认罪认罚从宽制度具有的特殊价值。例如，《刑法》第67条第3款将可以从轻、减轻的"坦白"主体限定为"犯罪嫌疑人"，显得意味深长，明显有鼓励、督促犯罪嫌疑人在侦查阶段放弃抵抗、如实供述的立法意图。最高人民法院对坦白、认罪持鼓励态度，而且对当庭认罪和审前的"坦白"在量刑上差别对待，坦白得越早，可以期待的量刑方面的减让就越多。2017年修订后的《关于常见犯罪的量刑指导意见》规定：对于当庭自愿认罪的，根据犯罪的性质、罪行的轻重、认罪程度以及悔罪表现等情况，可以减少基准刑的10%以下；对于坦白情节，综合考虑如实供述罪行的阶段、程度、罪行轻重以及悔罪程度等情况，确定从宽的幅度。如实供述自己罪行的，可以减少基准刑的 20% 以下。

三、2018 年刑事诉讼法确立的认罪认罚从宽制度

（一）适用范围

2018 年修改后的刑事诉讼法在基本原则部分新增了一个条文，即第 15 条："犯罪嫌疑人、被告人自愿如实供述自己的罪行，承认指控的犯罪事实，愿意接受处罚的，可以依法从宽处理。"该条没有限定适用认罪认罚从宽制度的案件范围，也没有限定适用认罪认罚从宽的诉讼阶段，由此可以推知，认罪认罚从宽制度在刑事诉讼中的适用既没有案件范围的限制，也没有诉讼阶段的限制，普遍适用于侦查、审查起诉和审判阶段。

（二）侦查阶段

1. 权利告知

侦查人员在讯问犯罪嫌疑人的时候，应当告知犯罪嫌疑人享有的诉讼权利，如实供述自己罪行可以从宽处理和认罪认罚的法律规定。（第 120 条）

2. 认罪认罚情况的记录

犯罪嫌疑人自愿认罪的，应当记录在案，随案移送，并在起诉意见书中写明有关情况。（第 162 条第 2 款）

3. 特别处理

犯罪嫌疑人自愿如实供述涉嫌犯罪的事实，有重大立功或者案件涉及国家重大利益的，经最高人民检察院核准，公安机关可以撤销案件。根据规定不起诉或者撤销案件的，公安机关应当及时对查封、扣押、冻结的财物及其孳息作出处理。（第 182 条）

授权公安机关在"犯罪嫌疑人自愿如实供述涉嫌犯罪的事实，有重大立功或者案件涉及国家重大利益的，经最高人民检察院核准"的情况下可以撤销案件。这一安排源于 2016 年"两高三部"联合印发的《关于在部分地区开展刑事案件认罪认罚从宽制度试点工作的

办法》第 9 条,① 然而,这仍然是一种非同寻常的安排。

首先,该条突破了 2012 年刑事诉讼法的权力格局。2012 年刑事诉讼法授权侦查机关作出"撤销案件"处理的共有三个条文:第 15 条、第 161 条和第 166 条。但是,这三个条文授权侦查机关"撤销案件"均限于不应当追究刑事责任的情形,否定了侦查机关在犯罪嫌疑人已经构成犯罪、需要追究刑事责任情形下的裁量权。2018 年刑事诉讼法明确授权公安机关在犯罪嫌疑人的行为已经构成犯罪的前提下可以撤销案件,虽然在适用情形、核准程序上作出最严格的限制,但仍然不能改变这一判断。

其次,从诉讼法理论和比较立法例的角度来看,这也是一种非同寻常的安排。刑事诉讼以惩罚犯罪为基本目的,为实现这一共同目标,侦查、起诉、审判三种主体、职能或者说阶段被分配了不同的任务。审判是被告人有罪与否的决定性阶段,然而,在现代控审分离原则的支配下,审判在惩罚犯罪方面存在一个功能性缺陷,即它不能主动地将犯罪事件纳入审判程序,这一任务只能交给审前的一系列程序环节,比如在起诉阶段实行起诉法定原则、在侦查阶段实行职权侦查原则。职权侦查原则要求,当存在犯罪嫌疑时,侦查机关必须进行侦查;强制起诉原则要求,当侦查结果表明有足够的犯罪嫌疑时,检察官即有义务提起公诉。上述原则的目的,是实现对犯罪的规律性追究。② 在德国和法国,警察不仅不享有撤销案件的裁量权,甚至无权自行结束侦查或者撤销案件,最终的决定需要由检察官作出。③ 立法者通过对起诉主体、侦查主体施加这样环环相扣

---

① 犯罪嫌疑人自愿如实供述涉嫌犯罪的事实,有重大立功或者案件涉及国家重大利益,需要撤销案件的,办理案件的公安机关应当层报公安部,由公安部提请最高人民检察院批准。

② 〔德〕约阿希姆·赫尔曼:《〈德国刑事诉讼法典〉中译本引言》,载《德国刑事诉讼法典》,李昌珂译,中国政法大学出版社 1998 年版,第 15 页。

③ 参见〔德〕托马斯·魏根特:《德国刑事诉讼程序》,岳礼玲、温小洁译,中国政法大学出版社 2003 年版,第 52 页;〔法〕贝尔纳·布洛克:《法国刑事诉讼法》,罗结珍译,中国政法大学出版社 2009 年版,第 244 页。

的追究犯罪的法律义务，将生活中发生的可能的犯罪事件尽可能地纳入刑事诉讼的轨道，使刑法从纸面上的法变成行动中的法，从而实现惩罚犯罪的目标。而《刑事诉讼法》第 182 条对侦查机关"撤销案件"的授权，在一定程度上偏离了上述传统原则。

（三）审查起诉阶段

1. 听取意见

《刑事诉讼法》第 173 条规定："人民检察院审查案件，应当讯问犯罪嫌疑人，听取辩护人或者值班律师、被害人及其诉讼代理人的意见，并记录在案。辩护人或者值班律师、被害人及其诉讼代理人提出书面意见的，应当附卷。犯罪嫌疑人认罪认罚的，人民检察院应当告知其享有的诉讼权利和认罪认罚的法律规定，听取犯罪嫌疑人、辩护人或者值班律师、被害人及其诉讼代理人对下列事项的意见，并记录在案：（一）涉嫌的犯罪事实、罪名及适用的法律规定；（二）从轻、减轻或者免除处罚等从宽处罚的建议；（三）认罪认罚后案件审理适用的程序；（四）其他需要听取意见的事项。人民检察院依照前两款规定听取值班律师意见的，应当提前为值班律师了解案件有关情况提供必要的便利。"

审查起诉阶段是认罪认罚从宽制度的主战场。2012 年《刑事诉讼法》第 170 条规定的是检察机关审查起诉的程序，无论是讯问犯罪嫌疑人，还是听取辩护人、被害人及其诉讼代理人的意见，其典型特征都是信息的单向性，即信息的最终流向都是作为办案机关的人民检察院，为后者正确处理案件提供信息。尤其是犯罪嫌疑人，唯一的义务是接受讯问，他只是案件事实信息的提供者，而非案件处理意见的表达者。现行《刑事诉讼法》第 173 条则将这种单向的信息结构改变为信息的双向交流和沟通，检察机关不仅要"听取"犯罪嫌疑人、辩护人、被害人及其诉讼代理人的意见，而且要"告知"犯罪嫌疑人享有的诉讼权利和认罪认罚可能导致的法律后果，"协商"的意味非常明显。

2. 签署具结书

《刑事诉讼法》第 174 条规定："犯罪嫌疑人自愿认罪，同意量刑建议和程序适用的，应当在辩护人或者值班律师在场的情况下签署认罪认罚具结书。犯罪嫌疑人认罪认罚，有下列情形之一的，不需要签署认罪认罚具结书：（一）犯罪嫌疑人是盲、聋、哑人，或者是尚未完全丧失辨认或者控制自己行为能力的精神病人的；（二）未成年犯罪嫌疑人的法定代理人、辩护人对未成年人认罪认罚有异议的；（三）其他不需要签署认罪认罚具结书的情形。"该条规定了认罪认罚的犯罪嫌疑人应当在辩护人或者值班律师在场的情况下签署具结书。

其一，具结书的使用。"具结书"一词最早出现于最高人民法院、最高人民检察院、公安部和司法部 2014 年联合发布的《关于在部分地区开展刑事案件速裁程序试点工作的办法》第 8 条："决定起诉并建议人民法院适用速裁程序的，应当在起诉书中提出量刑建议，并提供犯罪嫌疑人的具结书等材料。"在 2016 年"两高三部"印发的《关于在部分地区开展刑事案件认罪认罚从宽制度试点工作的办法》中，"具结书"大量出现。根据《辞海》的解释，具结是指"旧时对官署提出表示负责的文字"。[①] 由此可见，"具结书"类似于犯罪嫌疑人单方面向办案机关呈交的保证书。问题是，犯罪嫌疑人通过具结书保证什么呢？如果是保证不翻供，那么具结书可以阻止犯罪嫌疑人翻供吗？如果翻供又会有什么惩罚？或者，翻供以后，先前的认罪认罚意向是否可以在审判中用作不利于被告人的证据？这些问题的悬而未决，可能会在司法实践中产生一些难题。

其二，具结书的约束主体。既然具结书是犯罪嫌疑人单方面的保证书，就只能约束签署具结书的犯罪嫌疑人。可见，具结书只是犯罪嫌疑人的自我约束，这样的设计，与"协商"的初衷有一定差距。

---

① 《辞海》（第六版），上海辞书出版社 2009 年版，第 1181 页。

　　既然是协商，那么控辩双方达成的关于认罪认罚和量刑建议的共识应当以"协议"的形式表现出来，而不能是单方面对犯罪嫌疑人施加约束的保证书。在此基础上，控辩双方达成的协议虽然不具有严格意义上的法律效力，不过是"君子协议"，但是作为行使公权力的国家机关，出于诚信原则，检察机关不能随意变更量刑建议，即使可以变更，也不能漫无限制，否则对犯罪嫌疑人而言，协商的结果就具有相当大的不确定性，旨在激励犯罪嫌疑人认罪认罚的制度，其激励效果就会大打折扣。

　　3. 分流机制的引入

　　如前所述，速裁程序试点过程中发现的一个问题是，只是在审判程序的简化上做文章，无法控制进入审判程序的案件总量，也就是说，在审前程序中缺乏一个控制流量的"阀门"式的设计。通过扩大人民检察院的不起诉裁量权，刑事诉讼法在尽力解决这个问题。

　　检察机关的不起诉裁量权经历了一个从无到有的过程。在 1979 年刑事诉讼法中，检察机关对应当追究刑事责任、不应当追究刑事责任，以及依照刑法规定不需要判处刑罚或者免除刑罚的案件，分别作出提起公诉、不起诉和免予起诉的决定。[①] 在最后一种情形下，即已构成犯罪但依照刑法规定不需要判处刑罚或者免于刑罚的，刑事诉讼法规定检察机关"可以"免予起诉，即在提起公诉和免予起诉之间有一定选择权，然而这种情形下不起诉决定则不被允许。[②] 1996 年增设了"未经人民法院依法判决，不得确定任何人有罪"的原则，免予起诉制度被废除，原可以作出免予起诉的情形被分化处

　　① 参见 1979 年《刑事诉讼法》第 100 条、第 101 条的规定。
　　② 根据 1979 年《刑事诉讼法》第 104 条的规定，检察机关只能在《刑事诉讼法》第 11 条明确限定的六种情形之下才能作出不起诉决定。换句话说，1979 年刑事诉讼法中只有一种不起诉，即现在所说的法定不起诉（绝对不起诉）。

理，既可以提起公诉，也可以作出不起诉。① 以此为标志，开始产生检察机关的不起诉裁量权，同时产生一种新的不起诉类型——酌定不起诉。② 2012 年刑事诉讼法基本沿用了这一格局，仅在未成年人刑事案件诉讼程序中增加了一种附条件不起诉。③

在此立法沿革背景下，会发现 2018 年刑事诉讼法再次扩张了检察机关的不起诉裁量权，虽然它小心地将适用前提限制于"犯罪嫌疑人自愿如实供述涉嫌犯罪的事实，有重大立功或者案件涉及国家重大利益"的情形。在具备起诉条件的情况下，2012 年刑事诉讼法允许人民检察院作出不起诉决定的情形仅限于"犯罪情节轻微，依照刑法规定不需要判处刑罚或者免除刑罚"，而 2018 年刑事诉讼法并没有对可以作出不起诉决定的犯罪的严重程度施加限制。不仅如此，从协商的类型来看，犯罪嫌疑人自愿如实供述的，不仅可以在检察机关提出量刑建议时受到优待，也可以对"涉嫌数罪中的一项或者多项不起诉"，这已经突破量刑协商的范围，而有明显的"罪数"交易的味道了。众所周知，在奉行起诉法定原则的国家，如意大利，一般会把辩诉交易的类型谨慎地限制于量刑交易，不允许指控交易或者罪数交易。④ 因此，现行刑事诉讼法允许"罪数"交易，

---

① 1996 年《刑事诉讼法》第 142 条第 2 款规定："对于犯罪情节轻微，依照刑法规定不需要判处刑罚或者免除刑罚的，人民检察院可以作出不起诉决定。"

② 同时，随着 1996 年《刑事诉讼法》第 12 条引入具有无罪推定意味的"未经人民法院依法判决，对任何人都不得确定有罪"原则，也产生了另一种新型的不起诉——存疑不起诉。参见 1996 年《刑事诉讼法》第 140 条第 4 款。

③ 参见 2012 年《刑事诉讼法》第 271 条。

④ 起诉法定原则背后的理念是，诉讼是一种查明真相的调查活动，在有充分的证据证明被告人实施犯罪的前提下，不能任由检察官撤销案件，中断进一步的调查。实行这一原则的结果是，检察官丧失了起诉裁量权或仅享有十分有限的裁量权，其与辩方进行交易的资本十分有限。在意大利，起诉法定主义不仅是一个刑事诉讼原则，而且规定于《宪法》第 112 条，意大利在 1988 年引入辩诉交易程序时很难绕过这个宪法障碍。意大利式辩诉交易程序的正式名称是"依双方当事人的请求而适用刑罚的程序"，顾名思义，即只能进行量刑交易，不能对指控进行交易。

本身就意味着起诉法定原则的进一步松动。

如何评价这种变化？这是推行认罪认罚从宽制度的必然结果。如前所述，从速裁程序试点到认罪认罚从宽制度试点，这种发展是基于对速裁程序局限性的认识：一是速裁程序只是在审判程序的简化上做文章，无法对进入法院的案件总量进行控制；二是速裁程序适用率不理想，需要强化激励机制，吸引更多的犯罪嫌疑人、被告人。要实现对进入法院的刑事案件总量的控制，只能依赖检察机关在审查起诉过程中对案件进行甄别，允许对部分构成犯罪的犯罪嫌疑人进行分流处理。要强化激励机制，也需要给犯罪嫌疑人提供更多的"优待"。这两个方面的需要，最终汇集成一股力量，即扩大检察机关的不起诉裁量权。即便检察机关没有作出不起诉决定，在认罪认罚案件中，检察机关的量刑建议仍会对法院的判决产生实质性的影响力。这进而会造成另一个结果，即在认罪认罚案件中，检察机关会在很大程度上决定刑事案件的最终处理，检察机关成为刑事司法的重心所在。因此，在不久的未来，中国的刑事司法会出现双重心现象：在不认罪认罚的案件中，由于"以审判为中心"刑事诉讼制度改革的推进，审判仍然是决定判决走向的核心场域；在认罪认罚的案件中，刑事司法的重心则落在了检察机关的审查起诉活动上。

4. 提出量刑建议

《刑事诉讼法》第176条第2款规定："犯罪嫌疑人认罪认罚的，人民检察院应当就主刑、附加刑、是否适用缓刑等提出量刑建议，并随案移送认罪认罚具结书等材料。"

（四）审判阶段

1. 权利告知和自愿性审查

《刑事诉讼法》第190条第2款规定："被告人认罪认罚的，审判长应当告知被告人享有的诉讼权利和认罪认罚的法律规定，审查认罪认罚的自愿性和认罪认罚具结书内容的真实性、合法性。"

2. 量刑建议的法律效力

认罪认罚案件中，控辩双方达成的意向是否对审判主体有约束力，尤其是，检察机关根据双方达成的一致意向提出的量刑建议是否能够约束法院？

理论上看，在认定被告人有罪之后如何量刑，是法律适用问题，属于法官的职权范围。即便在美国，虽然有量刑指南对法官形成约束，但2005年以后，美国联邦量刑指南被最高法院认定不具有强制性，只是"建议性的"。因此，上述立场从比较法的角度来看没有例外。① 因此，经控辩双方协商一致的量刑建议对法庭没有约束力，对审判中查明的犯罪行为如何量刑，属于法庭固有的职权。

我国现行《刑事诉讼法》第201条规定，"对于认罪认罚案件，人民法院依法作出判决时，一般应当采纳人民检察院指控的罪名和量刑建议，但有下列情形的除外……"这里"一般应当"的表述，来源于《关于在部分地区开展刑事案件认罪认罚从宽制度试点工作的办法》第20条的规定。在试点期间，为协调各方力量、推进试点工作，通过"一般应当"这样的表述让法院在试点期间尽量配合，无可厚非。但是，这一条文明显具有约束意味。《刑事诉讼法》第201条第2款规定，法院经审理认为量刑建议明显不当的，并不能直接量刑，只有"人民检察院不调整量刑建议或者调整量刑建议后仍然明显不当的"，人民法院才"应当依法作出判决"。可见，为了认罪认罚从宽制度的顺利推行，刑事诉讼法给予检察机关的量刑建议最大限度的尊重。

3. 速裁程序的重新调整

关于速裁程序的适用条件（范围），《刑事诉讼法》第222条规定："基层人民法院管辖的可能判处三年有期徒刑以下刑罚的案件，案件事实清楚，证据确实、充分，被告人认罪认罚并同意适用速裁程序的，可以适用速裁程序，由审判员一人独任审判。人民检察院

---

① 参见［美］约书亚·德雷斯勒、艾伦·C. 迈克尔斯：《美国刑事诉讼法精解》，魏晓娜译，北京大学出版社2009年版，第336页。

在提起公诉的时候，可以建议人民法院适用速裁程序。"第 223 条从反向规定了不适用速裁程序的情形："有下列情形之一的，不适用速裁程序：（一）被告人是盲、聋、哑人，或者是尚未完全丧失辨认或者控制自己行为能力的精神病人的；（二）被告人是未成年人的；（三）案件有重大社会影响的；（四）共同犯罪案件中部分被告人对指控的犯罪事实、罪名、量刑建议或者适用速裁程序有异议的；（五）被告人与被害人或者其法定代理人没有就附带民事诉讼赔偿等事项达成调解或者和解协议的；（六）其他不宜适用速裁程序审理的。"

关于速裁程序的简化，《刑事诉讼法》第 224 条规定，适用速裁程序审理案件，不受本章第一节规定的送达期限的限制，一般不进行法庭调查、法庭辩论，但在判决宣告前应当听取辩护人的意见和被告人的最后陈述意见。

关于审理期限，《刑事诉讼法》第 225 条规定，"适用速裁程序审理案件，人民法院应当在受理后十日以内审结；对可能判处的有期徒刑超过一年的，可以延长至十五日"。

关于程序转化，《刑事诉讼法》第 226 条规定，"人民法院在审理过程中，发现有被告人的行为不构成犯罪或者不应当追究其刑事责任、被告人违背意愿认罪认罚、被告人否认指控的犯罪事实或者其他不宜适用速裁程序审理的情形的，应当按照本章第一节或者第三节的规定重新审理"。

（五）激励（动力）机制

鼓励犯罪嫌疑人或被告人认罪，提高速裁程序、协商程序和简易程序的适用率，需要建立科学的激励机制。目前以"坦白（认罪）—量刑减扣"为主要逻辑形式的激励机制主要存在两个方面的问题：一是这种激励机制将目标仅锁定于鼓励坦白（认罪），被告人是否选择适用速裁、简易程序则完全不加考虑，其后果是形成了目前司法实践中"高认罪率"① 与速裁程序、简易程序"低适用率"并存的局面；二是如前所述，这种激励机制在可能判处长期自由刑的案件中具有较为显著的效果，但在司法实践中大量存在的、可能判处短期监禁刑以下刑罚的案件中，很难产生相应的激励效果。

为解决激励机制存在的上述问题，必须转换立法思路，引入程序激励机制。这种程序激励机制可以包括两个方面：一是对选择速裁程序、协商程序和简易程序的被告人，就其程序选择本身提供一定的量刑上的优惠。二是对于在较早诉讼阶段"坦白"的犯罪嫌疑人，在程序上予以从宽处理，即将犯罪嫌疑人尽早的"坦白"作为社会危险性较低的一个重要因素，优先适用非羁押性强制措施。对于处刑较轻的犯罪案件，不捕不诉等程序性规定往往可以发挥更大的激励功能。目前我国检察系统中已存在"和解不捕"的实践，2016 年 1 月 13 日最高人民检察院第十二届检察委员会第 47 次会议通过的《人民检察院办理羁押必要性审查案件规定（试行）》也将"与被害方依法自愿达成和解协议"列为检察机关向办案机关提出释放或变更强制措施建议的根据。② 在此基础上，《刑事诉讼法》第 81 条增加了一款，作为第 2 款："批准或者决定逮捕，应当将犯罪嫌疑人、被告人涉嫌犯罪的性质、情节，认罪认罚等情况，作为是否可

---

① 2015 年 12 月 2 日最高人民法院副院长黄尔梅在北京市刑事案件速裁程序试点专家论证会上的讲话中指出，"大部分案件，被告人都是认罪的，诉讼争议已基本不存在"。另据浙江省人民检察院检察长汪瀚在 2016 年 3 月 13 日两会期间发言中指出，"提起公诉的案件中，大部分案件事实清楚、证据到位，案情简单、情节轻微且被告人认罪"。参见《浙江省检察长汪瀚首谈绿色司法理念严防案多人少问题成为司法"雾霾"》，载法制网，http://www.legaldaily.com.cn/zt/content/2016 - 03/14/content_ 6523012.htm，2016 年 3 月 21 日访问。

② 《人民检察院办理羁押必要性审查案件规定（试行）》第 18 条规定："经羁押必要性审查，发现犯罪嫌疑人、被告人具有下列情形之一，且具有悔罪表现，不予羁押不致发生社会危险性的，可以向办案机关提出释放或者变更强制措施的建议：……（七）与被害方依法自愿达成和解协议，且已经履行或者提供担保的……"

能发生社会危险性的考虑因素。"

（六）正当化机制

犯罪嫌疑人、被告人是认罪认罚从宽制度中的核心人物。从认罪认罚从宽制度产生的背景来看，在国家层面上，目前我国存在简化诉讼程序、节约司法成本的客观需要。然而，在个人层面上，获得完整审判是犯罪嫌疑人、被告人的合法权利。面对这样的权利主张，国家很难以成本、效率等理由直接予以拒绝，因此，任何简化诉讼程序的改革都会面对一个共同的"正当化"难题。但是，如果是被告人"自愿"地选择放弃诉讼权利，那么这一难题就迎刃而解。因此，如何保障犯罪嫌疑人、被告人认罪的"自愿性"是认罪认罚从宽制度要解决的首要问题。刑事诉讼法中出现了5次"自愿如实陈述"的表述，也说明犯罪嫌疑人、被告人认罪的"自愿性"是认罪认罚从宽制度的"生命线"，如果缺失这一点，认罪认罚从宽制度的正当性无从谈起。

为了保证认罪的自愿性，刑事诉讼法引入了值班律师制度。第36条规定："法律援助机构可以在人民法院、看守所等场所派驻值班律师。犯罪嫌疑人、被告人没有委托辩护人，法律援助机构没有指派律师为其提供辩护的，由值班律师为犯罪嫌疑人、被告人提供法律咨询、程序选择建议、申请变更强制措施、对案件处理提出意见等法律帮助。人民法院、人民检察院、看守所应当告知犯罪嫌疑人、被告人有权约见值班律师，并为犯罪嫌疑人、被告人约见值班律师提供便利。"

四、改革对检察机关的影响

引入和完善审前分流机制，检察机关成为案件分流的中枢；扩大酌定不起诉适用范围直接扩大了检察机关的起诉裁量权；附条件不起诉从未成年人推广适用于成年人，不仅意味着起诉裁量权的扩大，而且以金钱或劳务义务为不起诉的附加条件，部分地将实质意义上的刑罚权由法院转移给了检察机关；设立协商程序，检察机关的量刑建议基本上决定了判决的内容；改革速裁程序，检察机关的处罚意见在通常情况下会直接成为裁决结果。权力的扩张必须有相应的规范和制约同步跟进，否则就难以杜绝权力的滥用。参考比较立法例并立足我国现有制度资源，笔者认为可以从以下几个方面引入或强化对检察机关行使权力的制约：其一，法院的制约。其二，被害人的制约。可以参考德国的强制起诉程序或日本的准起诉程序[①]完善被害人对不起诉决定的监督与制约程序。其三，人民监督员的监督。可以参考日本的检察审查会制度，[②] 完善人民监督员参与案件监督的程序，实现监督的常规化和规范化，强化人民监督员决议的约束力。此外，由于认罪认罚从宽制度不限于检察机关主导的审查起诉阶段，因此，对于其他阶段，尤其需要检察机关发挥法律监督机关的职能，避免出现滥用职权、权力寻租、利益交换等不法情形，防止腐败的滋生。

五、改革带来的挑战

从本质上说，"真相"是排斥任何形式的"妥协""协商"和"交易"的。协商程序的引入，会不会打破这一刑事诉讼基本原则？更具体地说，协商程序中是否意味着必须容忍一个更低的证明标准？无独有偶，具有浓厚职权主义传统的德国在 2009 年立法上正式引入"供述协议"制度时也遇到同样的问题。对此，起草法案的德国联邦司法部的态度是，刑事诉讼的基本原则不变，协商并不是法院作出判决的基础和前提，法院仍将致力于案件事实真相的发现。《德国刑事诉讼法典》新增设的第 257c 条也明确第 244 条第 2 款的规定保持

---

① "强制起诉程序"参见《德国刑事诉讼法典》第 172 条，"准起诉程序"参见《日本刑事诉讼法》第 262—268 条。

② 关于日本的检察审查会制度，参见陈效：《日本检察审查会制度实施现状评析》，载《人民检察》2014 年第 7 期。

不变。① 为此，德国没有采用美国的"认罪答辩"机制，协商的目的，不是为了获取"认罪答辩"，而是为了得到被告人的"供述"，法官仍然要致力于查明真相，在综合审查全部证据的基础上作出决定。因此，"供述协议"并非处理案件的机制，而仅仅是发现真相的工具。本文主张"供述"协商，基本上也是出于同样的考虑，即尽量不牵动基本原则层面的价值碰撞。由此，关于证明标准问题也有了解答，即协商程序中证明标准没有降低，只不过对被告人有罪的证明从严格证明转变为自由证明，不再恪守普通程序中的程序规则，尤其是直接言词原则，法庭在讯问被告人的基础上，结合案卷、其他证据作出判决。

又如，为了纠正实务中过于偏重口供的倾向，刑事诉讼立法对口供持贬抑态度。例如，《刑事诉讼法》第 50 条列举证据的法定分类时，有意将犯罪嫌疑人、被告人供述和辩解列于物证、书证、证人证言和被害人陈述之后，位列第五。第 55 条则明言"对一切案件的判处都要重证据，重调查研究，不轻信口供。只有被告人供述，没有其他证据的，不能认定被告人有罪和处以刑罚；没有被告人供述，证据确实、充分的，可以认定被告人有罪和处以刑罚"。然而，随着认罪认罚从宽制度的推进，势必无形中抬高口供的地位，如果没有相应的制度性规范措施，实践中偏重口供的侦查陋习可能大幅度反弹。

---

① 《德国刑事诉讼法典》第 244 条第 2 款规定："为了调查事实真相，法院应当依职权将证据调查延伸到所有对于裁判有意义的事实、证据上。"这是德国刑事诉讼的基本原则，也是职权主义诉讼模式的核心条款。根据这一原则，法院不受被告人供认之约束，必须致力于调查实体法事实真相。参见约阿希姆·赫尔曼：《〈德国刑事诉讼法典〉中译本引言》，载《德国刑事诉讼法典》，李昌珂译，中国政法大学出版社 1995 年版。

▶第二讲

认罪认罚从宽制度实证研究[*]

徐 静[**]

目 次

---

[*]　本文系作者根据在浙江省检察机关职务犯罪检察业务培训班上的讲义整理。

[**]　浙江省人民检察院第一检察部四级高级检察官。

（三）量刑建议的计算

六、值班律师制度

（一）值班律师的职责和权利

（二）与值班律师或辩护人有关的其他问题

七、认罪认罚案件的审判程序

（一）法院的建议适用权

（二）量刑建议"一般应当采纳"原则

八、被告人反悔机制

（一）认罪认罚的反悔撤回

（二）检察机关针对反悔上诉的抗诉权问题

九、"检察机关主导"与"以审判为中心"的关系

　　认罪认罚从宽制度是修改后刑事诉讼法确立的重要诉讼制度，是全面落实宽严相济刑事政策，优化司法资源配置，在更高层次上实现公正与效率相统一，推进国家治理体系和治理能力现代化的重大改革部署。随着修订后的《人民检察院刑事诉讼规则》（以下简称《刑事诉讼规则》）以及"两高三部"《关于适用认罪认罚从宽制度的指导意见》（以下简称《指导意见》）的颁布，制度实施进入新的阶段。本讲主要从九个方面展开，先简单介绍认罪认罚从宽制度的立法背景和司法价值，再结合浙江省检察机关适用认罪认罚从宽制度的基本情况，立足检察机关的主导责任，对制度内涵的理解和把握、司法机关的职能定位、量刑建议精准化及反悔撤回机制等焦点问题进行剖析解读。

一、认罪认罚从宽制度的基本情况介绍

（一）认罪认罚从宽制度的立法背景

　　党的十九届四中全会明确指出，要推进国家治理体系和治理能力现代化。作为新时代的司法工作者，要把案件办理放在促进社会治理的大背景下考量，切实树立谦抑、审慎、善意的司法理念，尤

其是对轻微刑事案件注重非罪化、非刑罚化和非监禁化的处理方式。在促进社会善治的司法背景下，认罪认罚从宽制度应运而生。该项制度积极顺应我国司法发展趋势，充分体现了现代司法宽容精神，是我国宽严相济刑事政策的制度化，对促进诉源治理，实现我国治理体系和治理能力现代化有重要作用。

（二）认罪认罚从宽制度的价值意义

最高人民检察院张军检察长强调："要从推进国家治理体系和治理能力现代化的高度，充分认识认罪认罚从宽制度是节约司法资源、化解社会矛盾、减少社会戾气、促进社会和谐的重要落实方式和环节。"[①]

1. 推动繁简分流，提升刑事司法质效

随着经济社会的发展，国家安全、公共安全、经济领域犯罪及网络犯罪呈现新的特点，P2P、"套路贷"等新型犯罪案件不断增多，刑事案件数量也在不断攀升。根据最高人民检察院的统计数据，1978 年全国检察机关审查起诉嫌疑人仅 16 万人，1996 年 50.3 万件 82.5 万人，2012 年 119.7 万件 185.2 万人，2018 年全国检察机关受理移送审查起诉案件已突破 138.7 万余件 203 万余人，但其中判处 3 年以下有期徒刑的轻刑案件比例高达 80%。认罪认罚从宽制度有助于进一步推动繁简分流，优化司法资源配置，使司法人员可以集中力量办理 5% 左右的疑难复杂或不认罪案件，实现公正和效率的统一。根据最高人民检察院公布的认罪认罚从宽制度两年试点工作情况，试点地区检察机关适用认罪认罚从宽制度办理案件，审查起诉平均用时缩短至 26 天，速裁案件缩短至 5 天；适用速裁程序审结的占 70% 左右，当庭宣判率达 95%；适用简易程序审结的占 25% 左右，当庭宣判率为 79.8%。从上述数据看，简案快办、繁案精办的制度价值得到充分体现。与此同时，认罪认罚从宽制度并不意味着

---

① 张伯晋等：《共同凝聚中国社会治理的"法治智慧"》，载《检察日报》2019 年 7 月 12 日第 1 版。

证明标准的降低和证据裁判原则的弱化，而是通过鼓励犯罪嫌疑人、被告人尽早如实供述犯罪，帮助司法机关及时收集客观性证据，查获犯罪工具或者赃款赃物等关键物证，以尽快查明犯罪事实、准确惩治犯罪，在更高层次上实现公平正义。

2. 贯彻宽严相济刑事政策，实现社会治理现代化

宽严相济刑事政策要求根据犯罪的具体情况做到该宽则宽、当严则严、宽严相济、罚当其罪，这与认罪认罚从宽制度的司法理念是一致的，即在办理案件时坚持谦抑、审慎、善意的价值理念，对认罪认罚的刑事案件尤其是轻罪案件实体从宽、程序从简，鼓励更多的犯罪分子认罪服法，降低审前羁押率，避免诉讼迟延。同时，该制度也有利于促成当事人双方达成刑事和解或谅解，使被破坏的社会关系及早得到修复。另外，控辩双方的量刑协商过程，既对犯罪嫌疑人、被告人起到惩罚警示和教育矫治的作用，也对被害人起到释法说理、安抚救助的作用，有利于维护社会和谐稳定，实现社会治理现代化目的。

3. 优化刑事诉讼结构，促进对抗式诉讼向合作式诉讼的转化

认罪认罚从宽制度中，检察机关在充分听取犯罪嫌疑人及其辩护人或值班律师以及被害方意见的基础上，控辩双方进行充分、平等、有效的量刑协商，由检察机关根据案件实际和认罪认罚情况提出量刑建议，最后由法院判决确认，有利于优化控辩审三方诉讼结构，推动传统的对抗、单向诉讼结构逐步向合作、互动的良性诉讼生态转变，也符合重视当事人参与权的现代刑事司法趋势。

二、浙江省适用认罪认罚从宽制度的相关情况

认罪认罚从宽制度正式确立以来，浙江省人民检察院高度重视，将该项制度作为加强诉源治理、坚持和发展"枫桥经验"、推动社会治理现代化的重要抓手，全面推进该项制度落实落地，取得了良好成效：

（一）切实履行主导责任，推动制度全面落实

1. 实现全环节、全领域适用

2019 年，全省适用认罪认罚从宽制度案件共 53415 件 71103 人，12 月单月认罪认罚案件适用率达 84.74%（以人计）。认罪认罚从宽制度适用罪名几乎覆盖至刑法规定的各个章节（军人犯罪除外），适用刑罚已延伸至 10 年以上有期徒刑。

2. 以监督履行担当责任，实现规范适用

全省检察机关秉持客观公正立场，不因认罪认罚而降低证明标准和入罪门槛。2019 年，对即便犯罪嫌疑人认罪认罚的，因证据不足作存疑不起诉 88 人，因不构成犯罪作法定不起诉 83 人。

3. 提高量刑建议质量，实现精准适用

2019 年，全省检察机关确定刑量刑建议采纳率达 95.4%。各地积极创新方式方法，推进量刑建议精准化水平稳步提升。如杭州、绍兴等地探索"被羁押期间表现等级评定表""常见罪名量刑步骤表格"等措施有效保障具体量刑建议精确到月。永嘉县检察院运用智慧检务、大数据研究总结类案量刑规律，研发认罪认罚判例检索系统，通过对判例的全面采集、标签归类、快速定位、添加维护，为检察官量刑具结提供充分的案例数据支撑。

（二）充分发挥检察职能，推进制度高效适用

1. 促进程序分流，提高诉讼效率

目前全省检察机关建议适用速裁程序、简易程序审理的认罪认罚案件占比达九成以上，诉讼效率明显提高。此外浙江省检察院、浙江省公安厅会商建立"刑拘直诉工作机制"，有效促进"简案快办"。一些基层检察院亦主动作为，如浦江县检察院依托公安机关派驻检察官办公室会同公安机关建立了涵盖取证引导、程序研判、案件流转、法律监督等方面的认罪认罚刑事速裁案件办理机制。

2. 创新智慧驱动，抵减任务增量

浙江省正逐步推广"三远一网"远程办案系统，通过远程提审、远程开庭、远程送达、网上办案，节约办案成本，特别是为速裁案

件办理创造有利条件。同时，依托全省政法一体化平台建设，借助电子卷宗单轨制，着力打造案件快速办理通道，也是其运用之一。如杭州余杭区检察院在此基础上研发运用"危险驾驶案件一键化"办案系统，电子卷宗数据及信息能够直接自主回填至检察业务系统，自动生成法律文书，基本实现收案当日办结。

（三）积极参与诉源治理，充分延伸制度效能

全省检察机关把实施认罪认罚从宽制度与落实省委诉源治理的部署要求相结合，深入推进"少捕慎诉"。2019 年，全省认罪认罚案件不起诉率达 24.4%，不捕率达 60.8%。

1. 构建预防型司法，加强风险防控

如金华永康市检察院出台《关于加强案件质量管控推进办案监督双融合的实施意见（试行）》，规定认罪认罚案件办理过程中，对于"风险案件"作出处理决定前应当及时提交合议。

2. 倡导修复型司法，促进矛盾化解

为避免被害方"漫天要价"，进而影响认罪认罚从宽制度的有序适用，引导双方尽快消解矛盾、达成谅解，浙江省检察院会同多部门联合制定"轻微刑事案件赔偿保证金制度"，对被追诉人有赔偿意愿且有赔偿能力，但因被害方诉求未能满足或矛盾激化等因素未能达成和解的，提供预存平台，并将该情节作为认罪认罚适用、强制措施变更的考量因素之一。

3. 打造合作型司法，深化多方互动

为确保认罪认罚自愿性，提升律师参与认罪认罚工作的积极性、有效性，浙江省检察院会同五部门出台《关于进一步加强和规范刑事法律援助全面推进刑事案件律师辩护全覆盖和值班律师法律帮助工作的意见》，明确法律帮助的具体范围、工作衔接方式以及值班律师享有的阅卷权。

三、认罪认罚从宽制度的内涵

《刑事诉讼法》第 15 条规定，犯罪嫌疑人、被告人自愿如实供

述自己的罪行，承认指控的犯罪事实，愿意接受处罚的，可以依法从宽处理。其中，"认罪""认罚"是条件，"从宽"是结果。

（一）对"认罪"的把握

1. 对"认罪"的理解

认罪，是指犯罪嫌疑人、被告人自愿如实供述自己罪行，对指控的犯罪事实没有异议。主要可以从三个方面去理解：一是认罪的自愿性和真实性。既要排除犯罪嫌疑人、被告人因受到暴力、威胁、引诱而违背意愿认罪，也要防止有些犯罪嫌疑人、被告人为获得从宽、从快处理，权衡利弊后作出有违事实真相的"有罪供述"。二是认罪的完整性。被告人承认指控的主要犯罪事实，仅对个别事实情节提出异议，不影响定罪量刑的基本事实的，或者对行为性质有一定辩解但表示接受司法机关认定意见的，可认定为认罪。但对于隐瞒真实身份、不承认构成犯罪的，则不能适用认罪认罚从宽制度。三是认罪的时间点。认罪包括主动型认罪和被动型认罪，犯罪嫌疑人、被告人在侦查阶段、审查起诉阶段甚至一审、二审阶段如实供述的，都可以成立"认罪"。认罪认罚从宽制度有激励、引导犯罪嫌疑人、被告人尽早认罪的设计初衷，把握的原则是认罪时间越靠前，从宽幅度越大。

2. 关于"认罪"的常见认识分歧

首先，部分认罪问题。一是实施数罪只供认部分罪行的情况。比如犯罪嫌疑人实施了盗窃罪、抢劫罪，但仅供认盗窃犯罪事实，不供认抢劫犯罪事实的，能否适用认罪认罚从宽制度。对此《指导意见》已经明确，犯罪嫌疑人、被告人犯数罪，仅如实供述其中一罪或部分罪名事实的，全案不作"认罪"的认定，不适用认罪认罚从宽制度，但对如实供述的部分，人民检察院可以提出从宽处罚的建议，人民法院可以从宽处罚。即实施数罪只供述部分罪行的，全案不适用认罪认罚从宽制度，但可以就认罪部分从宽处理。二是实施多笔同种罪行只供认其中部分罪行的情况。例如，实施 100 笔盗窃行为，只供认其中 60 笔，对剩余 40 笔拒不供认的；或者已供认其中 90 笔，对剩余 10 笔拒不供认的，如何认定？《指导意见》规定，承认指控的主要犯罪事实，仅对个别事实情节提出异议，不影响"认罪"的认定。但何谓"主要犯罪事实"，未作进一步解释。有观点认为，"认罪"具体可以根据刑法中关于自首、坦白中的"如实供述"来把握。2010 年最高人民法院《关于处理自首和立功若干具体问题的意见》明确，"犯罪嫌疑人多次实施同种罪行的……虽然投案后没有交代全部犯罪事实，但如实交代的犯罪情节重于未交代的犯罪情节，或者如实交代的犯罪数额多于未交代的犯罪数额，一般应认定为如实供述自己的主要犯罪事实"。按照上述规定，犯罪嫌疑人已交代的数额多于未交代的数额，已交代的情节重于未交代的情节，可以认定为如实供述"主要犯罪事实"。但笔者认为，若犯罪嫌疑人只承认部分犯罪事实，对另外部分犯罪事实坚持辩解，在庭审上还要辩解和对抗，甚至判决后还要上诉，制度价值就无从实现。因此在法律或相关规定进一步明确之前，"主要犯罪事实"的认定很难量化，不能简单依据"已交代的多于未交代的"来判断是否"认罪"；另外，认罪认罚从宽制度有别于自首、坦白的独立价值，不能简单照搬自首、坦白的相关规定，犯罪嫌疑人如实供述主要犯罪事实，但未如实供述次要犯罪事实、影响定罪量刑的，不符合"认罪认罚"的实质要求。三是对极其严重的主罪予以供认，但对极个别的轻罪予以否认的情况。虽然《指导意见》规定，犯数罪仅如实供述其中一罪或部分罪名的，全案不作"认罪"的认定，但也要看到，对主罪的承认，体现了犯罪嫌疑人、被告人对罪行的基本价值判断和悔过的态度，对此应予鼓励。如果犯罪嫌疑人、被告人对涉黑犯罪中的主要犯罪事实予以承认，但对如寻衅滋事等个别轻罪予以否认的，不宜一概否认"认罪"，可在其认罪的范围内体现从宽；但如果犯罪嫌疑人避重就轻，只认小罪或者将重罪供认为轻罪，说明其对自己的犯罪性质总体上持否认态度，未能放弃对抗选择合作，故不能视为认罪。

其次，对犯罪性质辩解的问题。《指导意见》规定，具结书应当包括犯罪嫌疑人如实供述罪行、同意量刑建议、程序适用的内容。实践中，犯罪嫌疑人承认指控的犯罪事实，但未必认可指控的罪名。

一是对罪名存在辩解。犯罪嫌疑人对于此罪和彼罪存在辩解，比如，认为自己构成轻罪而不是重罪，认为自己构成特殊罪名而非一般罪名的，是否影响认罪认罚从宽制度适用？犯罪嫌疑人对罪名存在辩解，直接影响量刑协商和"认罚"情节。按照《指导意见》的规定，虽然对行为性质提出辩解，但表示接受司法机关认定意见的，不影响认罪的认定。因此，犯罪嫌疑人承认指控的犯罪事实但对罪名存在辩解的，只要愿意接受司法机关最终认定意见的，依然可以适用认罪认罚从宽制度。二是对罪与非罪存在辩解。认罪必须是实质性的承认，而不是形式化的宣告，犯罪嫌疑人虽然如实供述自己犯罪事实，但坚持认为自己行为不构成犯罪或者故意隐瞒自己的真实身份，影响对其定罪量刑的，则不能适用认罪认罚从宽制度。

最后，被动型认罪问题。《指导意见》第9条规定，"在刑罚评价上，主动认罪优于被动认罪，早认罪优于晚认罪，彻底认罪优于不彻底认罪，稳定认罪优于不稳定认罪"。实践中容易产生以下争议：一是"现场查获"型认罪。制度推行之初，曾有观点认为对于人赃俱获的盗窃犯罪、现场查获的醉驾犯罪等"事实清楚，证据确实、充分"的案件，犯罪嫌疑人是否认罪对查明案件事实价值不大，没必要给予额外的从宽优惠。对此，我们有必要提高认识：无论侦查机关掌握证据是否充分，只要犯罪嫌疑人放弃对抗选择合作，就应当给予鼓励，以体现司法宽容和人文关怀的精神。二是"挤牙膏式"认罪，即犯罪嫌疑人归案后不主动供述自己的犯罪事实，在司法机关反复讯问下"挤一点才认一点"的，或者犯罪嫌疑人拒不供认，直到事实都查清后无力狡辩才认罪的。此类情况下，犯罪嫌疑人、被告人虽然是被动型认罪，但最终选择了与司法机关合作，仍然符合制度适用条件，但在从宽幅度上要与主动型认罪有所区别。

（二）对"认罚"的把握

1. 对"认罚"的理解

所谓认罚，即犯罪嫌疑人、被告人在认罪基础上，自愿接受所认之罪在实体法上带来的刑罚后果，同意检察机关量刑建议，签署具结书。"认罚"直接体现了悔罪态度和悔罪表现，是适用认罪认罚从宽制度的前提条件。认罚必须是实质性的，如果犯罪嫌疑人、被告人只"认罪"不"认罚"，或者表面上"认罚"，背地里却串供、毁灭证据或者故意隐匿、转移财产，不赔偿损失的，则不能适用认罪认罚从宽制度。需要注意的是，"认罚"具有阶段性特征：在侦查阶段表现为愿意接受处罚；在审查起诉阶段则表现为接受检察机关拟作出的起诉或不起诉决定，认可检察机关量刑建议，签署认罪认罚具结书；在审判阶段表现为确认认罪认罚自愿性，自愿接受刑罚处罚。"认罚"不意味着对程序选择权的放弃，犯罪嫌疑人、被告人不同意适用速裁程序、简易程序的，不影响"认罚"的认定。

2. 关于"认罚"的常见认识分歧

第一，"真诚悔罪"是否系"认罚"的前提。《指导意见》第 7 条规定，"认罪认罚从宽制度中的'认罚'，是指犯罪嫌疑人、被告人真诚悔罪，愿意接受处罚……'认罚'考察的重点是犯罪嫌疑人、被告人的悔罪态度和悔罪表现，应当结合退赃退赔、赔偿损失、赔礼道歉等因素来考量"。但实践中，对犯罪嫌疑人有无"真诚悔罪"的判断带有较大主观性成分，容易引发争议。一是"屡教不改"的犯罪。比如，基层办案中常见的累犯、惯犯型盗窃案件，犯罪嫌疑人每次到案后都表示自愿认罪认罚，但释放后又立刻故伎重施的，其"真诚悔罪"态度是否出于内心真实意思表示有待推敲。二是"复仇型"犯罪。犯罪嫌疑人出于复仇动机，谋划实施了犯罪，但归案后表示自愿认罪认罚，甚至有主动到司法机关投案自首的，行为人内心是否"真诚悔罪"难以判断。"真诚悔罪"是司法想要达到的一个理想法律状态，但在实践中，要结合犯罪嫌疑人、被告人退赃退赔、赔偿损失、赔礼道歉等客观表现来进行判断，对于严重危害国家安全、公共安全犯罪，严重暴力犯罪，以及社会普遍关注的敏感案件，应当坚持"慎重把握从宽"的原则。

第二，如何看待量刑协商中的"讨价还价"。根据《指导意见》，认罚，在审查起诉阶段表现为接受人民检察院拟作出的起诉或不起诉决定，认可人民检察院的量刑建议，签署认罪认罚具结书。

从该规定的精神来看，犯罪嫌疑人"认罚"的基础还是要认可检察机关提出的量刑建议。控辩双方量刑协商应当以事实为依据，以法律为准绳，不可偏离社会正常认知，犯罪嫌疑人若脱离法律、事实依据"讨价还价"，则与"认罚"的实质性要求相悖。因此，为实现充分、平等、有效的量刑协商，检察机关要充分听取犯罪嫌疑人及其辩护人、值班律师的意见，有理有据的，应适当采纳。同时，检察机关作为公权力机关，在量刑协商中应当体现主导权，既不能因"平等协商"就毫无原则、步步退让或过分迁就，也不能将协商过程形式化、程序化。

第三，如何看待签署认罪认罚具结书的同时又不放弃辩解的情形。实践中，有的犯罪嫌疑人承认指控的犯罪事实、认可量刑建议并自愿签署具结书，但对其他影响量刑的情节始终存在辩解。如某基层检察院的真实案例：被告人认可检察机关对案件的定性和量刑建议，但辩解其检举揭发情节成立立功，该案适用认罪认罚从宽制度，法院一审作出从宽判决后，被告人仍以成立立功为由提出上诉。此类情形，一方面，犯罪嫌疑人、被告人已签署认罪认罚具结书，形式上可以适用制度；但另一方面，犯罪嫌疑人、被告人对影响量刑的重要情节始终存在辩解，说明其实质上对量刑建议仍持不接受、不认可的态度。笔者认为，犯罪嫌疑人虽然表示认罪认罚，但对影响定罪量刑的重要情节坚持辩解的，不适宜适用认罪认罚从宽制度，但司法机关可以在其认罪的范围内从宽处理；另外，检察机关应当充分运用确定刑量刑建议，最大程度地避免后期判决打破被告人心理预期而导致程序回转。若检察机关提出确定刑量刑建议，犯罪嫌疑人表示认可并签署具结书，在事实证据未发生改变的情况下，又以其他量刑情节为由提出上诉的，则可视为对具结结果的反悔，检察机关原则上可以提出抗诉。

（三）对"从宽"的把握

1. 对"从宽"的理解

认罪认罚后的从宽处理，既包括实体上从宽处罚，也包括程序上从简处理，这是认罪认罚从宽制度的重要激励价值所在。具体而言，在侦查阶段体现为采取非羁押性强制措施、特殊案件的撤销制度；在审查起诉阶段体现为检察机关作出不起诉决定、提出从宽的量刑建议、适用宽缓强制措施等；在审判阶段，表现为法院采纳检察机关的从宽量刑建议，依法从宽处罚。第一，"从宽"是指依法从宽。办理认罪认罚案件，应当遵循刑法、刑事诉讼法的基本原则，对于减轻、免除处罚，必须于法有据；仅有认罪认罚，不具备法定减轻处罚情节的，应当在法定刑幅度以内提出从轻处罚的量刑建议；对其中犯罪情节轻微，不需要判处刑罚的，可以依法作出不起诉决定。第二，"从宽"是指一般应当从宽。这体现了从宽的导向性，即不是可有可无。第三，"从宽"不是一味从宽。应当根据犯罪的事实、性质、情节和对社会的危害程度，决定是否从宽及从宽的幅度，确保宽严有据、罚当其罪，对犯罪性质恶劣、犯罪手段残忍、危害后果严重的犯罪分子，其认罪认罚不足以从轻处罚的，要依法予以严惩。

2. 浙江省的相关做法

关于认罪认罚的具体从宽幅度，《指导意见》尚未明确规定，目前浙江省延续了杭州试点工作经验。一是区分认罪时间。遵循认罪阶段越靠前、量刑建议从宽幅度越大的原则，制定《认罪认罚情节考察表》，记录从侦查到提起公诉不同时间节点的认罪认罚情况，分别适用30%、20%、10%的从宽幅度量刑。二是考察在押表现。建立犯罪嫌疑人"被羁押期间表现等级评定"制度，将被羁押犯罪嫌疑人接受管理教育、学习改造等日常表现，作为量刑建议的重要依据。三是细化量刑建议标准。制定《常见罪名量刑参考表》，以表格形式将交通肇事、故意伤害、非法拘禁、盗窃、诈骗等11种犯罪的量刑细化到以"月"为单位，细化部分罚金刑的量刑建议，有效提高量刑建议的精准度。

3. 认罪认罚与自首、坦白的关系

《指导意见》第9条规定，"认罪认罚的从宽幅度一般应当大于仅有坦白，或者虽认罪但不认罚的从宽幅度。对犯罪嫌疑人、被告人具有自首、坦白情节，同时认罪认罚的，应当在法定刑幅度内给予相对更大的从宽幅度。认罪认罚与自首、坦白不作重复评价"。认罪认罚虽然在部分情节上与自首、坦白有一定程度的交叉和重叠，但并不完全等同。首先，认罪认罚贯穿于刑事诉讼各个阶段，包括被动型的认罪，而自首、坦白指归案后主动如实供述，其中自首还要求自动投案。其次，自首、坦白不包括"认罚"，而认罪认罚不仅包括对量刑建议的认可，也包括赔礼道歉、赔偿损失、刑事和解等情节，还包括对庭审程序的选择，有诉讼分流、节约司法资源等区别于自首、坦白的重要价值，应当享受单独的减让幅度，但不应当重复评价。

四、审前阶段司法机关的职责

认罪认罚从宽制度贯穿于刑事诉讼过程的始终，在侦查、起诉、审判阶段均有涉及，下面，就审前阶段司法机关的相应职责作一梳理和介绍。

（一）侦查机关的相应职责

《刑事诉讼法》第120条规定，侦查人员在讯问犯罪嫌疑人的时候，应当告知犯罪嫌疑人享有的诉讼权利，如实供述自己的罪行可以从宽处理和认罪认罚的法律规定；第162条规定，犯罪嫌疑人自愿认罪的，应当记录在案，随案移送，并在起诉意见书中写明有关情况。

1. 相应职责和做法

侦查机关是认罪认罚从宽制度建议主体，其职责主要包括：

一是告知。侦查机关在讯问时应当告知犯罪嫌疑人认罪认罚的相关规定，但不得对其作出具体从宽处理的承诺。

二是记载。侦查机关对犯罪嫌疑人认罪的情况和节点应当如实记录在案，为检察机关决定是否适用和考量从宽幅度提供重要依据。如浙江省杭州地区，犯罪嫌疑人在侦查阶段表示自愿认罪认罚的，需签署《认罪认罚承诺书》，由侦查机关在《认罪认罚情况记录表》

上区分从侦查到提起公诉 7 个阶段记载犯罪嫌疑人认罪时间节点，以体现认罪认罚越早，从宽幅度越大的"阶梯型从宽"原则。

三是评估。针对犯罪嫌疑人被羁押期间的表现，部分地区还采用《认罪认罚表现评定表》，即侦查机关可以通过考察犯罪嫌疑人的羁押表现，将其表现评定为不同等级，作为检察机关提出量刑建议的重要依据。

四是移送。侦查机关在案件侦查终结移送审查起诉时，对建议适用认罪认罚从宽制度的案件，应当在起诉意见书中写明有关情况。浙江省杭州地区的做法是，侦查机关除在起诉意见书中写明情况外，还要将《认罪认罚从宽处理告知书》《认罪认罚承诺书》《认罪认罚情况记录表》《认罪认罚从宽处理建议书》等相关法律文书随案移送，并在案卷封首加盖"认罪认罚"的印章。

五是认罪教育。《指导意见》要求，公安机关在侦查阶段应当同步开展认罪教育工作。最高人民检察院相关业务部门曾强调，要主动开展认罪认罚教育转化工作，对于处在侦查阶段的案件，人民检察院在审查逮捕期间或者重大案件听取意见中应当结合案件具体情况向侦查机关提出开展认罪认罚教育的意见或建议，促使犯罪嫌疑人尽早认罪认罚。浙江省多地已经开始推行推广认罪认罚教育走进看守所、监区活动，检察机关加强与公安机关、看守所、监区的协调配合，通过单独谈话、公开宣讲、播放宣传视频等形式，促使在押人员了解认罪认罚从宽制度，主动认罪服法。

2. 刑拘直诉工作机制

2019 年 10 月浙江省公检法三家联合出台了《关于推行刑拘直诉机制的意见》。所谓刑拘直诉机制是指公安机关、人民检察院、人民法院在刑事诉讼活动中，对案情简单、事实清楚、证据确实充分、适用法律无争议的轻微刑事案件，在刑事拘留期限内完成侦查、起诉、审判的工作机制。该意见要求对符合速裁程序条件的案件，尤其是危险驾驶等单人单次作案且犯罪嫌疑人被依法采取刑事拘留 7 日，以及被依法采取刑事拘留 30 日的可以适用刑拘直诉机制。该机制出台对于推动案件繁简分流有积极的意义，但也有一定隐忧：一是关于侦查监督削弱问题。审查逮捕环节是重要的侦查活动监督关口,若大量案件未经审查逮捕环节而直接移送审查起诉,可能导致一些案件该报捕而不报捕或其他侦查活动违法情形得不到及时纠正。二是刑拘期限不当延长问题,按照刑事诉讼法的规定,对于流窜作案、多次作案、结伙作案的重大嫌疑分子,拘留后提请审查批捕的时间可以延长至 30 日,而实践中,不排除一些侦查机关存在突破上述限定而不当延长拘留期限的错误做法。三是审查起诉时间过短,客观易致认罪认罚工作仓促。按照该机制,对于拘留期限 7 日的,公检法办案时限为"2 - 3 - 2"模式,即人民检察院应当在移送审查起诉后 3 日内向人民法院提起公诉,这意味着人民检察院须在 3 日内审查完毕,并且安排值班律师提供法律帮助,进行量刑协商和签署具结书,必要时还需要促成刑事和解、达成谅解等,对于一些案多人少或者值班律师资源不足的地区将会面临巨大的办案压力。目前该项机制刚铺开,还需要进一步发现问题和解决问题。

3. 公安机关派驻检察官办公室办理刑事速裁案件工作机制

浙江省于 2018 年 9 月在全国率先实现了在基层公安机关设立检察官办公室全覆盖,部分市级检察院也在同级公安机关设立了检察官办公室,构建了"常驻 + 巡回"的派驻检察工作格局,有力地发挥了检察官办公室在延伸检察监督触角、加强检警协作等方面的积极作用。其中,浦江县检察院利用公安机关派驻检察官办公室建立办理速裁案件工作机制,尝试由检察官办公室负责审查起诉刑拘直诉案件,以发挥派驻优势,提前了解案情,对不适宜刑拘直诉的案件可以及时转变办案程序,防止程序倒转,确保直诉案件质量。

(二)审查起诉阶段检察机关的相应职责

《刑事诉讼法》第 174 条第 1 款规定,"犯罪嫌疑人自愿认罪,同意量刑建议和程序适用的,应当在辩护人或者值班律师在场的情况下签署认罪认罚具结书"。检察机关是适用认罪认罚从宽制度主导者,职责主要包括权利义务告知、听取意见、自愿性合法性审查、协商并签署具结书、提出量刑建议等。

1. 检察机关的基本职责

一是权利义务告知。杭州部分地区延续试点工作经验，采用《委托辩护人、提供法律援助告知书》《诉讼权利义务告知书》和《认罪认罚从宽制度告知书》三合一的做法，做到文书简化。二是听取意见。检察机关应当听取犯罪嫌疑人、辩护人或者值班律师，以及被害人及其诉讼代理人的意见。听取意见的形式并不固定，如可根据案件情况以电话、视频方式听取被害人意见，以简化诉讼程序，节约办案资源。关于对被害人众多的案件如何听取意见的疑问，目前《指导意见》未作具体规定，但《刑事诉讼规则》规定，被害人众多或者不确定，无法以上述方式逐一告知的，可以公告告知，无法告知的，应当记录在案。笔者认为，在办理认罪认罚涉众案件听取被害人意见程序中也可以参考该规定，探索以公告告知权利、设置公共平台听取意见等方式畅通被害人表达诉求的渠道、保障被害人诉讼权利。三是自愿性、合法性审查。对于在侦查阶段认罪认罚的案件，人民检察院应当重点审查犯罪嫌疑人是否自愿认罪认罚，其意思表示是否真实，侦查机关有无违法取证等行为。犯罪嫌疑人、被告人因受到暴力、威胁、引诱而违背意愿认罪认罚的，原认罪认罚承诺无效，但人民检察院可以重新开展认罪认罚工作。四是探索证据开示制度。证据开示制度主要为了保障犯罪嫌疑人的知情权和认罪认罚的真实性、自愿性。实践中，证据开示的范围和程度需要慎重把握，既要确保协商的平等性和充分性，也要以不泄露工作秘密为原则。五是起诉裁量权。检察机关要充分发挥审前过滤和程序分流职能，坚持"少捕慎诉"原则，对于犯罪嫌疑人认罪认罚，符合《刑事诉讼法》第177条第2款规定的，可以作出相对不起诉决定。值得注意的是，对于拟作相对不起诉处理的认罪认罚案件也应当签署认罪认罚具结书，具结书量刑建议一栏可填"愿意接受处罚"或"拟作不起诉处理"。六是量刑协商和签署具结书。该项是检察机关适用认罪认罚从宽制度中的重点工作，下面还将着重围绕量刑建议精准化问题展开论述，在此不作赘述。需要注意的是，刑事诉讼法还规定了三类不需要签署具结书但仍然可以适用认罪认罚从宽制度的情形，立足点在于不能剥夺犯罪嫌疑人、被告人平等适用认罪认罚从宽制度的权利，但检察机关对于不需要签署具结书的认罪认罚案件，仍应提出量刑建议，并做好认罪认罚的书面记录。

2. 被害人权益保障

被害人及其诉讼代理人的意见和态度，是案件决定适用认罪认罚从宽制度和把握从宽幅度的重要考量因素，而非决定性因素。一是将被害人意见作为重要考量因素。检察机关在办理认罪认罚案件时，应当听取被害人及其诉讼代理人的意见，将犯罪嫌疑人、被告人是否与被害方达成和解、调解或者赔偿损失、取得谅解，作为从宽处罚的重要考量因素。但被害人及其诉讼代理人不同意对认罪认罚的犯罪嫌疑人、被告人从宽处理的，不影响认罪认罚从宽制度的适用。二是积极促成刑事和解、达成谅解。犯罪嫌疑人认罪认罚的，检察机关应当积极促成当事人达成刑事和解，或促使犯罪嫌疑人赔偿损失、赔礼道歉、取得谅解等。犯罪嫌疑人、被告人自愿认罪认罚且愿意积极赔偿损失，但因被害人赔偿请求明显不合理，未能达成调解或者和解协议的，一般不影响对犯罪嫌疑人、被告人从宽处理。浙江省检察机关探索建立的"轻微刑事案件赔偿保证金制度"，针对轻伤害、交通肇事等轻微刑事案件中双方因赔偿数额产生严重冲突影响刑事和解的，由犯罪嫌疑人缴纳赔偿保证金后，可以适用非羁押性强制措施。该制度自2018年开始试行，取得了良好效果。检察机关在适用认罪认罚从宽制度的同时，也可以结合适用轻微刑事案件赔偿保证金制度。三是司法救助工作。犯罪嫌疑人、被告人自愿认罪认罚，但因确无能力而未退赃退赔、赔偿损失，未能与被害方达成调解或和解协议的，从宽幅度应当予以适当酌减。被害方符合司法救助条件的，人民检察院应当积极协调办理，以保障被害人合法权益。

3. 社会调查评估

司法行政机关出具的调查评估意见是判处管制、宣告缓刑的重要参考，但不是认罪认罚具结、提起公诉和作出判决的必要条件。对于建议适用缓刑或者判处管制的犯罪嫌疑人，检察机关可以及时委托犯罪嫌疑人居住地的县级司法行政机关调查评估，也可以自行调查评估。检察机关在提起公诉时还未收到调查材料的，不影响提起公诉，但应当将委托文书随案移送；提起公诉后收到调查材料的，应当及时移送法院。为进一步简化程序、提高诉讼效率，杭州地区在侦查阶段或审查起诉阶段，对于可能判处管制、宣告缓刑的犯罪嫌疑人，侦查机关或检察机关及时发函委托当地司法局进行调查评估，再由司法局直接将社会调查评估报告寄送给法院，以缩短在途时间。当然，鉴于认罪认罚尤其是适用简易程序、速裁程序审理的案件审理时间较短，人民法院认为被告人符合管制、缓刑适用条件的，也可以不等待调查评估报告，直接判处管制或宣告缓刑。

五、量刑建议精准化问题

《刑事诉讼法》第 176 条第 2 款规定，犯罪嫌疑人认罪认罚的，人民检察院应当就主刑、附加刑、是否适用缓刑等提出量刑建议，并随案移送认罪认罚具结书等材料。

（一）量刑建议的提出

1. 提出方式

检察机关提出量刑建议的方式，既包括另行制作量刑建议书，也可以在起诉书中直接写明。有些办案单位提出，在起诉书中直接写明量刑建议，若案件起诉后事实证据及认罪认罚等情况发生变化，是否需要以变更起诉的方式变更量刑建议。最高人民检察院发布的《人民检察院刑事诉讼法律文书格式样本》中的《量刑建议调整书》可用于起诉书量刑建议变更，目前可以使用该文书而无须通过变更起诉的方式调整量刑建议。

2. 量刑建议内容和注意事项

一是主刑的提出。主刑包括管制、拘役、有期徒刑、无期徒刑、死刑。其中争议较大的是，认罪认罚案件是否可以直接提出适用"无期徒刑"或"死刑"的量刑建议。从制度设计上来看，认罪认罚从宽制度没有适用罪名和可能判处刑罚的限制，因此无期徒刑以上的重刑案件当然也可以适用该项制度。但从实践看，对于罪行极其严重的可能需要判处死刑的犯罪分子，是否适用认罪认罚从宽制度，还需要根据案件具体情况决定；对可能判处死刑的犯罪嫌疑人适用认罪认罚从宽制度，若在量刑建议中直接提出确定的"死刑"建议，可能引发不良效果。《指导意见》规定，一般应当提出确定刑量刑建议，对于量刑情节复杂的重罪案件也可以提出幅度刑量刑建议。因此办案单位可根据案件实际仔细斟酌提出适当的量刑建议。

二是附加刑的提出。附加刑包括罚金、没收财产、剥夺政治权利和驱逐出境。有办案单位建议提出有一定幅度的罚金刑以便于把握。对此，《指导意见》已明确规定，建议判处罚金刑的，参照主刑的从宽幅度提出确定的数额。因此对罚金刑一般应当提出确定的数额。

三是缓刑适用。按照刑事诉讼法及《指导意见》要求，人民检察院应当对是否适用缓刑提出量刑建议。有的办案单位提出，在个案办理中因对是否适用缓刑没有把握，且出于为规制犯罪嫌疑人翻供的目的，能否在具结书中采取模棱两可的写法，如"建议法院根据案件实际考虑是否适用缓刑"之类。从刑事诉讼法及《指导意见》的要求看，这种写法是不规范的，不利于使被告人产生明确的心理预期，不符合量刑建议精准化原则。

（二）量刑建议精准化问题

《指导意见》规定，办理认罪认罚案件，人民检察院一般应当提出确定刑量刑建议。对新类型、不常见犯罪案件，量刑情节复杂的重罪案件等，也可以提出幅度刑量刑建议。提出量刑建议，应当说明理由和依据。

认罪认罚从宽制度全面施行之初，对于检察机关量刑建议是否应当确定到点，司法实践中存在较大争议。一种观点认为，尽量提出幅度刑量刑建议，便于检察机关平稳过渡，降低量刑建议不被采纳的风险，也更能体现法院的裁判地位。另一种观点认为，检察机关应当提出确定刑量刑建议，以体现量刑协商的充分性、实质性，有利于顺利达成认罪认罚具结，也避免犯罪嫌疑人、被告人因对量刑建议的预期不明确而事后反悔导致程序回转。杭州地区在试点期间，对于可能判处一年以下刑期的量刑建议精准到点；对可能判处 3 年以下刑期的且属《关于常见犯罪的量刑指导意见》所列十五种罪名的，量刑建议精准到点，其他罪名可提出幅度刑量刑建议，但区间幅度应当控制在一定范围内。现在《指导意见》已明确"一般应当提出确定刑量刑建议"的要求，因此检察机关要把推进制度精准适用作为核心工作，尤其在提出确定刑量刑建议前，应与法官加强沟通，建立完善相对独立的量刑建议体系。各地检法两家要加强沟通会商，结合本地实际，区别不同类别案件建立相应的量刑标准，积极稳妥加以推进。另需注意的是，《指导意见》明确规定，提出量刑建议，应当说明理由和依据。这对检察机关的量刑建议工作提出了更高要求，同时也是一种督促，因此检察官在提出量刑建议时要做好释法说理工作。

（三）量刑建议的计算

目前，浙江省检察机关参考最高人民法院《关于常见犯罪的量刑指导意见》（以下简称《量刑指导意见》）和浙江省高级人民法院《〈关于常见犯罪的量刑指导意见〉实施细则》（以下简称《量刑指导意见实施细则》）规定的步骤和方法计算量刑建议。计算量刑的步骤通常按照"确定起点刑→计算基准刑→拟得出宣告刑"的"三步法"进行。《量刑指导意见》仅对几类常见罪名的量刑作了规定，且较为笼统和原则，因此在计算量刑建议时仍存在较大主观因素。目前，杭州、绍兴、温州等部分基层检法两家针对常见罪名协商建立了量刑参考标准，有利于量刑建议的精准化、规范化。

当前，检察机关在计算量刑建议时，具体可参照以下步骤：

一是明确量刑起点。根据基本犯罪构成事实在相应的法定刑幅度内确定量刑起点。二是计算基准刑。根据其他影响犯罪构成的数额、次数、后果等犯罪事实，在量刑起点的基础上增加刑罚量确定基准刑。三是拟定宣告刑（量刑建议）。根据认罪认罚、自首、累犯等量刑情节确定从宽或加重比例来调节基准刑，并综合考虑全案情况和法定量刑区间，得出可能的宣告刑（量刑建议）。四是其他注意事项。按照浙江省高级人民法院的《量刑指导意见实施细则》的规定，量刑情节还区分为特定量刑情节和一般量刑情节，需要注意的是该区分并非法律规定，只是内部参考。按照该细则规定，未成年人犯罪、老年人犯罪、限制行为能力的精神病人犯罪、又聋又哑的人或者盲人犯罪，防卫过当、避险过当、犯罪预备、犯罪未遂、犯罪中止，从犯、胁从犯和教唆犯等特定量刑情节的，先适用以上特定量刑情节对基准刑进行调节，再适用认罪认罚与自首、立功等其他一般量刑情节调节刑期。按照浙江省目前的把握，认罪认罚与其他一般从宽量刑情节并列适用的，宣告刑通常不应低于基准刑的50%；兼有一般量刑情节和特定量刑情节的，最终宣告刑通常不低于经特定量刑情节调节后刑期的50%；对于没有法定减轻处罚情节的，宣告刑不应低于法定量刑幅度中的最低刑。具体从宽幅度的把握，还需相关规范性文件的进一步明确。

六、值班律师制度

《指导意见》将值班律师的职责概括为七项，主要包括法律释明、自愿性见证、协助量刑协商和保障诉讼权利等。为推进刑事诉讼中值班律师法律帮助工作，浙江省出台了《关于进一步加强和规范刑事法律援助全面推进刑事案件律师辩护全覆盖和值班律师法律帮助工作的意见》（以下简称《值班律师工作意见》），对值班律师的权利义务、部门协作等问题作了细化规定。

（一）值班律师的职责和权利

1. 见证具结权

《指导意见》规定，审查起诉阶段签署认罪认罚具结书时，人民检察院应当通知值班律师到场；具结书应当由犯罪嫌疑人、辩护人或者值班律师签名。见证认罪认罚具结过程并签署具结书既是值班律师的权利，也是一项义务。制度实施之初，一些值班律师因担心承担法律责任而不愿意在认罪认罚具结书上签署名字。为此，有些地方作了变通，比如由值班律师在工作记录文书上签字，以证实其见证了认罪认罚具结过程。《指导意见》出台后，值班律师见证具结并签字的职责已经明确，其不能再以未作实质性审查、不愿承担法律责任为由拒绝在具结书上签字。需要注意的是，值班律师在具结书上的签字仅是证明认罪认罚具结过程的程序合法性，其对指控的犯罪事实、量刑协商结果、程序适用存在异议的，仍然有权发表不同意见，由办案机关记录在案，书面意见应当附卷。

2. 阅卷权和会见权

一是关于值班律师能否阅卷的问题，实践中争议比较大。一种观点认为，值班律师仅需提供法律帮助和见证程序合法性，不需要对案件进行实质性审查，没必要主动扩大职责范围、承担更多的法律责任，因此不需要赋予其阅卷权。另一种观点认为，赋予值班律师阅卷权可以使其全面、准确了解案件情况，有利于其提供实质性的法律帮助，进行充分的量刑协商，保障犯罪嫌疑人、被告人的合法权益。《刑事诉讼法》第173条规定，人民检察院应当提前为值班律师了解案件有关情况提供必要的便利。《指导意见》持第二种观点，规定自人民检察院对案件审查起诉之日起，值班律师可以查阅案卷材料、了解案情；人民法院、人民检察院应当为值班律师查阅案卷材料提供便利。浙江省《值班律师工作意见》也规定，值班律师提出阅卷要求的，办案机关应当及时予以安排，并为其阅卷提供便利。

二是关于值班律师会见权的问题。一种观点认为值班律师只是临时性提供法律帮助，只需在犯罪嫌疑人、被告人要求约见的时候会见即可，不需要赋予其主动会见权。另一种观点认为值班律师可通过主动会见犯罪嫌疑人、被告人等方式，审查案件事实、证据及定性，否则其在认罪认罚从宽制度中的参与作用无法达到改革的预期效果。对此《指导意见》已明确，值班律师可以会见犯罪嫌疑人、被告人，看守所应当为值班律师会见提供便利。浙江省《值班律师工作意见》规定，值班律师提供法律帮助，可以会见犯罪嫌疑人、被告人。

3. 值班律师能否为同案犯罪嫌疑人提供法律帮助

按照相关法律及律师相关执业规定,一名辩护人不得同时为两名以上的同案犯罪嫌疑人、被告人辩护,不得为两名以上的未同案处理但实施的犯罪存在关联的犯罪嫌疑人、被告人辩护。值班律师在职责和定位上有别于辩护律师,其能否为两名以上的同案犯罪嫌疑人、被告人提供法律帮助,目前法无明文规定。《指导意见》对此未作限制,可能部分原因是考虑到值班律师资源配备尚不平衡,如在浙江省有些偏远地区的看守所,一星期可能只有一天时间能配备到一名值班律师提供法律帮助,若遇到多被告共同犯罪案件,客观上难以在短时间内调配多名值班律师分别为每名犯罪嫌疑人、被告人提供法律帮助。但如此一来,通过值班律师传递案情、帮助串供的风险可能性会加大,需要加强监督和风险防范,并通过顶层设计的方式解决这一问题。实践中要注意,对于一名值班律师已为同案犯提供法律帮助的,不得转作该案辩护人。

(二) 与值班律师或辩护人有关的其他问题

1. 值班律师的定位

前述已提到过,值班律师的职责和定位有别于辩护律师,值班律师的作用主要在于提供法律帮助和见证程序合法性,其并不出庭辩护;而辩护律师除此之外,还有调查取证权、独立辩护权等。有学者认为,值班律师的定位应当体现为应急性、临时性和一次性,即犯罪嫌疑人到案以后,因尚未委托辩护律师,暂时由值班律师提供临时的法律帮助,若犯罪嫌疑人、被告人有进一步的辩护需求,则可以聘请辩护律师或申请法律援助。实践中,值班律师与犯罪嫌疑人、被告人的关系也呈现出临时性,即没有固定的"一对一"服务。《指导意见》关于"法律帮助的衔接"规定,在不同诉讼阶段,"可以"(注意,此处非"应当")由派驻看守所的同一值班律师提供法律帮助,也可能有这样的考虑。

2. "骑墙辩护"问题

实践中出现犯罪嫌疑人,被告人表示自愿认罪认罚并签署具结书，但是辩护人在庭上作无罪辩护的情形，对此情形概括称为"骑墙辩护"。一种观点认为，对于犯罪嫌疑人、被告人认罪认罚却又允许辩护人作无罪辩护的，属于"两头好处都要占"，对此类情形应当限制适用认罪认罚从宽制度。另一种观点认为，辩护人有独立辩护权，只要认罪认罚具有自愿性、真实性、合法性，辩护人的辩护观点不应影响犯罪嫌疑人、被告人享受认罪认罚从宽优惠。从现有法律规定和实践做法来看，司法机关不应限制辩护人的独立辩护权，也不能因辩护人的独立辩护行为导致犯罪嫌疑人、被告人承担不利后果；但如果有证据证明犯罪嫌疑人、被告人没有实质性的认罪认罚，只是出于侥幸心理，通过表面认罪认罚和无罪辩护同时进行的方式换取更大的从宽优惠，则可以视为反悔，撤销原具结结果。在庭审中，检察机关应当着重突出对于认罪认罚自愿性以及具结内容真实性、合法性的讯问，以审查被告人的真实意愿。

3. 值班律师是否会成为"第二公诉人"的隐忧

值班律师更多体现为一种公益性质，其与犯罪嫌疑人、被告人不存在委托关系，其不收取被服务对象的报酬，而是由政府财政支出相关费用。据了解，在部分地方，值班律师就提供法律帮助和认罪认罚具结分别收取不同费用，换言之，促使犯罪嫌疑人、被告人认罪认罚并达成具结，对值班律师存在利益激励。这就容易产生一种司法担忧：控辩双方原本处于对等状态，利益的对冲性可以促使控辩双方平等充分有效的对质、辩论和协商，而利益的趋同性则可能会导致合作大于对抗，而这种"合作"与"合作式诉讼"的司法价值不属同一概念。因此，如何确保值班律师提供法律帮助、参与量刑协商的积极性和实质性，是需要进一步探索的课题。

七、认罪认罚案件的审判程序

（一）法院的建议适用权

《指导意见》第49条规定，被告人在侦查、审查起诉阶段没有认罪认罚，但当庭认罪，愿意接受处罚的，人民法院应当根据审理查明的事实，就定罪和量刑听取控辩双方意见，依法作出裁判。有观点因此认为，该条赋予了人民法院自行直接适用认罪认罚从宽制度的权力。这种观点是错误的。认罪认罚从宽制度的特征体现为控辩协商，按照《刑事诉讼法》第173条、第174条、第176条的规定，犯罪嫌疑人认罪认罚的，由人民检察院与其进行量刑协商，签署认罪认罚具结书，并提出量刑建议。因此，认罪认罚从宽制度的适用主体和量刑协商主体只能是人民检察院。最高人民检察院副检察长陈国庆在全国检察机关刑事案件适用认罪认罚从宽制度电视电话会议上的讲话也指出："协商系在检察机关的主导下进行，决定权在于检察机关……在适用普通程序或者简易程序审理过程中，被告人自愿认罪认罚的……仍应由检察机关提出量刑建议。"按照上述讲话精神，审判阶段才认罪认罚的，法院可以建议适用认罪认罚从宽制度，但仍应经得检察机关同意，并由控辩双方之间进行量刑协商。《指导意见》第49条的规定与刑事诉讼法的规定并不相悖，该条只是强调了法院根据被告人当庭认罪认罚情节的最终裁量权，并非赋予其直接适用认罪认罚从宽制度的主体地位。笔者认为，出于节约司法资源的考虑，对于案件事实清楚，证据确实、充分，被告人当庭认罪认罚，法院认为可以从轻量刑的，可以在听取控辩双方意见后直接作出从轻判决，无须由检察机关重新启动适用认罪认罚从宽制度。

（二）量刑建议"一般应当采纳"原则

1. "一般应当采纳"原则

《刑事诉讼法》第201条规定，对于认罪认罚案件，人民法院一般应当采纳人民检察院指控的罪名和量刑建议。《指导意见》予以进一步明确，即对事实清楚，证据确实、充分，指控的罪名准确，量刑建议适当的，人民法院应当采纳。上述"一般应当"和"应当"两个规定，从制度层面确立了量刑建议的刚性地位，即量刑建议权不同以往仅是"建议权"，而是检察机关基于被告人认罪认罚，代表国家权力作出的具有司法公信力的允诺，应当得到判决最大程度的尊重。

2. 法定例外和调整情形

《刑事诉讼法》第 201 条第 1 款规定了"一般应当采纳"的五个法定例外情形，包括"被告人的行为不构成犯罪或者不应当追究刑事责任""被告人违背意愿认罪认罚"等。具备该五类情形的，即认罪认罚从宽制度适用错误或适用基础发生改变，法院判决不受"一般应当采纳"的规制。《刑事诉讼法》第 201 条第 2 款规定，人民法院经审理认为量刑建议明显不当，或者被告人、辩护人对量刑建议提出异议的，人民检察院可以调整量刑建议，人民检察院不调整量刑建议或者调整量刑建议后仍然明显不当的，人民法院应当依法作出判决。该款规定了特殊情形下人民检察院的量刑建议调整权，以及法院对认罪认罚从宽制度的"退出权"。一是法院有通知调整义务。法院认为量刑建议明显不当需要调整的，可以口头或者以书面形式通知检察机关作出调整，不应在未经通知的情况下，径直改变原量刑建议作出判决。二是被告方的异议需有理有据。《指导意见》特别规定，被告人、辩护人对量刑建议有异议且有理有据的，人民法院应当告知人民检察院，人民检察院可以调整量刑建议。言下之意，若被告人对量刑建议提出毫无理由的异议，实质等于推翻原认罪认罚具结结果，视为反悔，应当视情形退出适用认罪认罚从宽制度；被告人提出异议且有理有据的，可以协商调整量刑建议。

3. 对量刑建议"明显不当"的认识分歧

何谓"明显不当"，目前法无明文规定，实践中存有争议。一是参考最高人民检察院抗诉工作指引的相关规定。《人民检察院刑事抗诉工作指引》第 9 条对"量刑错误"的说明如下："量刑错误，即适用刑罚与犯罪的事实、性质、情节和社会危害程度不相适应，重罪轻判或者轻罪重判，导致量刑明显不当：（1）不具有法定量刑情节而超出法定刑幅度量刑的……（4）适用主刑刑种错误的……"从上述规定看，量刑明显不当，主要包括量刑超出法定刑幅度，认定法定量刑情节错误，或者适用主刑刑种、附加刑错误，适用免予刑事处罚、缓刑错误等情形。二是参考最高人民检察院孙谦副检察长主编的《〈人民检察院刑事诉讼规则（试行）〉理解与适用》一书，该书第431页对"明显不当"解释为：适用的刑种、刑期与所犯罪行严重不相适应，或者不符合刑法总则规定的量刑原则和刑法分则规定的法定刑。从上述理解看，量刑建议在刑罚档次、刑种、执行方式等方面并无错误，仅在法定刑内有轻重争议的，不属于"明显不当"。但在"两高"对该问题协商达成一致意见之前，检法争议在所难免。需要注意的是，《指导意见》同时也规定，人民法院不采纳人民检察院量刑建议的，应当说明理由和依据。因此，法院若以量刑建议明显不当为由不予采纳的，检察机关应当要求法院对此明确说明，作出解释。

八、被告人反悔机制

（一）认罪认罚的反悔撤回

1. 被告人的反悔权

认罪认罚以自愿性为基础。《刑事诉讼法》第221条和第226条规定，认罪认罚案件在庭审过程中，如果出现被告人违背意愿认罪认罚、被告人否认指控的犯罪事实等其他不适用速裁程序或者简易程序审理的情形，应当根据具体情况转换程序重新审理。《指导意见》进一步明确了犯罪嫌疑人、被告人认罪认罚的反悔和撤回机制。从上述规定可见，案件宣判前，被告人反悔的，原认罪认罚具结书失效，由检察机关重新开展认罪认罚工作，或退出认罪认罚从宽制度的适用，由法院根据情况转换程序重新审理。但对于法院已依据认罪认罚作出从宽判决的，被告人是否可以反悔上诉，学界有不同的观点：第一种观点认为，被告人有反悔的权利，刑事诉讼法并没有限制认罪认罚案件的上诉权，司法机关应予尊重。第二种观点认为被告人签署了认罪认罚具结书、获得了从宽判决后又反悔的，违反了"契约精神"，司法机关应予以反制。第三种观点认为，应当兼顾尊重被告人反悔上诉权与维护诚实信用这两个方面，对恶意的反悔，司法机关应约束，退出适用认罪认罚从宽制度，收回从宽优惠。

2. 浙江省被告人认罪认罚上诉情况

2019 年浙江省认罪认罚案件一审判决后提出上诉的有 1375 人，上诉情形大致有三种：一是被告人出于投机心理，借由"上诉不加刑"原则，试图通过上诉获得更轻量刑。此类情形占比不大，但若放任，极易形成"破窗效应"，不利于司法严肃性和制度落实成效。二是被告人上诉有正当理由，如法院未采纳检察机关从宽量刑建议，或者事实、证据出现变化，或者被告人出于认识错误或者违背意愿认罪认罚的。三是借上诉延缓判决生效时间，以达到在看守所服刑的目的，此类情形比较常见，多可以通过做被告人思想工作加以解决。

（二）检察机关针对反悔上诉的抗诉权问题

《指导意见》第45 条规定："被告人不服适用速裁程序作出的第一审判决提出上诉的案件，可以不开庭审理。第二审人民法院审查后，按照下列情形分别处理：……（二）发现被告人以量刑不当为由提出上诉的，原判量刑适当的，应当裁定驳回上诉，维持原判；原判量刑不当的，经审理后依法改判。"

1. 针对反悔上诉的检察机关抗诉权问题

有观点认为，按照《指导意见》第45 条之规定，被告人以量刑不当为由反悔上诉的，原判量刑适当的，只需由法院裁定驳回上诉，维持原判即可，即认为《指导意见》未规定检察机关的抗诉反制权，故对反悔上诉情形检察机关不需要提出抗诉。另一种观点认为，站在维护制度严肃性和司法公信力的立场上，被告人在获得从宽判决后又无故反悔的，就应当撤回其因认罪认罚获得的从宽优惠；但在目前法律框架下，即便发回重审，除有新的犯罪事实以外，法院不得加重被告人刑罚，因此若要撤销原从宽优惠，只能由检察机关提出抗诉。笔者认为，《指导意见》未对检察机关针对反悔上诉案件抗诉问题作出细化规定，并不等于否定该项权力。《指导意见》第54 条规定，"完善人民检察院对侦查活动和刑事审判活动的监督机制，加强对认罪认罚案件办理全过程的监督，规范认罪认罚案件的抗诉工作"。从目前把握的原则看,认罪认罚案件,检察机关提出确定刑量刑建议,被告人无正当理由反悔上诉的,检察机关原则上应当抗诉。

2. 检察机关抗诉工作面临的实践难题

一是抗诉理由表述问题。根据《刑事诉讼法》第228条的规定,启动抗诉案件的依据为裁判"确有错误"。而反悔上诉案件,一审判决认定事实、法律适用并无错误,只是认罪认罚的事实基础发生改变,抗诉理由应当如何表述仍需斟酌。《刑事诉讼规则》第591条规定了几类审监抗情形,其中包括"原判决、裁定的主要事实依据被依法变更或者撤销的"。能否将被告人认罪认罚后反悔上诉情形,视为"原判决、裁定的主要事实依据被依法变更或者撤销",可以商榷,但目前司法实践中尚无典型判例。二是被告人事后撤回上诉的,检察机关是否撤抗问题。一些被告人在获悉检察机关抗诉后立即撤回上诉,对此,部分地方法院要求检察机关撤回抗诉。但从检察角度,被告人投机性上诉本就破坏司法严肃性,若检察机关随意撤抗,会对司法权威性进一步造成负面影响。三是部分被告人故意选择在上诉期满最后一天提起上诉,导致检察机关因抗诉时限已过无法提出抗诉,对此目前尚无规制措施。四是对于为留所服刑的上诉行为,为此启动抗诉会极大浪费司法资源,且反而实现了被告人留所服刑的投机性目的,但若不予抗诉又容易放任其投机行为。

九、"检察机关主导"与"以审判为中心"的关系

"以审判为中心",是诉讼规律的必然要求。认罪认罚从宽制度全面实施后,检察机关在刑事诉讼中的主导地位进一步突出,这与"以审判为中心"诉讼制度的精神内涵和价值导向是一致的。一是全面实施认罪认罚从宽制度后,大量的轻罪案件将借助于检察机关的审前过滤和程序分流职能,不再进入普通程序审理阶段,使法官可以将精力投入重大、疑难、复杂案件中,有利于"以审判为中心"目标的实现。二是检察机关的主导地位主要体现在量刑协商、审前

过滤和程序分流上，案件最终裁量权仍在于法院，即便在速裁程序中，法庭仍然要对认罪认罚自愿性、真实性和合法性，以及量刑建议适当性进行重点审查，仍须遵守庭审实质化原则，"以审判为中心"并未削弱。三是正确处理好"主导"和"中心"的关系。"检察机关主导"和"以审判为中心"相辅相成，都是为了实现司法公正。检察官要准确把握该项制度内涵，更好地履行主导责任，以审判的标准引导侦查和审查过滤案件，确保办案质量。法官应合理权衡量刑建议权和刑罚裁量权，在坚持依法原则下充分尊重检察机关提出的量刑建议。法检应当全面把握新形势、新任务对政法工作提出的新要求，自觉从推进国家治理体系和国家治理能力现代化、促进诉源治理工作在刑事诉讼领域创新实践的高度，切实推动认罪认罚从宽制度落实落地，实现双赢共赢多赢。

▶第三讲

认罪认罚从宽制度的运行现状及纵深推进
——以浙江省杭州市富阳区为视角[*]

潘　蔚[**]

目　次

---

　　[*]　本文系作者根据在浙江省检察机关 2019 年新录用公务员培训班上的讲义整理。

　　[**]　浙江省杭州市富阳区人民法院刑庭庭长。

（八）进一步发挥庭前会议的作用

（九）监察机关办理的案件如何适用认罪认罚从宽制度

（十）将认罪认罚纳入法定减轻情节

（十一）对轻微刑事案件实行一审终审

2018年10月26日全国人民代表大会常务委员会《关于修改〈中华人民共和国刑事诉讼法〉的决定》由中华人民共和国第十三届全国人民代表大会常务委员会第六次会议通过，当日公布施行。这次修改对进一步完善中国特色刑事诉讼制度具有十分重要的意义，尤其以认罪认罚从宽制度的正式入法为标志。至此，认罪认罚从宽制度成为我国的一种司法制度和诉讼程序。杭州市富阳区政法机关于2016年年初探索与实践该项制度至今，取得了明显成效。与此同时，自刑事诉讼法修改以来，富阳区在该项制度深入推进过程中遇到了诸多问题，面临了诸多新挑战，如何准确定位政法各部门的职能、定位，完善认罪认罚各项机制，困扰着理论界和实务界。结合富阳实践，本讲拟从参与主体的地位与作用，检法量刑沟通、协商，量刑建议的精准减让，保障律师实质性参与协商的问题等多个方面探讨，以期助力该项制度更加规范、稳定、科学，从而充分实现其制度价值。

一、认罪认罚从宽制度在富阳区的运行现状

自2016年10月至2019年10月底，富阳区法院共受理认罪认罚案件2568件，占同期全部刑事案件的80.2%；判决2436件，占同期全部判决刑事案件的80.1%。其中，适用速裁程序审结912件，适用简易程序审结1155件，适用普通程序审结369件。三方远程视频庭审模式适用比例高，庭审程序极大简化，适用速裁程序审理的案件庭审时间一般为8分钟至10分钟，审理时间高度压缩，平均审理天数7天左右。富阳区检察院利用远程设备提审1400余人次、利用远程设备参与庭审700余件次。同时，富阳区公安机关平均办案

周期 35 天，同比减少 33 天，办案周期缩短 34.89%。富阳区公安机关依法对认罪认罚且符合取保候审条件的 2033 名犯罪嫌疑人采取取保候审，对 1584 名犯罪嫌疑人变更刑事强制措施，刑事办案"提速减负"效果明显。与此同时，同期刑事案件上诉为 136 件，认罪认罚案件上诉 12 件，认罪认罚案件服判息诉率达 99.5%。自 2016 年 10 月至 2019 年 10 月底，富阳区公安机关已累计对 5197 名犯罪嫌疑人进行了该项制度的告知，其中经告知后认罪认罚的有 3274 名，认罪认罚率为 62.99%。

二、富阳区的基本做法

两年多的试点工作，杭州富阳区在摸索中形成了认罪认罚从宽制度顺畅运行的基本模式，多数创新做法在"两高三部"《关于适用认罪认罚从宽制度的指导意见》（以下简称《指导意见》）实施后得到完善和继续推行。富阳区于 2016 年年初尝试开展认罪认罚从宽处理工作，经过多次修改及完善，区公、检、法、司四部门于 2017 年 4 月联合出台了《关于办理认罪认罚从宽案件工作实施细则》。该实施细则共 7 章 71 条、9 个附件，包括总则、适用条件、等级评定、量刑幅度、办案程序、宣传工作、附则七个方面，基本涵盖了富阳区认罪认罚从宽制度试点工作的各项内容。此后，富阳区各政法单位贯彻执行，围绕该细则开展试点工作，该实施细则的大部分内容沿用至今。后近一年以来，公、检、法、司四单位结合《指导意见》与认罪认罚实务情况，将该项制度贯彻落实、推向深入。

（一）建章立制保障制度规范落实

明确"认罪""认罚"和"从宽"的基本定义，明确认罪认罚从宽制度的含义、适用条件、适用罪名、基本准则、证明标准，同时对办案流程、适用程序、从宽幅度、配套文书、案件标识等予以了规范。

1. 明晰制度基本定义

认罪认罚从宽制度内涵的理解源于对"认罪""认罚""从宽"

三个概念的准确界定。

一是"认罪"的界定。多数学者均认同"认罪"包括两方面内容，一是犯罪嫌疑人、被告人能够如实供述自己的犯罪行为，对指控的犯罪事实没有异议。二是其如实供述是出于自愿而非胁迫、引诱等因素。该界定与司法实务较为契合，即"认罪"是指被追诉人出于其本人的真实意思，认可指控事实，也认同自己的行为具有社会危害性和刑事处罚性，构成犯罪；但同时对于被追诉人的法律认知不作严格要求，即被追诉人对于其行为所构成的罪名和犯罪形态的认知不属于"认罪"的必要范围。认罪认罚从宽制度中作为适用前提的"认罪"，代表的是被追诉人放弃与国家机关的对抗，是具有程序意义的有罪答辩。同时，被追诉人的"认罪"应当是指对犯罪事实和情节的较为详细的供述，而不能仅是概括式的陈述，或是形式化的宣布认罪。

二是"认罚"的界定。认罚的核心内容是指被追诉人在承认自身犯罪事实的基础上，自愿接受因其犯罪行为所带来的刑罚后果。因刑事案件阶段不同，"认罚"表现形式及表现内容也有所不同，如在侦查阶段，一般表现为犯罪嫌疑人表示愿意接受刑事处罚。总体而言，"认罚"所包含的内容指被追诉人自愿接受刑事处罚，同意量刑建议，签署具结书，对检察机关建议判处的刑罚种类、幅度及刑罚执行方式没有异议。除此之外，"认罚"的内容还应当包括，被追诉人对自己所犯罪行为造成的危害后果予以弥补的行为，如积极退赃、退赔、挽回损失等。

三是"从宽"的界定。所谓认罪认罚"从宽"，是指对符合认罪认罚条件的被追诉人，应当给予从宽处罚。被追诉人被认定为自愿认罪认罚的，应依法对其程序从简及实体处罚上从宽处理。实体上从宽，是指审理结果上的从轻、减轻、免除处罚，以及在审查起诉阶段检察机关作出的不起诉决定等，是被追诉人最终获得较为轻缓的处理结果。程序上从简，是指依法适用现有的简易程序、速裁程序及刑事和解程序等，是在保障被追诉人诉讼权利的同时对其适用相对简化的诉讼程序，实行繁简分流，提高司法效率。相较于实体从宽，程序从宽更应得到关注。实体从宽主要体现在审判阶段的量刑方面，无论从理论或实践方面都能达成较为统一的意见，而程序从宽不仅体现在繁简程序的选择，更体现在非羁押性措施的从宽适用，但具体操作不易。鉴于被追诉人认罪认罚的阶段、程度不同，具体的从宽幅度也视个案的相应情况确定。

2. 明确五个基本规定

一是明确制度含义。犯罪嫌疑人、被告人自愿如实供述自己的罪行，对指控的犯罪事实没有异议，同意量刑建议，签署具结书的，可以依法从宽处理。

二是明确适用条件。该制度适用于犯罪事实清楚、证据充分，适用法律无争议，且被告人在一审判决前自愿认罪认罚的案件。

三是明确适用罪名的范围。原则上适用于所有罪名，包括涉黑恶性质犯罪、邪教组织犯罪等案件也依法适用认罪认罚从宽制度。

四是明确基本准则。遵循认罪阶段越靠前，从宽幅度越大的准则。即侦查阶段认罪优于审查起诉阶段、法庭审理阶段认罪，审查起诉阶段认罪优于法庭审理阶段认罪。

五是明确证明标准。办理认罪认罚案件，仍须依照法定证明标准，依法全面收集固定证据、全面审查案件，严把事实证据关和程序关。

3. 规范五项制度内容

一是规范办案流程。侦查阶段，要求办案民警在第一次讯问犯罪嫌疑人时，须告知其认罪认罚从宽处理制度，并书面送达告知书。犯罪嫌疑人认罪认罚的，在告知书上签字捺印，并签署承诺书。移送审查起诉时，则须出具从宽处理建议书，并随案移送情况记录表、认罪认罚表现评定表等制式表格文书。审查起诉阶段，要求承办检察官再次对犯罪嫌疑人进行相关内容告知，书面送达告知书。同时须审核犯罪嫌疑人认罪认罚的自愿性，并与其签署具结书，提出具体量刑建议。提起公诉则随案移送量刑建议书、具结书。审理阶段，要求法官收到检察院移送起诉案件后，再次对被告人进行相关内容告知，并送达告知书。同时，须核实被告人是否自愿认罪认罚，是否向被告人提供法律帮助。对可能判处 3 年以下有期徒刑的案件，一般采用远程视频庭审模式、适用速裁程序进行审理。经审理查明的事实及罪名与指控一致的，一般应当采纳检察院量刑建议。

二是规范适用程序。明确认罪认罚案件适用速裁程序、简易程序审理的条件，并缩短审理期限。规定适用速裁程序审理的案件一般在 8 日内审结，对可能判处有期徒刑一年以上的案件可延长至 15 日；适用简易程序的，一般在一个月内审结；部分被告人认罪认罚的共同犯罪案件，则适用普通程序同案审理，充分体现认罪认罚在量刑方面的优惠。

三是规范从宽幅度。对于具体从宽幅度的确定，首先把握认罪认罚阶段越早、从宽幅度越大的原则。对犯罪嫌疑人、被告人认罪态度进行等级评定，并随着刑事案件阶段的发展而逐渐降低评定等级。

四是规范配套文书。制定认罪认罚表现评定表、羁押期间表现评定表、公检法三阶段告知书、承诺书、情况记录表、从宽处理建议书、具结书等 9 个制式表格文书，要求犯罪嫌疑人、值班律师或辩护律师、办案人员按流程签字，认罪认罚全程留痕。

五是规范案件标识。对于认罪认罚案件，公安阶段需在案卷封面右上角加盖红色"认罪认罚从宽案件"标识章，检察院阶段需在案卷封面右上角加盖蓝色"认罪认罚从宽案件"标识章，法院阶段在受理案件后需在起诉书正本处加盖"认罪认罚从宽案件"标识章，对认罪认罚从宽案件进行分类管理。

（二）多重保障确保认罪认罚自愿性

1. 保障全流程书面告知犯罪嫌疑人、被告人权利

要求侦查人员在第一次讯问时即告知犯罪嫌疑人享有的诉讼权利，如实供述自己罪行可以从宽处理的法律规定和认罪认罚的法律后果；检察院审查起诉阶段履行相同的书面告知义务。法院在送达起诉书副本时，应当告知被告人享有的诉讼权利和认罪认罚的法律后果，在开庭审理时应当审查认罪认罚的自愿性和认罪认罚具结书

内容的真实性、合法性。需要重点告知、释明的事项包括：第一，适用认罪认罚从宽制度必须自愿认罪认罚，同意被指控的犯罪事实和量刑建议，签署具结书；第二，认罪认罚案件可以适用速裁程序、简易程序及普通程序，犯罪嫌疑人、被告人有程序选择权及选择不同程序相应的法律权利及后果；第三，犯罪嫌疑人、被告人依法享有辩护权和其他诉讼权利，有权获得有效法律帮助；第四，特殊情况可以撤销案件、不起诉处理；第五，不适用认罪认罚从宽制度的情形等。

2. 保障律师参与，提供控辩对抗的可能性

办理认罪认罚从宽案件，明确公安机关、检察院、法院应当告知犯罪嫌疑人、被告人有获得法律帮助的权利，犯罪嫌疑人、被告人没有辩护人的，应当由值班律师为其提供法律咨询、程序选择、申请变更强制措施等法律帮助。检察院、法院应当就下列事项与犯罪嫌疑人、被告人的辩护人或者值班律师进行沟通，听取意见，记录在案并附卷：第一，指控的罪名及适用的法律条款；第二，从轻或者减轻等从宽处罚的事项及建议；第三，认罪认罚后案件审理适用的程序；第四，其他需要听取意见的情形。同时，明确在侦查阶段，如犯罪嫌疑人承诺自愿认罪认罚的，则由值班律师在场提供帮助；在审查起诉阶段，认罪认罚具结时，须有辩护人或者值班律师在场。

3. 审判阶段切实强化庭审对认罪认罚自愿性的审查

一是法官必须在法庭上进行审查，并要求充分告知被告人诉讼权利，强化对不得强迫自证其罪原则的适用，确保被告人对如实供述的法律后果有正确认识；二是强化对被告人知悉性审查，需当庭了解被告人是否清楚认罪认罚的性质和后果；三是审查讯问活动是否合法，通过查看讯问同步录音录像、讯问犯罪嫌疑人等方式，当庭了解被告人有无受到威胁、利诱、欺骗，是否存在未公开的允诺，是否获得辩护人、值班律师的有效辩护或者法律帮助，签署具结书时是否有辩护人或者值班律师在场等；四是调查了解犯罪嫌疑人思想转变过程，尤其是从不认罪到认罪的转变过程，结合其在侦查阶

段、审查起诉阶段的综合表现，来判断其认罪是否出于自愿；五是强化事实审查，确保坚持证据裁判原则，防止"证据不足案件"因认罪被错误定罪，防范冤假错案、防止罪及无辜。

（三）科学确定量刑从宽幅度

1. 规范公安机关、检察机关、法院的权力行使与实践操作

规定在侦查、审查起诉、审判阶段认罪认罚的等级评定，以及不同阶段认罪认罚与从宽幅度大小的对应关系。确立对犯罪嫌疑人、被告人的认罪认罚表现进行等级评定的制度，将以下十种情形作为等级评定的主要依据：明确认罪所处的阶段及认罪后是否有反复；认罪后对案件侦破所起的作用情况；是否系在逃后被抓获，抓捕时是否有抗拒抓捕等情形；是否自愿如实供述自己的全部罪行，对指控的犯罪事实是否有异议，是否同意量刑建议并签署具结书；是否真诚悔罪，确实有悔罪表现；羁押期间是否严格遵守监所管理规定；取保候审、监视居住期间是否严格遵守相关规定；是否具有积极赔偿损失、争取获得谅解等情形；是否有其他违法犯罪嫌疑；其他影响等级评定的情形等。

2. 把握办理认罪认罚从宽案件量刑减让的原则

第一，明确"认罪阶段越靠前，从宽幅度越大"的基本准则，即"认罪越早，优惠越多"。富阳区首创对犯罪嫌疑人、被告人认罪认罚态度设立等级评定制度，明确规定随着刑事案件阶段的发展而逐渐降低评定等级。如在侦查阶段认罪认罚的，一般评定为"好""较好""一般"；在审查起诉阶段认罪认罚的，一般评定为"较好""一般"；在审判阶段认罪认罚的，一般评定为"一般"。第二，结合等级评定来确定从宽幅度。具体而言，认罪认罚表现等级评定为"好"的，可减少20%—30%；评定为"较好"的，可减少10%—20%；评定为"一般"的，可减少10%以下。第三，综合犯罪嫌疑人、被告人自愿认罪、真诚悔罪、遵守规定、赔偿损失、取得谅解等方面的具体情节，确定最终的从宽幅度。第四，坚持宽严相济刑事政策，对犯罪性质恶劣、犯罪手段残忍、社会危害严重、群众反

映强烈的案件，特别是认罪认罚价值不大的，慎重适用该项制度。

3. 量刑规范细化并体现实用性

为提升量刑建议的规范性和统一性，除对量刑建议予以审查外，从以下两点着手：一是制定更为细化而明确的量刑参考意见。根据《人民法院量刑指导意见（试行）》及上级法院关于常见犯罪的量刑指导意见，结合案件审判情况，明确量刑的步骤、调整基准刑及确定宣告刑的方法、常见量刑情节的适用供检察院用于量刑参考，并对常见罪名如交通肇事罪、盗窃罪、赌博罪、诈骗罪等二十余个罪名列举具体的量刑标准，形成兼具合法性与实用性的量刑方法。二是检、法安排专人对接量刑。检察院在提出量刑建议前，如有疑难问题，可与法院联系沟通，法院安排审判工作经验丰富的刑事法官对检察院的量刑建议予以对接，以避免量刑失衡或明显不当。

（四）探索审前调查新模式

在实践中不断优化审前调查机制，进一步畅通办案流程。一是审前调查前置。办理认罪认罚从宽案件，公安机关对犯罪嫌疑人可能判处缓刑适用社区矫正的，一般应当启动审前社会调查。并应当核实其居住地，核查其违法犯罪记录，调查其是否具备监管条件，并将相关证明材料附卷随案移送。二是加强部门合作。检察院、法院对可能判处缓刑适用社区矫正的犯罪嫌疑人、被告人，应当及时委托司法行政机关进行审前社会调查，并移送相关证明材料。司法行政机关一般应当在收到委托书后 5 个工作日内完成调查评估、出具评估意见，并及时予以反馈，逾期未反馈的，不影响办案单位继续适用认罪认罚从宽制度。三是有条件地免除审查调查。如对醉驾案件及量刑建议在一年以下的本地户籍被告人可能宣告缓刑的，不再进行社会调查评估，可直接宣判。

（五）落实快速法庭建设

"两高三部"《指导意见》鼓励快速法庭的建设。经与公安、检察机关协调，富阳区法院正在筹建专门审理 3 年以下轻刑案件快速审理法庭。该法庭设置于巡特警大队办案场所，后续设施配备、人员调配等正在进一步落实，拟建立合成办案区。

三、制度运行中面临的新问题及建议

（一）参与主体的地位与作用

认罪认罚从宽制度是一项综合性的带有统筹性质的制度，该制度的完善落实需要政法各部门明晰职能定位，在此基础上形成合力，互相配合与监督、分工合作。《指导意见》也明确规定，"坚持公检法三机关配合制约原则。办理认罪认罚案件，公、检、法三机关应当分工负责、互相配合、互相制约，保证犯罪嫌疑人、被告人自愿认罪认罚，依法推进从宽落实"。认罪认罚从宽制度推进过程中，虽已形成规范指引，但各方主体特别是检法两家就诸多问题意见不一，未能达成共识及清晰界定自身职能、作用，在共同落实制度时难免相互掣肘，或多或少延缓或制约了该项制度的顺利、快速推行。对此，提出以下建议：

1. 强化组织领导，发挥政法委统筹协调作用

刑事案件认罪认罚从宽制度改革是一项系统性改革，公检法司各部门任何一个环节出现问题都会导致"梗阻"。这项制度的有力推行、顺畅运作不能忽略政法委这个中枢神经系统的功能和作用。因此，在制度运行之初，建议以政法委统筹协调、政法各部门分工协作的方式启动，而在运作逐渐顺畅之后，则可保持联席会议制度以解决日常运作中存在的问题。

2. 坚持审判中心主义，发挥法院核心作用

法院首先是该项制度的重要参与主体之一，与其他各部门一样，是分工配合中的一个环节，不可或缺、不可替代。法院的"地位"，实质是职能定位，这是法律地位的确立问题，更是一种法院责任。在司法改革背景下的认罪认罚从宽制度，与"以审判为中心"的刑事诉讼制度改革，是"一块硬币的两个面"：认罪认罚从宽制度是形式，"以审判为中心"的庭审实质化是目标。法院的主要作用，一是"中心"作用。法院作为唯一有权行使定罪量刑的机关，"中心"作

用的关键在于掌握定罪量刑的主动权，这也是庭审实质化的应有之义。这里至少包括，等级评定最后由法院综合认定，从宽幅度最后由法院衡量确定，量刑标准由法院主导制定及修正，检察机关的量刑建议为求刑权，最终的裁判权归属法院。二是审查作用，或者称之为"把关作用"，包括实质审查与形式审查。应当强化法官的审查义务，法官应当对案件进行充分、有效、实质性的审查。在审判阶段，要切实强化对认罪认罚自愿性、签署具结书的真实性与合法性的审查。首先是卷宗书面审，重点在于公开的法庭审。对具结书、量刑建议的审查是新的庭审对象。三是引导作用。法院通过认罪认罚刑事案件的审理，引导树立正确的执法理念、引导建立多层次诉讼体系、引导刑事案件繁简分流。四是保障作用。完善该项制度的核心就是要建立保障犯罪嫌疑人、被告人真实、自愿认罪的机制。五是"底线"作用。我国认罪认罚从宽制度中，法院既是制度有效运行的重要主体之一，更担负着守护最终公平与正义的"底线"责任。实体公正是我国法律制度永恒的追求。

3. 增强担当意识，检法两家加强配合

检法两家积极担当是推动该项制度的有力支撑，两家要切实担负起主导责任与中心作用，作为一个整体协同推进。该项制度是以审判为中心的刑事诉讼制度的配套制度，本质是体现诉讼规律、提高案件质效、维护司法公正。一是统一思想认识。首先要将思想统一到党的十九届四中全会精神上来，通过该项制度切实推进国家治理体系和治理能力的现代化。要深刻认识其对准确及时惩罚犯罪、强化人权司法保障、推动刑事案件繁简分流、节约司法资源、化解社会矛盾、推动国家治理体系和治理能力现代化，具有重要意义。该项制度契合人民群众多元司法需求，是恢复性司法理念在刑事司法中的具体实践，为刑事案件处理和纠纷解决提供了新的制度方案。其次要将思想统一到2018年刑事诉讼法、"两高三部"《关于在部分地区开展刑事案件认罪认罚从宽制度试点工作的办法》（以下简称"两高三部"《试点工作办法》）、《指导意见》上来。当前刑事诉讼法及《指导意见》是指导实践的最主要依据，检法两家应遵照执行。二是准确把握该项制度的丰富内涵。该项制度我国诉讼理念和诉讼模式的重大创新。要正确认识简化的速裁程序与庭审实质化的关系，建立多层次诉讼体系，引导刑事案件繁简分流。让20%的人员审理完成80%的简易案件，集中80%的力量精审20%的复杂案件，其本质就是实现庭审实质化，达到优化司法资源配置、提升诉讼效率的效果。引导确立程序分流不同于各环节割裂自处，并不意味着法官的把关作用可以懈怠。要正确认识确定刑量刑建议与法官独立裁量权的关系，两者并无冲突，即使在实践中一段时间内有认识不一致的，也完全可以通过沟通、协商的方法解决，但绝不能成为该项制度推进过程中的障碍。三是提高沟通、协调效率。当前乃至一段时间内检法配合的重点在量刑建议方面，检法两家通过多沟通的方法是切实可行的，实践中这种做法也取得了好的效果。量刑沟通要建立行之有效的方式，量刑标准也可以在磋商之下形成两家共同参照的常用罪名细化标准，同时对可能造成量刑建议明显不当的情形进行梳理，形成统一意见，比如同类案件不同建议、分案同案犯不同建议等。这里要指出的是，法官对认罪认罚案件坚持全面审查，特别是对证据的审查，是一种最为负责的配合态度。矛盾化解中的配合在该项制度下显得尤为重要，不能简单地求快或是节约司法资源，矛盾化解案结事了依然是司法所追求的终极目标，刑事案件也不例外。而对于检察机关因机构改革而引起的多部办案的情况，建议在沟通机制上采取归口对接的方法。另外，通过法院庭前会议使被告人认罪认罚的案件、侦查与审查起诉阶段不认罪而当庭认罪认罚的案件，同样存在如何配合的问题。

4. 重视制度源头，提高侦查机关的地位与作用

公安机关是制度启动的源头，应当引起充分重视的是公安机关在这项制度中的重要作用。刑事诉讼法的修改仅规定了公安机关对犯罪嫌疑人的告知程序和记录说明义务，没有赋予建议从宽等权力，这对公安机关对适用该项制度的积极性、主动性以及实效性有所影响。根据2018年刑事诉讼法、"两高三部"《试点工作办法》、《指

导意见》，侦查阶段的认罪认罚从宽程序构造为：告知权利和认罪认罚可能导致的法律后果，听取犯罪嫌疑人及其辩护人或者值班律师的意见，自愿认罪认罚的记录附卷并随案移送，同步开展认罪教育工作，起诉意见书载明认罪认罚的情况及程序建议，移送审查起诉，关于撤销案件的范围及报批程序。显然，程序的构造侧重于侦查机关的程序性义务，没有充分重视其在该制度中的重要地位与作用。该项制度的启动源于侦查机关的第一次权利告知，它是制度启动的源头。大量的认罪认罚案件发端于侦查机关，其对该制度的充分运用直接影响到该类案件的质量和数量，而源头上的数量与质量将直接影响到流程中审查起诉阶段、审判阶段的案件适用率、建议率与采纳率，进而影响到制度价值。因此，应当调动和保障侦查机关对适用该项制度的积极性、主动性以及实效性，赋予侦查机关等级评定、建议从宽等权力，以在侦查工作中突破犯罪嫌疑人的防守底线。此外，对于认罪认罚和解的刑事案件，可以赋予侦查机关更大的处置权。试点实践中赋予侦查机关等级评定、书面建议从宽所取得的效果，有力证明了这一做法的可行性与实效性。

（二）检法两家关于量刑的沟通、协商

提出量刑建议是适用认罪认罚从宽制度的重要组成部分。犯罪嫌疑人同意量刑建议，是审查起诉阶段适用认罪认罚从宽制度的必要条件，而法院依法作出判决时，一般也应当采纳检察院的量刑建议。

1. 关于量刑建议的内容

根据刑事诉讼法的规定，犯罪嫌疑人认罪认罚的，检察院应当就主刑、附加刑、是否适用缓刑等提出量刑建议。由此，量刑建议主要包括三个方面的内容：一是主刑，主要指主刑刑种。二是附加刑。以往检察机关提出量刑建议，主要针对主刑，对附加刑关注较少，现在附加刑成为量刑建议不可或缺的重要内容。特别是附加刑中的财产刑，作为"认罚"的重要组成部分，直接体现犯罪嫌疑人的悔罪态度，直接影响从宽的后果，必须予以关注。当然，对于附加刑的量刑建议是以指控罪名的法定刑包括相应的附加刑为前提，指控罪名不包括相应附加刑的，则没有此内容。三是是否适用缓刑，主要指刑罚执行方式。

2. 关于量刑协商

根据刑事诉讼法的规定，一方面，犯罪嫌疑人签署认罪认罚具结书的前提是自愿认罪并同意量刑建议；另一方面，检察院办理认罪认罚案件应当听取犯罪嫌疑人、辩护人或者值班律师对从宽处罚的建议。因此，在检察院正式提出量刑建议前，必然要与犯罪嫌疑人、辩护人或者值班律师进行量刑沟通或者协商，协商一致后，犯罪嫌疑人才会签署认罪认罚具结书。《指导意见》规定，检察院提出量刑建议前，应当充分听取被告人、辩护人或者值班律师、被害人及其诉讼代理人的意见，尽量协商一致。控辩双方的沟通与协商既有利于保障最终的控辩合意科学合理，也是检察官的义务。

3. 关于量刑建议的提法

一般来说，量刑建议越明确，犯罪嫌疑人及其辩护律师与检察机关协商的动力越大，达成一致的可能性也就越大。因为确定刑的建议更符合犯罪嫌疑人对"罚"的期待。犯罪嫌疑人选择认罪认罚的目的就在于换取一个较为确定的刑罚预期，让从宽处理的激励变成现实，以避免庭审的不确定性和潜在风险。如果是幅度刑的建议，犯罪嫌疑人对可能受到的处罚的预期仍然不确定，即使其认罪认罚签署具结书，心理预期也往往是法官会在量刑建议的下限作出判决，一旦判决无法满足其心理预期，就可能对判决不满，不利于息诉罢访、化解矛盾。精准确定刑的建议，一方面，可以更好地激活认罪认罚从宽制度的"激励机制"，有利于犯罪嫌疑人自愿作出认罪认罚的选择；另一方面，也意味着控辩双方围绕量刑问题，展开了实质性的平等沟通与协商，最终形成了控辩合意，这对量刑建议的合理性、可接受性、认可率，都有积极的保障价值，可以防止事后因量刑问题引发上诉、抗诉以及程序回转等问题，有利于认罪认罚从宽制度的推进和稳定适用。精准量刑建议与法院的审判权并不实质冲突，根据刑事诉讼法的规定，案件最终仍由法院来确认与裁判。根据《指导意见》的明确规定，一是检察院提出量刑建议以确定刑为原则，即绝大多数案件特别是基层检察院办理适用简易程序、速裁程序的轻罪案件，原则上一律提出确定刑量刑建议。二是设定例外情形，即对一些新类型、不常见的犯罪案件以及量刑情节复杂的重罪案件等，也可以提出幅度刑量刑建议。这也是基于司法实践的复杂状况而设定的例外，体现了对司法规律的尊重。三是要求检察院提出确定刑量刑建议应当说明理由和依据。这是对检察机关的加压，目的是保证精准量刑建议的合法科学，防范权力滥用。

量刑建议的提出，实务中如何具体把握？富阳区根据《指导意见》的规定，结合认罪认罚从宽制度实践情况，坚持精准量刑建议为原则、幅度量刑为补充的准则。确定的量刑建议有助于达成控辩协商，并且能够增强认罪认罚适用的确定性，符合诉讼经济的原则，明确的量刑建议也更具有现实可行性。鉴于目前刑事案件办理过程中，难以保证控辩之间协商的平等性、充分性，以及案多人少和员额检察官的量刑能力等情况，富阳区法院对检察院量刑建议提出了以下要求：对于刑期在一年以内的案件，要求公诉人必须提出明确的量刑建议；对于刑期在1—3年的案件，原则上要求公诉人提出明确的量刑建议，但对新类型、不常见犯罪案件，量刑情节复杂的重罪案件等，也可以提出幅度刑量刑建议，幅度区间在4个月之内，同时应当说明理由和依据；对于刑期在3年以上的刑事案件，也要求以确定刑为原则，如若需要提出幅度刑的，幅度区间在一年之内，同时应当说明理由和依据。

（三）准确理解和把握"认罪""认罚""从宽"

认罪认罚从宽制度的基石是准确理解和把握"认罪""认罚""从宽"。这里重点讨论对"认罚"的把握。"认罚"是指愿意接受处罚，包括接受刑罚处罚、主动退赃退赔、积极赔偿被害人损失与被害人和解、预交罚金等。"认罚"在不同的诉讼阶段会有不同的体现。侦查阶段，犯罪嫌疑人自愿认罚的，应当记录在案并在起诉意见书中写明有关情况。审查起诉阶段的"认罚"则表现为"同意量刑建议"和程序适用，签署认罪认罚具结书。"同意量刑建议"是"认罚"的实质要件，"签署具结书"是"认罚"的形式要件。所谓"同意量刑建议"，是指被告人对检察机关建议的刑罚种类、幅度及刑罚执行方式没有异议。这里的"刑罚"，原则上包括主刑和附加刑。在法院审理阶段，应当予以实质性的考量，退赃退赔、赔偿被害人损失、预交罚金等情况直接影响减让的幅度，以此鼓励被告人积极作为，并制约被告人恶意利用该制度。

实践中存在的问题是："认罚"以形式论，还是实质论；以过程论，还是结果论？比如：如何考察犯罪嫌疑人、被告人内心的真实想法，如何判断"言不由衷"，以及何种程度为真心悔过；在侦查、审查起诉、审判各阶段的判断标准如何确定，法院审判阶段是否必须实质性完成所有的"认罚"，如对罚金的缴纳，是否一定要预缴之后才能认定"认罚"？富阳区在实践中以程度论，分程度作出相对应的评价。

认罪认罚从宽制度中的"从宽"，应当从实体和程序两个维度准确把握。首先，明确遵循认罪阶段越靠前、从宽幅度越大的基本准则。即侦查阶段认罪优于审查起诉阶段、法庭审理阶段认罪，审查起诉阶段认罪优于法庭审理阶段认罪。对犯罪嫌疑人、被告人认罪态度进行等级评定，并随着刑事案件阶段的发展而逐渐降低评定等级。通俗而言，"认罪越早，优惠越多"。其次，结合认罪认罚表现等级确定从宽幅度。再次，综合犯罪嫌疑人、被告人自愿认罪、真诚悔罪、遵守规定、赔偿损失、取得谅解等方面的具体情节，确定最终的从宽幅度。最后，坚持宽严相济刑事政策，对犯罪性质恶劣、犯罪手段残忍、社会危害严重、群众反映强烈的案件，特别是认罪认罚价值不大的，要慎重适用认罪认罚从宽制度。

（四）量刑建议的精准减让

《指导意见》将认罪认罚作为独立的量刑情节予以评价，并对如何减让提出量刑建议作出了规定。一是犯罪嫌疑人认罪认罚没有其他法定量刑情节的，人民检察院可以根据犯罪的事实、性质等，在基准刑基础上适当减让提出确定刑量刑建议。有其他法定量刑情节的，人民检察院应当综合认罪认罚和其他法定量刑情节，参照相关量刑规范提出确定刑量刑建议。二是犯罪嫌疑人在侦查阶段认罪认罚的，主刑从宽的幅度可以在前款基础上适当放宽；被告人在审判阶段认罪认罚的，在前款基础上可以适当缩减。建议判处罚金的，参照主刑的从宽幅度提出确定的数额，但未对减让幅度作出具体规定。

《指导意见》规定得较为原则，以致量刑建议的减让在实务操作中仍面临诸多问题，且各地做法不一。如"从宽"情节与自首、坦白、退赃退赔等法定、酌情情节的重复评价问题如何解决，附条件的量刑建议是否可行。针对司法实务中存在的问题，笔者有以下建议。

1. "认罚"情节应作为相对独立情节考量

根据刑事诉讼法及《指导意见》，认罪认罚从宽制度作为一项独立的制度，有其不可替代的作用，且认罪认罚与其他法定、酌定情节不同，应当独立于其他情节予以考虑。在具体应用中，《指导意见》指出"对犯罪嫌疑人、被告人具有自首、坦白情节，同时认罪认罚的，应当在法定刑幅度内给予相对更大的从宽幅度。认罪认罚与自首、坦白不作重复评价"。对于被告人具有自首情节，又自愿认罪认罚的，按照浙江省高级人民法院的量刑指导意见，应在基准刑的40%以内作量刑减让。此种减让方式，对于量刑的统一性、平衡性及法定情节与认罪认罚重合部分的考虑，均有较大益处。但认罪认罚作为一个相对独立的量刑情节，前述做法较难体现该制度本身的"从宽"评价。针对此类情况，建议根据被告人法定情节的具体表现，综合认罪认罚态度在50%以内予以量刑减让，给予"认罚"独立的评价。据统计，各地法院在试点中多数依据各省量刑指导意见的规定，被告人同时具有法定情节和认罪认罚的，在法定情节内相对给予更大的从宽幅度；也有部分法院单独确定从宽幅度，如南京市中级人民法院在开展速裁试点中，在根据量刑规范化规定确定拟宣告刑的基础上，单独确定20%以下的从宽幅度，确定宣告刑。

2. 不建议检察机关提附加条件的量刑建议，特殊情况除外

认罪认罚案件中，检察机关所提的附加条件的量刑建议中的附加条件主要包括退赃、退赔、被害人谅解、罚金缴纳等，所涉及罪名主要包括盗窃罪、诈骗罪、敲诈勒索罪、寻衅滋事罪、交通肇事罪、故意伤害罪等，且往往与是否适用缓刑相对应，如"若被告人足额退赔被害人损失的，建议判处有期徒刑一年，可适用缓刑，并处罚金"。原则上，笔者不建议检察机关提出此类附加条件的量刑建议，理由如下：首先，在审查起诉阶段认罪认罚的案件，认罚协商应在提起公诉前完成。认罪认罚案件不仅涉及量刑协商，还涉及案件适用程序的选择，附加条件的量刑建议必然导致审理阶段仍需给予被告人退赃、退赔时间，难以适用速裁程序或简易程序，客观上不利于案件繁简分流。其次，被告人自愿认罚的目的在于获得较为准确的刑罚预期，附加条件的量刑建议具有不稳定性。因附加条件本身也是主刑协商的考虑因素之一，在条件尚未成就时，已确定量刑，也有悖精准量刑的原则。再者，若一律允许检察机关提出附加条件的量刑建议，则检察机关与被追诉人在审查起诉阶段退赃、退赔、获得谅解的积极性将降低，不利于更好地保护被害人的合法权益。综上，建议检察机关提出量刑建议时不附加条件，但遇特殊情况，如犯罪嫌疑人已准备退赃、退赔或已与被害人达成调解协议但尚未履行完毕的，且审查起诉期限已届满等，可提出附加条件的量刑建议。

（五）认罪认罚案件中速裁程序的证据开示问题

证据开示是保障认罪认罚自愿性的有效方式。实践中，一些地区针对案件具体情况，探索证据开示制度，在量刑沟通时，将与案件指控事实相关的证据进行简化集中展示，实现各诉讼参与主体信息对称，增强犯罪嫌疑人对审判结果的预测性，确保犯罪嫌疑人在充分了解知悉证据的基础上作出自愿选择，避免因"信息不对称"作出错误判断。

有部分法院认为在刑事案件速裁程序中大幅度简化庭审，不再进行法庭调查及法庭辩论，证据不再在庭上示证、质证，与庭审实质化背离。我们认为认罪认罚从宽制度的庭审实质化包括将更多司法资源用于疑难、复杂案件，精简简易、速裁程序，实现繁简分流。故对那些简单的案件以速裁程序分流，有其必要性，其本质上就是实现庭审实质化的表现。但若犯罪嫌疑人主张知情权或值班律师提出要求，或检察院认为需要，可以进行证据开示，以确保认罪认罚的真实性及自愿性。

（六）仅审理阶段认罪认罚的案件的程序适用

实践中，部分被告人在侦查阶段、审查起诉阶段未认罪或不同意检察机关的量刑建议，后在法院审理阶段自愿认罪认罚，又表示愿意接受检察机关的量刑建议。此种情况下，实践中存在分歧意见：一种意见认为，检察机关应与被告人签署认罪认罚具结书，虽然法院有直接判决的职权，但签署具结书是被告人自愿适用该制度的保证，更有利于案件的顺利审结；另一种意见认为，案件已进入审理阶段，法院对被告人是否自愿认罪认罚及是否适用认罪认罚从宽制度起审查及决定作用，可依职权直接适用认罪认罚从宽制度并判决。

我们更赞同第一种意见，即在审理阶段被告人表示自愿认罪认罚的，仍应签署具结书。一是具结书系被追诉人对犯罪事实及相关刑罚适用的明确认可。关于具结书的效力，主要体现在以下两方面：其一，具结书的性质类似于认罪协议，是犯罪嫌疑人、被告人对犯罪行为自愿承诺承担法律责任的书面意思表示，既表示认罪悔改，又表示愿意接受法律制裁。具结书主要包括认罪认罚的具体内容、从宽处罚的具体内容以及程序选择适用等，是对认罪认罚后果的固定，应当由犯罪嫌疑人、被告人亲笔签署，辩护人或值班律师签名。具结书意味着对某些法定诉讼权利的放弃和不利后果的承担，犯罪嫌疑人、被告人可以单方撤回，即允许其反悔。当然反悔的节点最晚应当在一审法庭裁判作出之前。其二，具结书实质上是控辩合意的结果，一旦签署，对犯罪嫌疑人、被告人具有相当拘束力。如果犯罪嫌疑人、被告人签署具结书后反悔的，办案机关应当向其说明反悔的法律后果，包括可以采取羁押性强制措施、不再享受量刑从宽、不得主张适用速裁程序等内容。二是具结书也是法院对认罪认罚结果的确认而重点进行审查的对象。除了《刑事诉讼法》第174条规定的三种不需要签署具结书的情形外，其他适用认罪认罚从宽制度的案件，审查起诉阶段都要签署认罪认罚具结书。故从认罪认罚从宽制度程序的完整性、被告人自愿签署具结书所体现的认可与约束力以及案件顺利推进等方面考量，仅在审理阶段自愿认罪认罚的案件，被告人签署具结书更为合理。

关于审理阶段的具结流程，如法院在审理中发现被告人认罪认罚的明确意愿的，尚未开庭审理的，可由法院通知援助律师或值班律师对被告人再次释明制度内容，与检察机关达成量刑协商后，被告人签署具结书；如在开庭审理过程中被告人表示自愿认罪认罚的，可休庭，由控辩双方对量刑进行协商，被告人签署具结书后，法院当庭宣判。

（七）保障律师实质性参与协商

人民检察院提出量刑建议前，应当充分听取辩护人或者值班律师的意见，尽量协商一致，包括庭前协商、对量刑建议明显不当时的调整量刑建议协商、当庭认罪认罚的庭中协商。控辩双方围绕量刑问题，展开实质性的平等沟通与协商，最终形成控辩合意，这对量刑建议的合理性、可接受性、认可率都有积极的保障价值，可以防止事后因量刑问题引发上诉、抗诉以及程序回转等问题，有利于认罪认罚从宽制度的推进和稳定适用。因此，保障律师实质性参与协商尤为重要，也是这项制度生命力的保障。从实践情况看，值班律师对案件客观事实了解较少，主要负责提供法律咨询、释明制度含义等，量刑的协商程度较为薄弱，与制度设立所需要的律师实质性参与协商的目标相去甚远，故对于认罪认罚案件，笔者建议由辩护律师参与量刑协商，包括委托律师及援助律师，也可探索设立公职律师制度。

（八）进一步发挥庭前会议的作用

庭前会议被视为推进庭审实质化的重要配套措施之一，其具有证据开示、非法证据排除、争点整理、沟通说服、程序分流、调解与和解等功能。故可借助庭前会议制度，尽可能澄清控辩双方的争议，以便庭审突出重点、集中审理，以证据开示等方式促使被告人认罪认罚。庭前会议中，只要控辩双方能够达成一致意见的问题，都尽量在庭前会议中解决，包括退赃、退赔等。

对于审查起诉阶段不认罪认罚的案件，法官可以通过庭前会议，组织展示有关证据的目录，听取控辩双方对在案证据的意见，有必要时可以展示证据，以促使被告人在证据面前认罪认罚；同时，可以听取双方意见，控辩双方可进行量刑协商，达成一致意见后，择期开庭。当然，这类庭前会议，被告人需到场参加。这是认罪认罚从宽制度下庭前会议功能的深化。

（九）监察机关办理的案件如何适用认罪认罚从宽制度

随着监察法和2018年修改的刑事诉讼法的全面实施，认罪认罚从宽制度以其特有的时代价值和现实意义成为理论界和实务界热议的话题，并跻身监察法和刑事诉讼法这"两法"衔接的过程中。新确立的国家监察体制形成了监察对公职人员的全覆盖，保持了惩治腐败高压态势。而刑事处罚作为国家处罚体系中最严厉的处罚方式，需要通过刑事诉讼程序才能得以适用。在此过程中，监察机关的调查过程及结果需要经受刑事实体法和刑事程序法的"双重检验"。依据《监察法》第31条的规定，涉嫌职务犯罪的被调查人主动认罪认罚，有自动投案、真诚悔罪悔过，积极配合调查工作、如实供述监察机关还未掌握的违法犯罪行为的，积极退赃、减少损失，具有重大立功表现或者案件涉及国家重大利益等情形之一的，监察机关经领导人员集体研究，并报上一级监察机关批准，可以在移送人民检察院时提出从宽处罚的建议。实践中，不少地方的监察机关以公函的形式提出这种建议。监察机关可以通过讯问笔录、被调查人亲笔供词、起诉意见书记载被调查人的认罪认罚情况，并随案移送检察机关审查起诉，由检察机关依据监察法和刑事诉讼法的规定对案件及犯罪嫌疑人的认罪认罚情况进行审查，决定是否向法院提出从宽处罚的建议。

监察机关与检察机关在具体衔接中要注意以下几点：一是统一认罪认罚从宽的认定与适用标准。以监察法和刑事诉讼法的制度规范为依据，将刑事诉讼法确立的认罪认罚的认定标准和从宽处罚的适用标准，作为监察机关、检察机关和法院办理案件时的共同适用规范。鉴于监察机关的职责，监察程序中的"认罚"只应强调被调查人主动承认犯罪事实，愿意接受刑事处罚即可，而不应涉及刑罚的具体种类和量刑幅度。二是强化被调查人的权利保障。确立被调查人获得告知该项制度的权利。监察机关对涉嫌职务犯罪的被调查人进行讯问时，应当告知被调查人如实供述自己罪行可以从宽处理和认罪认罚的法律规定，确保被调查人认罪认罚的自愿性。三是被调查人认罪认罚情况的记录。被调查人在调查阶段认罪认罚的，应当在讯问笔录中记明，并可由被调查人写出亲笔供词，以准确、翔实记载被调查人认罪认罚的情况。四是建立被调查人认罪认罚的审查机制。检察机关收到监察机关移送审查起诉的认罪认罚案件后，应当对犯罪嫌疑人认罪认罚的自愿性进行审查。

（十）将认罪认罚纳入法定减轻情节

犯罪嫌疑人、被告人自愿认罪认罚可获得程序从简、实体从宽的对价，但认罪认罚仅能从宽，即从轻处罚，并不能减轻处罚，在一定程度上，该项制度对部分案件犯罪嫌疑人、被告人难以从刑罚上真正体现从宽。以退赔情节为例，因刑法中未将退赔作为减轻处罚情节处理，导致犯罪嫌疑人、被告人退赔意愿低，甚至有转移财产的情况出现，尤其是涉案金额大、法定刑高的案件。比如，法定刑10年以上的涉众型案件，如退赃后也只能在10年以上量刑，犯罪嫌疑人、被告人往往会作出不退赃甚至转移财产的选择。故将认罪认罚从宽作为法定的减轻情节，可鼓励犯罪嫌疑人、被告人积极履行自身义务，最大限度地减少被害人的损失，及时化解社会矛盾。

这需要从立法层面上加以解决。

（十一）对轻微刑事案件实行一审终审

认罪认罚从宽制度旨在促进案件繁简分流，探索轻微刑事案件一审终审制有助于进一步推进司法资源优化配置。以富阳区法院2018年至2019年度刑事案件统计，每年适用速裁程序的轻微刑事案件（包含危险驾驶罪）案件为400件左右，占据全部刑事案件的34%，而该部分刑事案件每年上诉案件仅有3件左右，故此类轻微刑事案件一审终审已有其实践基础。笔者认为，对被告人已出具具结书、同意检察机关的量刑建议、刑期在一年以内的轻微刑事案件，只要充分保证被告人的知情权和程序选择权，现有的制度设计完全可以保障被告人的诉讼权利。被告人出于自愿，真实表达了认罪认罚的意愿，可以视为有条件地放弃上诉权，一审终审制具有推行的条件和理由。

▶第四讲

律师视角下的认罪认罚从宽制度*

魏勇强**

目　次

---

　　* 本讲义系作者根据在浙江省检察机关 2019 年新录用公务员培训班上的讲义
整理。

　　** 浙江京衡律师事务所高级合伙人，浙江省人大立法专家，浙江省法学会司
法改革研究会常务理事。

（三）法律职业共同体尚未实质形成，控辩双方缺少平等协商的平台

（四）值班律师制度不够完善

四、保障律师有效参与的若干建议

（一）完善政府购买律师服务的机制并加大投入

（二）强化律师执业权利，提供执业保障，降低执业风险

（三）充分发挥司法行政机关的牵头组织作用

（四）加强法律职业共同体的认同和建设

认罪认罚从宽制度提出以来，便引起了学术界和实务界的研究热潮和实践探索。[①] 大多数的探讨从认罪认罚从宽的实践需求和价值取向等角度出发评价其可行性和优劣性，强调在实体、程序方面完善该制度。本讲将切换视角，以笔者以近 20 年的刑辩体会和在办理认罪认罚刑案的实践经验的思考为基础，结合现代刑事司法基本原则的核心理念和价值，对律师在认罪认罚案件中的地位和作用进行探讨。

目前国内刑事辩护率普遍较低、律师辩护质量亟须提高的现状，与认罪认罚从宽制度的运行存在局部不协调，该情形很大程度上对"无罪推定""排除合理怀疑"等基本刑事原则带来冲击。[②] 笔者认为，律师的有效参与辩护是实现刑事基本原则的重要途径和内在要求。在认罪认罚从宽的背景下，律师应遵循有效辩护原则，转变律师角色和定位，主动适应"合作型辩护模式"；司法部门应当立足中国现状，从扩大法律援助范围，严格值班律师制度保障条件，部分实行公设辩护人制度，保障律师执业权利，制定律师辩护业务流程和规范等方面入手，探寻认罪认罚案件中律师有效参与型辩护的现

---

① 樊崇义：《刑事速裁程序：从"经验"到"理性"的转型》，载《法律适用》2016 年第 4 期。

② 李本森：《刑事速裁程序试点实效检验——基于 12666 份速裁案件裁判文书的实证分析》，载《法学研究》2017 年第 5 期。

实路径。

一、认罪认罚从宽制度的立法背景

（一）犯罪类型结构发生变化为制度入法提供了现实基础

近年来，我国犯罪总体上呈现出从重罪到轻罪、从重刑到轻刑的实质转变。从某种意义上说，刑事犯罪是社会矛盾最尖锐对立的表现和作用场域，重大刑事案件的总量和比例降低，反映出社会矛盾总量在上升的同时总体矛盾张力趋于缓和。对轻微刑事案件适用恢复性司法，推动社会关系修复，为社会治理进入新境界、开创"中国之治"提供了更大空间。

（二）社会治理的经验和成熟的体系为该制度施行提供了坚强保障

前些年，浙江省致力于强化社会矛盾源头治理，大力推广"枫桥经验"，建立"网格化管理"体系，推进羁押必要性审查和刑事和解，探索恢复性司法，强化社区矫正等等，对刑事案件形成了一整套从头到尾、贯穿始终的社会矛盾化解机制。从多年的效果来看，成效显著。这为认罪认罚从宽制度提供了成熟而系统的配套保障，认罪认罚从宽制度的推行，反过来又成为推动社会矛盾化解开创新境界的重要抓手和动力源泉。

（三）司法资源的分配、案多人少的矛盾为制度入法注入了重要动力和必要性

刑事案件总量上升，新型犯罪如网络犯罪、知识产权犯罪、涉众型经济犯罪、金融犯罪等的不断增长，给司法办案带来严峻挑战，司法资源的分配，必须适应形势发展做到"轻轻重重"，把"好钢用在刀刃上"。倾注更多资源办好重大、疑难、复杂犯罪，意味着对于大量案件情节相对简单、社会危害性不大的案件，必须提高处置效率。

二、认罪认罚从宽制度体现的时代特征及传递的司法理念

（一）绝大部分刑事案件由"对抗性司法"变为"恢复性司法"

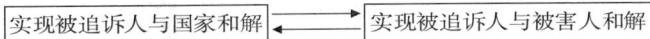

| 实现被追诉人与国家和解 | ← | 实现被追诉人与被害人和解 |

笔者刑辩执业生涯中，听到当事人说的最多是"我怎么才能处罚轻点""我会被判几年""我知道错了，我想出去""我想早点结束这个案件"。认罪认罚从宽制度确立之前，辩护人只能被动应对。认罪认罚从宽制度确立之后，辩护人认为构成犯罪的，便可以充分利用通过认罪认罚给予被追诉人程序和实体的双重从宽激励，一方面帮助被追诉人选择与办案机关合作，通过自愿认罪认罚而获得国家一定程度的轻判，即实现与国家和解；另一方面帮助被追诉人通过赔礼道歉、退赃退赔、赔偿被害人损失等方式，与被害人达成和解，从而获得被害人谅解，即实现被追诉人与被害人和解。在笔者看来，认罪认罚从宽制度不是简单的程序简化，而是化"对抗性司法"为"恢复性司法"，对化解社会矛盾、促进社会和谐具有重要意义。

对抗性司法是一种"国家—犯罪人"的单向的模式结构，关注的是"犯了什么罪""谁犯了罪""应受何种刑罚处罚"，面向的是过去的行为，并且这种模式完全由国家垄断。对抗性司法将犯罪视为对国家利益的侵害，这种观点往往是抽象和缺乏现实感的。被害人内心里觉得自己才是原告。而对抗性司法中，公检法作为国家权力机关，代表国家为"国家"或者"社会"伸张正义，看起来和被害人没有太大关系。其结果往往是被害人认为自己的诉求得不到重视，由此产生对法律的失望和疏离感。恢复性司法倾向于犯罪是一种具体的人际冲突，是一方对另一方的侵害，并且这种侵害给社会的安全和稳定带来威胁、挑战。其更关心犯罪行为"造成了什么样的伤害""如何修理和恢复被破坏的关系"，重视被害者、犯罪人在处理犯罪问题中的作用。它努力促成一个多赢的局面，从这个意义

上说，是一种面向未来的现代文明司法模式。认罪认罚从宽制度的运用，让被害人有机会参与刑事案件的处理，从而真正达到修补和恢复由此造成的伤害的目的。

（二）认罪认罚从宽制度是"参与型"司法

认罪认罚从宽制度，一方面，通过赋予被追诉人以认罪认罚为前提条件，获得程序适用的选择权和与控方协商量刑权，让被追诉人积极主动地参与对自己处罚的决定过程，并对处罚结果发表意见，改变了过去被追诉人只能被动参与诉讼程序和消极接受处罚结果的境遇；另一方面，确保了被害人也能有效参与指控被告人的程序，检察机关应当就对被追诉人的定罪、量刑以及程序适用等事项听取被害人意见，并将被追诉人是否与被害人达成和解协议或者赔偿被害人损失，取得被害人谅解作为从宽处罚的重要考量。认罪认罚从宽制度从根本上改变了把刑事案件的当事人简单地作为刑事诉讼活动的消极主体或者旁观者的传统做法，赋予当事人刑事诉讼活动的参与权，让当事人成为刑事诉讼活动的积极主体，体现了国家基本法律对当事人诉讼权利和诉讼地位的尊重，增添了刑事诉讼活动的当事人主义色彩，彰显了刑事诉讼模式和定罪量刑结果由"国家独断型"向"协商决定型"的重大转变，是我国诉讼理念和诉讼模式的重大创新。

三、制约律师在认罪认罚案件中提供有效帮助的因素

犯罪嫌疑人、被告人不具备专业法律知识，不熟悉刑事诉讼程序。办案机关的权利告知仅仅是一种程序性的告知，有时候并不能使犯罪嫌疑人真正了解认罪认罚的意义及后果。[①] 若仅基于办案机关的权利告知就作出认罪认罚选择，这对犯罪嫌疑人、被告人来说并

---

① 左卫民：《认罪认罚何以从宽：误区与正解——反思效率优先的改革主张》，载《法学研究》2018 年第 3 期。

不存在真正的选择自由，因而根本不能体现出其认罪认罚的自愿性。[①] 而律师及时介入，在了解案件指控事实、证据情况等信息后，可以利用专业知识及执业经验进行分析、判断，向犯罪嫌疑人、被告人进行详细的解释、说明，使其充分了解选择认罪认罚的利益得失，帮助其最终作出是否认罪认罚的理智判断。这样既可保证犯罪嫌疑人、被告人认罪认罚的自愿性，也能最大程度地保障其权利。因此，律师的参与是保证犯罪嫌疑人、被告人在各诉讼阶段自愿作出认罪认罚必不可少的因素，没有专业律师的参与，认罪认罚的自愿性和合法性都会受到折损。

从目前的实践来看，以下几方面的因素限制了律师在认罪认罚案件中提供法律帮助的有效性和积极性。

（一）认罪认罚案件中辩护空间受限

律师辩护主要集中在庭审中，而庭审中的辩护主要分为无罪辩护和罪轻辩护。但在认罪认罚案件中，被告人表示认罪并同意检察机关的量刑建议后，就表示放弃了部分辩护的权利。《关于在部分地区开展刑事案件速裁程序试点工作的办法》规定，在被告人认罪认罚案件中，法院决定适用速裁程序，而被告人当庭认罪、同意量刑建议和使用速裁程序的，将不再进行法庭调查、法庭辩论，这也缩小了传统律师的辩护空间。即便是适用简易程序或普通程序简化审理，辩护律师在法庭上的辩护空间也会受到一定程度的限制。而这一限制会从审判阶段反向影响律师在侦查阶段、审查起诉阶段的工作积极性，容易使其在侦查阶段就对自己工作的影响力产生预判，进而把自己仅仅当作普通的法律顾问，怠于对证据进行核实，怠于对案件真相进行调查，影响到犯罪嫌疑人、被告人权利的充分保障。

[①] 胡铭：《超越法律现实主义——转型中国刑事司法的程序逻辑》，法律出版社 2016 年版。

（二）认罪认罚案件中难以与控方平等协商，影响了律师参与的有效性

律师参与认罪认罚从宽制度在于平衡控辩双方力量，一方面保证犯罪嫌疑人、被告人在"明知且自愿"的前提下认罪认罚；另一方面保障被追诉的正当权利不受到减损。控辩平等是律师与国家追诉机关开展"协商"的内在要求。然而在实践中，实现控辩平等仍任重道远。第一，为了量刑的调查取证困难重重，执业保障不足，致使律师与控方认罪协商的"筹码"悬殊。我国近年来的司法改革，逐渐"淡化"了原本的职权主义诉讼模式，加强了适量的对抗式要素，体现出混合诉讼模式的特点，但律师的调查取证权却陷入了尴尬的境地。一方面，与英美法系不同，国内现行立法并没有授予辩护律师独立的调查取证权，调取证据仍需要严格的审批，尤其在侦查阶段中，律师的调查取证权没有明确规定。另一方面，由于庭审对抗性的增强，辩护方申请检察院、法院调取证据阻力较大，这种"司法惯性"的力量让律师在办案过程中叫苦不迭。证据就是控辩双方对抗的筹码，毫无筹码的律师即使身怀绝技，也难为无米之炊，只能被动地选择接受或不接受控方的意见。另外，会见难、阅卷难、证人出庭难、缺乏人身保障等问题的存在，也为律师有效参与认罪协商设置了部分屏障。如何在程序上设置保障措施值得探讨和改良。

（三）法律职业共同体尚未实质形成，控辩双方缺少平等协商的平台

按照我国立法导向，法官、检察官、律师等不同的法律从业者应该为维护法律的正确实施和社会公平正义而共同奋斗。然而，在司法实践中理想的法律职业共同体尚未成功构建，致使控辩双方平等协商缺少统一的平台。① 受行政官僚文化的熏陶，律师是为实现金钱利益而为委托人提供法律服务的"准商人"，法官、检察官属于行

---

① 陈瑞华：《法律职业共同体形成了吗——以辩护律师调查权问题为切入的分析（下）》，载《中国司法》2008 年第 3 期。

使司法权力的"国家权力机关",二者身份悬殊难以进行平等交涉。① 笔者在具体的案件承办过程中,确实遇到过不少"死磕派"律师不遵守规则的情况,这可能使部分法官、检察官内心深处把律师置于其对立面,以致在工作关系上注重法检配合,而忽视与律师协商协作。

(四)值班律师制度不够完善

第一,值班律师的会见权、阅卷权有待充分保障。值班律师会见难、阅卷难在审查起诉阶段较为突出。在认罪认罚从宽制度的前期试点中,一些值班律师在签署认罪认罚具结书的前一两天才被通知阅卷。这种情况下,即使值班律师拥有阅卷的权利,也无法保障其阅卷的充分性和有效性。2019 年 10 月 24 日"两高三部"《关于适用认罪认罚从宽制度的指导意见》第 12 条第 2 款规定,"值班律师可以会见犯罪嫌疑人、被告人……自人民检察院对案件审查起诉之日起,值班律师可以查阅案卷材料、了解案情",明确了值班律师享有会见权和阅卷权。② 但该意见对"辩护人"和"值班律师"的职责作了分别规定。笔者认为,值班律师从"见证人"到"辩护人"的角色转换对推动认罪认罚从宽制度良性发展有巨大的作用。尽管认罪认罚从宽制度建立在控辩双方合作的基础上,但"合作"不是"配合",值班律师提供的帮助应建立在了解案情的基础之上,而不是走形式、走过场。值班律师如果不阅卷,如何了解案件事实,如何判断被追诉人是否真的构成犯罪、罪名是否准确,进而判断检察机关的量刑建议是否妥当,又如何帮助被追诉人作出诉讼程序适用的选择?只有赋予值班律师实质的阅卷权,才可以通过与被追诉人核实证据,帮助其全面知悉案情及可能的法律后果,保障其认罪认罚的自愿性、真实性,并为其行使程序选择权提供帮助。

---

① 胡铭、宋善铭:《试论认罪认罚从宽制度中的律师有效参与》,载《江苏行政学院学报》2018 年第 1 期。

② 吕云川:《认罪认罚从宽制度框架下的律师作用》,《江苏科技大学学报》2017 年第 2 期。

第二，值班律师见证人化影响参与的深度。《刑事诉讼法》第174条规定，犯罪嫌疑人自愿认罪，同意量刑建议和程序适用的，应当在辩护人或者值班律师在场的情况下签署认罪认罚具结书。实践中，一些细化规定中使用了"见证"一词："司法行政机关应当根据公安机关、人民检察院、人民法院的实际需要，通过设立法律援助工作站派驻值班律师，及时安排值班律师等形式提供法律帮助，见证犯罪嫌疑人签署认罪认罚具结书。"值班律师"见证人"化是对值班律师的定位及作用认识不清造成的。比如，在早期试点中，有地方检察机关表示，认罪认罚案件无须律师有更加深入的参与，起到见证、监督整个协商过程的作用即可。此外，值班律师对其自身定位的认识不足也是原因之一。如果值班律师能够主动、积极地参与认罪认罚协商过程，发表实质性意见，真正与检察机关展开协商，可能就会改变外部及其自身对其作用的认识，而不再将其仅仅看作"见证人"。

第三，值班律师人员严重不足和履职保障不充分。值班律师从事刑事法律援助的补贴数额较低，激励机制的不足使值班律师缺少履职尽责的动力，同时也难以吸引更多的社会律师从事值班律师工作，进而加剧了人力资源的匮乏。

四、保障律师有效参与的若干建议

（一）完善政府购买律师服务的机制并加大投入

建议明确法律援助责任主体为政府，责任主体不是律所，实行公设辩护制度或政府集中购买服务。律师是自负盈亏的市场经济主体之一，由其来承担法律援助的任务其实是政府责任向律师行业的不当转嫁。目前，政府仅提供数额较少的经济补偿，不仅不具备合理性基础，也会在很大程度上挫伤律师参与援助案件的积极性，从而影响被追诉人的权利保障和案件办理质量。

各国的法律援助模式主要有三种：第一，法院或专门机构指派律师的传统模式；第二，政府购买法律援助服务的合同模式；第三，公设辩护人模式。后两种法律援助模式与我国国情相洽。司法部已选取上海浦东新区、厦门、扬州等地开展公设辩护人的试点工作，积累了经验。公设辩护人制度可以克服法律援助律师不够精的问题。公设辩护人专业办案，主体稳定，收入有保障，不因案件数量的变化而使收入充满变数，能够全身心投入工作。公设辩护人制度也能够在一定程度上弥补值班律师制度的不足，值班律师服务外延到达不了的领域，成为公设辩护人发挥作用的空间。公设辩护人在处理案件时与社会律师无异，其最大的优势在于对案件全程跟踪负责，确保对被追诉人权益最大限度的保障。① 可以借鉴国外成熟的经验，由政府与中标的律师事务所签订固定期限的"合同"，将符合条件的案件打包给律师事务所，即由政府购买社会律师的法律服务。按数据统计，若以每年 8 万—10 万被告人计算，以购买社会律师服务的方式展开认罪认罚案件办理，以 3000—4000 元/件（人）计，成本在 2 亿—3 亿元。在东部省份，这样的财政投入完全在能力之内。这既能缓解目前政府提供法律援助的负担，也能够有效提升案件的质量。②

（二）强化律师执业权利，提供执业保障，降低执业风险

认罪认罚协商中，辩方与控方协商的筹码主要是证据和量刑因素，辩护律师的调查取证权及相关配套制度很大程度上决定了协商的效果。要实现认罪认罚从宽制度中的律师有效参与，就要强化辩护律师的权利，为其提供执业保障。应赋予辩护律师独立的调查取证权，保障充分的阅卷权、会见权等，使辩护律师也能够全面掌握"事实真相"及证据材料，与检察官尽可能平等地展开协商。另外，应确立律师在认罪认罚从宽制度的刑事豁免权，降低律师执业风险。只有免去了律师的后顾之忧，才能够提高其提供法律服务和协商的

---

① 左卫民：《认罪认罚何以从宽：误区与正解》，载《法学研究》2017 年第 3 期。

② 顾永忠、杨剑炜：《我国刑事法律援助的实施现状与对策建议》，载《法学杂志》2015 年第 4 期。

有效性。

（三）充分发挥司法行政机关的牵头组织作用

一方面，司法部可以扩大刑事法律援助辩护案件范围，并建立统协作平台，扩充值班律师队伍，让控辩方在统一平台上平等协商。另一方面，由司法部牵头，要求各地律师协会刑事业务委员刑辩律师承担一定的社会责任，如每年承担两件刑事案件，指导年轻律师每年办理一件认罪认罚案件。

（四）加强法律职业共同体的认同和建设

法律职业共同体要求法官、检察官和律师三种法律从业者不是按照各自的角色定位和政治地位，而是以统一"法律人""法治实现者"的角色，平等、理性地进行诉讼活动而形成的职业群体。[1] 法律职业共同体有助于辩护律师平等地与检察官进行控辩协商，致力于客观公正的实现。虽然我国统一的国家司法考试使律师、法官、检察官有着相似的法律专业素养，但是三种职业之间的流动却很困难。应顺应现代法治国家法律职业发展的普遍规律，通过逐步改革法官、检察官职业准入制度，实现不同法律职业间的流动，并通过完善相应绩效考评办法等措施来确保控辩双方实质上的平等。[2]

---

① 陈卫东：《模范刑事诉讼法典》，中国人民大学出版社 2005 年版。

② 陈瑞华：《法律职业共同体形成了吗——以辩护律师调查权问题为切入的分析（下）》，载《中国司法》2008 年第 3 期。

▶ 第五讲

非法证据排除的实体构成性规则*

董　坤**

目　次

＊　本文系作者根据在浙江省检察机关初任检察官培训班上的讲义整理。
＊＊　最高人民检察院检察理论研究所研究员。

（三）对于重复性供述不排除的两项例外情形

（四）需要进一步思考的问题

（五）其他重复性言词证据是否需要排除

2012年我国刑事诉讼法进行了第二次修改，非法证据排除规则被纳入法典。根据修改后的刑事诉讼法，无论是言词证据还是实物证据都可能会因取证手段或取证程序的严重违法而被排除。伴随着刑事诉讼法的第二次修改，相关的司法解释也进行了大幅增修，这其中由最高人民法院《关于适用〈中华人民共和国刑事诉讼法〉的解释》（以下简称《高法解释》）就在证据一章中开出专节——"非法证据排除"，对非法言词证据和非法实物证据的认定范围、排除程序和证明标准等作了较为详尽的规定。2017年6月27日"两高三部"联合出台的《关于办理刑事案件严格排除非法证据若干问题的规定》（以下简称《规定》），更是从实体性规则和程序性规则两方面入手，对侦查、审查逮捕、审查起诉和审判等刑事诉讼全过程适用非法证据排除规则作了更为全面、系统的规定。[1]

有研究者通过分析，将非法证据排除规则划分为"实体构成性规则"与"程序实施性规则"两大部分，[2]并指出前者规定非法证据的含义、种类和范围等内容，而后者则包括非法证据排除程序的启动、举证责任、证明标准、裁决方式和不服非法证据排除裁决的救济等。[3]囿于篇幅所限，本讲主要就非法证据的实体构成性规则展开分析。

---

[1]　汪海燕：《审判中心背景下非法证据排除规则的完善》，载《中国刑事法杂志》2017年第4期。

[2]　陈瑞华：《非法证据排除规则的中国模式》，载《中国法学》2010年第6期。

[3]　樊崇义、吴光升：《审前非法证据排除程序：文本解读与制度展望》，载《中国刑事法杂志》2012年第11期。

一、中国非法证据的外延和内涵

（一）中国非法证据的种类限定

按照《刑事诉讼法》第 56 条的规定，非法证据的范围包括犯罪嫌疑人、被告人的供述，证人证言，被害人陈述，物证，书证 5 种法定证据。然而，根据《刑事诉讼法》第 50 条的规定，法定证据种类一共有 8 种。经过比对会发现，犯罪嫌疑人、被告人的辩解，鉴定意见，视听资料、电子数据，勘验、检查、辨认、侦查实验等笔录并未列入非法证据的范围。鉴于刑事诉讼法对非法证据的种类作了明确的封闭性规定，那么其他的几种法定证据就不可能具有成为我国非法证据的资格。这一观点在《规定》中得到确认。根据《规定》第一部分"一般规定"所规定的内容，需要排除的非法证据严格限定在 5 种法定证据类型上，至于其他种类的证据，如采用暴力方法截取获得的电子数据、视听资料等并不能称为非法证据，自然没有被纳入《规定》。在笔者曾经参加的会议中，有同志就曾提出意见，认为《规定》没有将其他的非法证据，如程序违法的鉴定意见，勘验、检查、辨认、侦查实验等笔录，视听资料、电子证据进行规定，有所偏失。[①] 这种观点显然是没有注意到《规定》与刑事诉讼法对非法证据种类范围的限定，因而也就没有准确把握我国法律对非法证据外延范围的限定，对此应引起注意。

（二）《规定》对非法证据"非法"的实质性把握

非法证据的边界内涵既包括形式要件还包括实质要件。所谓的形式要件就是法律对非法证据的种类限定。然而，符合了形式要件并不意味着所有非法取得的证据都要予以排除。对此，还要把握非法证据的实质要件——取得手段对宪法性基本权益的严重侵

---

① 邓楚开：《运用好法律解释技术，通过非法证据排除推动刑事诉讼制度进步》，载"尚权刑辩"微信公众号，https：//mp. weixin. qq. com/s/NM4w7SDbSPYrVrVrj33IEg，2017 年 11 月 4 日访问。

害。这一点仍然可以从《刑事诉讼法》第 56 条得出。依据该条的内容，对于非法的供述、证人证言以及被害人陈述的确认都要求是通过刑讯逼供、暴力、威胁的方法取得，且要达到"痛苦规则"[①] 的程度。我国《宪法》第 37 条第 1 款规定，"中华人民共和国公民的人身自由不受侵犯"。这里的人身自由，又称身体自由，是指公民的人身不受非法侵犯的自由。[②] 刑讯逼供和暴力取证都对公民的人身造成了直接的、严重的伤害，已然构成对公民宪法性人身自由权的严重侵害。至于对证人、被害人的威胁，虽然没有直接对肉体造成伤害，但不少威胁行为对当事人的心理意志具有强烈的摧残效果，联合国《禁止酷刑和其他残忍、不人道或有辱人格的待遇或处罚公约》中就有关于威胁酷刑的专门规定。[③] 在有些国家威胁还被称为精神刑讯或精神暴力，其对当事人的身心影响绝不亚于刑讯或暴力的效果，这已然构成对公民身心等基本权益的重大侵害。另外，《刑事诉讼法》第 56 条中对物证、书证的排除规定了三个条件，虽然排除的第一个条件仅仅是要求取证违反了法定程序，没有限度的要求，但是限定排除的第二个条件，即"严重影响司法公正"也多被参与《规定》的制定者们解释为取证的行为故意违反法定程序，并且侵犯了宪法规定的公民隐私权、财产权、通信自由权和通信秘

---

①　龙宗智：《我国非法口供排除的"痛苦规则"及相关问题》，载《政法论坛》2013 年第 5 期。

②　韩大元、王建学：《基本权利与宪法判例》，中国人民大学出版社 2013 年版，第 215 页。

③　《禁止酷刑和其他残忍、不人道或有辱人格的待遇或处罚公约》第 1 条第 1 款明确规定："酷刑"是指为了向某人或第三者取得情报或供状，为了他或第三者所作或涉嫌的行为对他加以处罚，或为了恐吓或威胁他或第三者，或为了基于任何一种歧视的任何理由，蓄意使某人在肉体或精神上遭受剧烈疼痛或痛苦的任何行为，而这种疼痛或痛苦是由公职人员或以官方身份行使职权的其他人所造成或在其唆使、同意或默许下造成的。可见，"酷刑"可以覆盖司法实践中常见的"肉刑""变相肉刑"以及"精神刑讯"等各种样态。参见万毅：《论"刑讯逼供"的解释与认定——以"两个〈证据规定〉"的适用为中心》，载《现代法学》2011 年第 3 期。

密权等基本人权。① 如未带搜查证，夜晚非法侵入他人住宅进行搜查就侵犯了《宪法》第 39 条规定的公民住宅不受非法侵入的权利；没有立案或经过批准，非法监听就侵犯了《宪法》第 40 条规定的公民的通信自由权。通过上述侵犯公民宪法性基本权利的方式获得的物证、书证，因为取证手段程序违法，且严重影响司法公正，极可能面临被排除的风险。

按照《刑事诉讼法》第 56 条对非法证据实质要件的判断逻辑，《规定》对《刑事诉讼法》第 56 条中刑讯逼供后的"等非法方法"进行了等质性解释，认为"等非法方法"原则上也应当是对公民的宪法性等基本权益有严重侵害的手段，由此衍生出威胁（取供）、非法拘禁（等非法限制人身自由的方法）以及受刑讯影响而产生重复性供述三种不同的其他非法方法。具体的内在逻辑推衍是，《规定》第 3 条中对于以暴力或者严重损害本人及其近亲属合法权益等进行威胁的方法因涉及对公民自由意志权这一基本权益的侵犯，且与刑讯对人身的暴力侵犯所产生的效果十分接近或基本相当，即都会使人遭受难以忍受的痛苦，最终违背意愿作出供述，因而《刑事诉讼法》第 56 条中"等非法方法"应当包括对犯罪嫌疑人、被告人的威胁。同理，《规定》第 4 条中所列明的"采用非法拘禁等非法限制人身自由的方法"是对宪法第 37 条第 3 款"禁止非法拘禁和以其他方法非法剥夺或者限制公民的人身自由"的公然违反，严重侵犯了我国宪法规定的人身自由权，由此收集的犯罪嫌疑人、被告人供述也应当视为非法证据予以排除。至于重复性供述的手段——刑讯的波及性影响，虽然没有对人身产生直接的强制力或侵害性，但对于精神的压迫和心理强制仍然很大，同样涉及对公民自由意志权这一基本权益的侵害。在间隔时间不长、办案人员没有更换的情形下，之前刑讯的阴影和负面影响仍会使被讯问人产生强大的内心恐惧，对心理意志的摧残不亚于肉刑上的剧烈疼痛。因此，《规定》第 5 条将

---

① 戴长林：《非法证据排除规则司法适用疑难问题研究》，载《人民司法》2013 年第 9 期。

利用刑讯的后续影响收集重复性供述的手段也列入了"等非法方法"中。

在明确了《规定》对非法证据实质要件的内涵把握后，一个急需澄清的问题便是实践中不少办案人员随意扩大非法证据的适用范围，常常把没有侵犯到当事人重大基本权益，仅仅是因程序违法可能影响证据真实性的取证手段也视为《刑事诉讼法》第 56 条中的"等非法方法"，对所获证据启动非法证据排除程序。比较常见的就是将 2010 年"两高三部"出台的《关于办理死刑案件审查判断证据若干问题的规定》（以下简称《办理死刑案件证据规定》）中确立的大量"直接不得作为定案的根据"[①] 的证据排除规则误认为是非法证据排除规则。例如，有办案人员就认为，为了提高办案效率，对多个证人集体询问的，属于《办理死刑案件证据规定》第 13 条中询问证人没有个别进行的情形，由此取得的证人证言属于非法证据应予排除。[②] 然而，按照前文对非法证据实质要件的解释，询问证人未个别进行显然没有侵犯到证人的人身自由权、财产权、隐私权、通信自由权等重大基本性权益，不能将此获得的证人证言划归为非法证据，任意启动非法证据排除程序，否则，将是对司法资源的无端浪费。至于如何认定"直接不得作为定案的根据"情形的性质，应将其视为另外一种证据排除规则——不可靠证据排除规则。该类证据排除规则的设立初衷并非遏制非法取证手段对当事人重大基本性权益的侵犯，其着眼点是防止因取证程序违法引发所获证据自身不可靠的危险，降低错误认定案件事实的可能性。众所周知，证据是否可靠或可信一般属于证明力的范畴，是法官自由心证的对象，并

---

① 《办理死刑案件证据规定》中有"直接不得作为定案的根据"的情形，还有"不能补正或合理解释后不得作为定案的根据"的情形，对于后者一般称为瑕疵证据排除规则，限于篇幅，笔者对此不予讨论，仅讨论前者与非法证据排除规则的区别。

② 李昌林：《刑事证据排除的范围、阶段和机制》，载《广东社会科学》2013年第 6 期。又见闫召华：《"名禁实允"与"虽令不行"：非法证据排除难研究》，载《法制与社会发展》2014 年第 2 期。

不适用涉及证据能力或证据资格的排除规则。但是，按照当初《办理死刑案件证据规定》的设计思路，"直接不得作为定案的根据"的条款中规定的证据材料由于自身的特点导致其具有极大的虚假可能性，法律便索性釜底抽薪地否定了其作为证据的资格。① 换言之，虽然证据的真实可靠性属于法官对证明力判断的范畴，但制定者却人为地将证明力这样一个事实问题以法律的方法即创设证据能力规则加以解决。这便是《办理死刑案件证据规定》中大量的"直接不得作为定案的根据"的情形，即不可靠证据排除规则。

在厘清了两种证据排除规则设计上的不同着眼点后，需要总结的就是我国刑事诉讼法和《规定》所确立的"非法证据排除规则"具有特定的实质性内涵，只有通过违反法定程序且严重侵犯公民宪法性基本权益的方法收集的证据才可能归属于"非法证据"，适用非法证据排除程序。在"非法证据排除规则"之外，《办理死刑案件证据规定》中大量的"直接不得作为定案的根据"的情形是从证据自身的真实可靠性出发而创设的另外一种"不可靠证据排除规则"。因而，对两类证据排除规则应做好区分，不要将"不可靠证据排除规则"任意扩张解释为非法证据排除规则。

在分析了我国非法证据排除规则的外延种类和内涵实质后，接下来就我国非法证据的实体构成性规则，即能够认定为非法证据的几种情形进行细致分析。囿于篇幅，这部分内容仅就刑讯逼供、威胁、引诱和欺骗所获口供之排除以及重复性供述之排除，从理论和实践角度展开介绍。

二、刑讯逼供所获口供的排除

我国《刑事诉讼法》第 56 条规定，采用刑讯逼供等非法方法收集的犯罪嫌疑人、被告人供述，应当予以排除。我国法律已经明

---

① 最高人民法院刑事审判第三庭：《刑事证据规则理解与适用》，法律出版社2010 年版，第 51 页。

确，对于采用刑讯逼供收集的供述可径行排除。对此，无论是理论上，还是实务中都并无异议。但需要研究的问题主要是何谓"刑讯逼供"。虽然刑讯逼供是刑事法学研究人员耳熟能详的法律术语，但对其内涵的理解仍有多种认识。《规定》第 2 条就刑讯逼供的内涵作了较为全面的规定，指出采取殴打、违法使用戒具等暴力方法或者变相肉刑的恶劣手段，使犯罪嫌疑人、被告人遭受难以忍受的痛苦而违背意愿作出供述的行为，即为刑讯逼供。就《规定》对刑讯逼供的解释而言，可以从如下几个方面来加以把握：

（一）行为手段：肉刑和变相肉刑

就刑讯逼供的具体行为形式来看，主要包括两种：一是肉刑，即殴打、违法使用戒具等暴力方法；二是变相肉刑的恶劣手段。对于肉刑较好理解和掌握，但何谓变相肉刑，这主要是指包括冻、饿、晒、烤、疲劳讯问等手段。

值得注意的是，2013 年最高人民法院出台的《关于建立健全防范刑事冤假错案工作机制的意见》（以下简称《意见》）第 8 条第 1 款明确规定："采用刑讯逼供或者冻、饿、晒、烤、疲劳审讯等非法方法收集的被告人供述，应当排除。"然而，2017 年《规定》中却没有明确对冻、饿、晒、烤、疲劳审讯等非法方法收集的犯罪嫌疑人、被告人供述排除的规定。有研究者以其中的"疲劳审讯"为例发现："最高人民法院在最初牵头起草的《规定（征求意见稿）》中曾有专门条款规定：'讯问犯罪嫌疑人、被告人，应当保证每日不少于 8 小时的连续休息时间。采用违反上述规定的疲劳讯问方法收集的犯罪嫌疑人、被告人供述，应当予以排除。'但遗憾的是，该条最终被删除了。"[①] 通过对《规定》制定过程的梳理，以及《规定》与《意见》的前后比较，该研究者认为如果对以疲劳审讯为代表的冻、

[①]　毛立新：《严格排除非法证据规定的九大缺憾》，载《中国律师》2017 年第 8 期。

饿、晒、烤等方法收集的供述缺乏非法证据排除规则的制约，会导致实践中此类非法取证行为的愈演愈烈。

其实，上述论断失之偏颇，究其原因是对冻、饿、晒、烤、疲劳审讯等非法取证方法在《规定》和《意见》中的定位理解不同。从《意见》第8条第1款中的法条表述看，其将"刑讯逼供"与"冻、饿、晒、烤、疲劳审讯等非法取证方法"之间用"或者"进行了连接，意味着两者并不存在交叉或隶属关系。因而，在《规定》第2条中仅有对刑讯逼供规定的情形下，冻、饿、晒、烤、疲劳审讯等非法取证方法自然被认为是排除于《规定》之外。然而，2005年最高人民检察院《关于渎职侵权犯罪案件立案标准的规定》则认为，"刑讯逼供罪是指司法工作人员对犯罪嫌疑人、被告人使用肉刑或者变相肉刑逼取口供的行为"。这其中的肉刑主要是指以殴打、捆绑、违法使用戒具等恶劣手段逼取口供的行为；变相肉刑则包括以较长时间冻、饿、晒、烤等手段逼取口供，严重损害犯罪嫌疑人、被告人身体健康的情形。显然在最高人民检察院《关于渎职侵权犯罪案件立案标准的规定》这个司法解释中，冻、饿、晒、烤、疲劳审讯等非法方法属于刑讯逼供中变相肉刑的表现形式。审视新出台的《规定》第2条会发现，《规定》的制定者坚持了最高人民检察院司法解释的规定，摒弃了《意见》中将冻、饿、晒、烤、疲劳审讯等非法方法独立于刑讯逼供范围之外的认识，将它们直接纳入刑讯逼供的范畴，置于变相肉刑的内涵中。如果讯问过程中采用了冻、饿、晒、烤、疲劳审讯等变相肉刑的非法方法，只要其达到了"使犯罪嫌疑人、被告人遭受难以忍受的痛苦而违背意愿作出的供述，应当予以排除"。可见，《规定》未明确限制冻、饿、晒、烤、疲劳审讯等取证方法不能视为是《规定》制定上的缺失，更不能误读为承认这些取证手段的合法化。

之所以《规定》没有明确规定冻、饿、晒、烤、疲劳审讯等非法取证方法，笔者认为可能基于两个原因：一是以罗列的方式难以周延变相肉刑的所有形式，难免出现挂一漏万的情形。实践中，讯问时不给水喝、不让上厕所、强噪音播放、强光照射、使用药物等都可以划归到变相肉刑的范围内，全部罗列在立法技术上略显烦冗，部分罗列则会使人误以为未罗列的情形可在限制手段的范围之内。二是若将冻、饿、晒、烤、疲劳审讯等设置成《意见》第8条的表述方式，单成一条或一款，则会模糊该类非法取证方法的程度要求，使人误以为只要出现这些方法，无论程度和结果如何，取得的供述一律排除。这种认识虽然操作易行，但却过于极端。以"疲劳审讯"为例，由于每个人的体质不同，有的年老、体弱多病的人连续讯问3个小时已经身心疲惫，但对于年轻、身强体壮、心理素质好的人则没有任何感觉。[①] 除了时间上的判断外，讯问场所的环境、是否使用戒具等因素也会使每个人的疲累程度产生差异。基于以上两种原因的分析，笔者认为《规定》中的条文设置最为合理，通过变相肉刑的表述可以囊括与冻、饿、晒、烤、疲劳审讯等相当的所有非法取证方法，同时又以"使犯罪嫌疑人、被告人遭受难以忍受的痛苦"设定程度标准，原则与灵活性兼具，这样可以确保非法证据的排除不错不漏。

（二）程度要求：遭受难以忍受的痛苦

《规定》明确了对刑讯逼供行为效果的程度要求。按照《规定》第2条的规定，并非采用殴打、违法使用戒具等方法收集的供述都要予以排除，只有使犯罪嫌疑人、被告人遭受难以忍受的痛苦才达到了刑讯逼供的行为效果、程度要求。由于每个人的耐受力不同，如何判断"难以忍受的痛苦"这一程度标准，一般可借鉴刑法期待可能性中的"一般人标准"加以判断。同时，由有裁判权的司法人员根据案件情况和在案证据加以裁量判断，区分非法取证与不文明的司法行为，避免将所有采用此类方法收集的证据一律作为非法证据予以排除，实现惩罚犯罪与保障人权的有机统一。

（三）结果要求：违背意愿作出供述

刑讯逼供和其他非法方法所造成的实害结果是使犯罪嫌疑人、

---

① 万春、吴孟栓、高翼飞：《〈关于办理刑事案件严格排除非法证据若干问题的规定〉理解与适用》，载《人民检察》2017年第14期。

被告人违背意愿作出供述。在此，需要注意两点，一是供述的作出是"违背意愿"的，即自白的非任意性，这是由刑讯逼供行为造成的。二是犯罪嫌疑人、被告人违背意愿作出的是"供述"而非"辩解"。

需要注意的是，按照 2012 年《刑事诉讼法》第 48 条规定，作为法定证据形式之一的口供，既包括犯罪嫌疑人、被告人的供述也包括他们的辩解。在排除因刑讯逼供获得的犯罪嫌疑人、被告人供述时，务必要甄别讯问笔录或其他形式的口供材料中一些犯罪嫌疑人、被告人辩解的内容，避免排除规则下的"误伤"。至于辩解不排除原因也较易理解，辩解是犯罪嫌疑人、被告人针对指控的反驳，对自己无罪、罪轻的申辩。不难想象，在刑讯强压之下若某人仍坚称无罪，其陈述的自愿性被压制的可能性不大，清白无罪的概率较高，辩解自然也不应被排除。在域外，非法口供的排除仅包括可能会使被告人定罪量刑的部分，而不包括可能使被告人无罪的部分，如在英国，《警察与刑事证据法》第 76 条第 2 款明确规定："在任何公诉方计划将被告人供述作为证据提出的诉讼中，如果有证据证明供述是或者可能是通过以下方式取得的——（a）对被告人采取压迫的手段；或者（b）实施在当时情况下可能导致被告人的供述不可靠的任何言语或行为，则法庭不得将该供述作为对被告人不利证据被提出……"在美国，以强迫方式取得的供述，也仅禁止控方将其作为证明被告人有罪的证据，或将其作为攻击被告人可信性的弹劾证据。[①] 之所以如此，是因为如果要求法官排除有利于被告人的信息，对于被告人来说就显然不公正，相当于让被告人为司法人员的非法取证行为"买单"。[②] 这一共识也已在我国《刑事诉讼法》第 56 条表露无疑。根据该规定，只有采用刑讯逼供等非法方法收集的犯罪嫌疑人、被告人的供述才应排除，辩解无须排除。既然刑讯直接获

[①] ［美］约书亚·德雷勒斯、艾伦·C. 迈克尔斯：《美国刑事诉讼法精解》，吴宏耀译，北京大学出版社 2009 年版，第 448 页。

[②] 纵博：《非法口供排除中的若干疑难问题及其破解》，载《四川师范大学学报（社会科学版）》2016 年第 5 期。

取的辩解都无须排除，之后的重复性辩解则更不应成为排除的对象。当然，需要注意的是，实践中有些口供中的供述和辩解存在一定的"转化现象"。如侦查讯问人员刑讯张三，张三说"案发时，我并未在甲地杀人，而是在乙地盗窃。"这一陈述如果是针对故意杀人的指控就是辩解，但若针对盗窃犯罪的指控则演变为供述。究竟如何判断，必须结合指控的犯罪事实、涉嫌罪名、犯罪形态（预备、未遂、中止、既遂）、共同犯罪中的主从地位以及责任归属等法律性评价逐一判断。①

三、威胁所获口供的排除

威胁是指采用威逼胁迫的手段使被威胁者产生心理恐惧，违背其意愿作出供述的一种取证方法。例如，对被讯问人进行恐吓将对其使用暴力、揭露其个人隐私、对其亲属采取强制措施、对其配偶和子女追究相应的责任或者影响子女前途，对有病的犯罪嫌疑人、被告人进行恐吓对其不予以治疗，如身患糖尿病，不给注射胰岛素等。

（一）威胁所获口供是否为非法证据

实践中，威胁取证的方式很多，而威胁的直接后果往往会使被威胁者产生恐惧，引发精神痛苦，进而造成心理强制，最后违背意愿作出供述。虽然我国《刑事诉讼法》第 52 条明令禁止威胁取证，但对于威胁取得的犯罪嫌疑人、被告人的供述是否排除，立法层面并未给出明确态度，理论界和实务部门的观点也有所分歧。

---

①　再如，公安机关指控王某故意杀害林某。侦查人员刑讯王某后，王某仍坚持自己并非有意持枪射杀林某，只是想拿枪"吓唬吓唬"他，但林某上来夺枪，争执中不小心触碰扳机，子弹击中林某致其死亡。如果检察机关在审查起诉过程中，发现这一口供，那么针对公安机关指控王某故意杀人的犯罪，这一口供即为辩解，不应排除；但如果检察机关之后变更起诉罪名，由故意杀人罪改为过失致人死亡罪，起诉到法院，那么针对过失致人死亡罪的指控，该口供即为供述，后续与之相同的重复性供述，法庭就应考虑是否作为非法证据一并排除。

第一种观点认为，威胁并不像刑讯那样是对被讯问人的身体实施暴力或体罚虐待，其主要是通过心理影响对人的自由意志产生强制，故在侵害程度上不如刑讯那般恶劣，对其程序性制裁不必如此严厉，仅对相关人员作出处理即可。而且，威胁取供与侦查讯问中的谋略运用在实践中有一定的重叠，有时难以区分，如果将威胁所获供述加以排除会对使侦查讯问人员产生办案顾虑，打消他们办案的积极性，不利于侦查讯问活动的推进。如果担心威胁会获得虚假供述，完全可以通过证据的审查判断，从证明力的角度舍弃虚假的供述。

第二种观点认为，既然刑事诉讼法明确规定了严禁威胁取证，那么凡是采用威胁的方法取得的供述都应当予以排除，否则无法遏制威胁取供行为的发生。况且，《刑事诉讼法》第 56 条还规定了对于证人采用威胁的方法取证应当排除，那么，针对犯罪嫌疑人、被告人使用威胁获取的供述也应等同视之，一并作为非法证据加以排除。

第三种观点认为，在没有法律明确规定的前提下，证据取得的禁止性规定并不必然可以推导出证据使用的禁止性规定。如我国《刑事诉讼法》第 118 条规定，讯问犯罪嫌疑人的时候，侦查人员不得少于两人；如果讯问时仅有一名侦查人员，所获供述是否排除，法律并未规定。因而，实践中一些办案机关在讯问中有同步录音录像的情况下，即使仅有一名侦查人员讯问，所获供述也并未排除。同样的道理，我国法律虽然禁止采用威胁的手段取证，但并不必然可以推导出由威胁所获得的供述就一定排除。有鉴于此，对于发现的威胁取证行为可以追究相关人员的法律责任，但由威胁所获取的供述并不必然排除，要视威胁的具体情况而定。《刑事诉讼法》第 56 条第 1 款规定，"采用暴力、威胁等非法方法收集的证人证言、被害人陈述，应当予以排除"。但是该条款在对犯罪嫌疑人、被告人供述的排除上所圈定的非法手段或方法仅列明了刑讯逼供，之后便以"等"字结尾。由此观之，立法在对非法言词证据的排除态度上，似乎有意区分了"威胁取供"与"威胁取证"的不同情形。中国人民大学法学院的何家弘教授就认为此种立法技术说明，"询问证人、被害人时不能采用威胁的方法，但是讯问犯罪嫌疑人、被告人时可以适度采用威胁的方法，这种区别具有合理性"①。基于此，"对于采用威胁方法获取口供，也应作具体分析，只有那种严重的威胁，导致嫌疑人精神上剧烈痛苦，被迫供述，才属于排除范围"②。适度的威胁，对被讯问人施加一定的精神压力迫使其供述认罪属于审讯的一种正常手段，只要保持在一个较为合理的限度内，在法政策上就具有容许性，所获供述不应一概排除。

上述几种观点在实践办案中都不同程度地有所体现，导致了类似案件的差异化处理。下述案例 1 和案例 2，③ 同样是针对亲人的威胁，但由此获取的供述是否排除，处理结果却大相径庭。

[案例 1] 2012 年 9 月 13 日，北京市一中院公开审理一起涉毒案件，法官在审理前排除了对被告人不利的非法证据。这一份认罪供述，被指是侦查人员威胁"不说的话就见不到你孩子"后，犯罪嫌疑人才配合作出的有罪供述。经审查，法庭认为这份证据因"非法取得"被排除，检方不得在审理中宣读该份供述。

[案例 2] 2013 年全国司法考试卷二"刑事诉讼法"第 68 题："在法庭审理过程中，被告人屠某、沈某和证人朱某提出在侦查期间遭到非法取证，要求确认其审前供述或证言不具备证据能力。下列哪些情形下应当根据法律规定排除上述证据？"其中 C 选项为："对沈某进行威胁，说'不讲就把你老婆一起抓进来'。"对此，出题方司法部给出的答案认为该威胁行为所获取的犯罪嫌疑人的供述不应排除。

---

① 何家弘：《论"欺骗取证"的正当性及限制适用——我国〈刑事诉讼法〉修改之管见》，载《政治与法律》2012 年第 1 期。

② 龙宗智：《我国非法口供排除的"痛苦规则"及相关问题》，载《政法论坛》2013 年第 5 期。

③ 单民、董坤：《检察机关适用非法证据排除规则若干问题探讨——兼论〈人民检察院刑事诉讼规则（试行）〉修改的意见和建议》，载《河北法学》2014 年第 9 期。

从效果看，威胁确是一种心理作用的反映，是否一定会产生心理强制，往往会因人而异、因情而变，被讯问人是否都会违背意愿作出供述也不尽然。由此也就决定了有些威胁手段可能会产生心理强制，使犯罪嫌疑人违心供述，但同样的威胁对其他人可能并不"奏效"，一概排除似乎不妥。然而，如果采用综合性因素，个案判断，势必会导致各地证据排除的差异化。如何处理，有必要参考、借鉴域外的经验和做法。

（二）域外对威胁取供的态度和做法

威胁取供不仅侵犯人权，而且容易导致供述的虚假不实，引发冤假错案，降低司法的公信力，所以世界各地均严格禁止威胁取证。

日本关于证据能力的规定明确列举了"胁迫"。韩国《刑事诉讼法》第 309 条"强制等坦白的证据能力"规定："被告人的坦白，有理由可以怀疑系出于拷问、暴行、胁迫、不适当长期拘束身体或欺骗等方法，而非出于任意陈述的，不得作为有罪的证据。"①

在美国，侦查讯问人员是否对被告人实施胁迫，是判断自白任意性的重要考量因素。在罗杰斯诉理士满案件中，被告人的自白是在警察假装发布命令逮捕其有病的妻子来接受讯问之后取得的，州法院裁定"如果假装或欺骗并非蓄意获取不真实的陈述"，那么该陈述不需要排除。但最高法院不同意州法院的裁定，认为正当程序的自白排除规则也意在防止不适当的警察行为。对"用一支枪指着他的头部或者以暴力相威胁"，最高法院的判例指出，当存在这种违法行为时，"不需要衡量其对被告人意志的影响"即可直接排除证据。② 在美国，以暴力相威胁直接可认定自白的任意性受到影响，所获供述应当排除。

1984 年英国《警察与刑事证据法》第 76 条（2）规定，"在任何程序中，如果检控方准备将被告所作的自白提交为证据，在法院

---

① 《韩国刑事诉讼法》，马相哲译，中国政法大学出版社 2004 年版，第 88 页。

② ［美］伟恩·R. 拉费弗等：《刑事诉讼法》，卞建林等译，中国政法大学出版社 2003 年版，第 342 页、第 343 页。

看来该自白是或者可能是以如下方式获得的，则法院不得允许采纳该自白，除非检控方向法院排除合理怀疑证明该自白（尽管该自白可能是真实的）并非以如下方式获得的：（a）对作出自白的人进行逼迫；或者（b）实施了在当时的情况下，可能导致被告所作的任何自白不可靠的任何言语或行为”。该法第 76 条（8）对“逼迫”的含义作了界定，包括“拷讯、不人道或有辱人格的处遇、使用或威胁使用暴力（无论是否等于拷讯）”。对于采用逼迫方法获得的口供予以排除有两个理由：其一，这样的自白可能不可靠；其二，在一个文明社会里，不应强迫一个人自我归罪，对于处于监禁状态中的人，警察不得施以虐待或者不当压力来榨取其自白。[①] 根据上述法律，在英国，以暴力威胁的方法获取的口供直接排除。

《德国刑事诉讼法典》第 136 条 a “禁止的讯问方法”规定：“（一）对被指控人决定和确认自己意志的自由，不允许用虐待、疲劳战术、伤害身体、服用药物、折磨、欺诈或者催眠等方法予以侵犯。只允许在刑事诉讼法准许的范围内实施强制。禁止以刑事诉讼法的不准许的措施相威胁，禁止以法律没有规定的利益相许诺。（二）有损被指控人记忆力、理解力的措施，禁止使用。（三）第一、二款的禁止规定，不顾及被指控人承诺，必须适用。对违反这些禁令所获得的陈述，即使被指控人同意，也不允许使用。”[②] 从该条第（一）部分的表述可以发现，《德国刑事诉讼法典》中“禁止的讯问方法”并不是简单将“威胁”列举其中，而是有所区别的“禁止以刑事诉讼法的不准许的措施相威胁”。由此可见，德国并未普遍禁止在讯问中使用威胁手段，只是禁止用刑事诉讼法典所不允许的后果来威胁犯罪嫌疑人。例如，警察声明，嫌疑人如果不合作会导致长期监禁，则不被视为威胁，而是法院实际量刑的预示。但

---

①　［英］克里斯托弗·艾伦：《英国证据法实务指南》（第四版），王进喜译，中国法制出版社 2012 年版，第 237 页。

②　《德国刑事诉讼法典》，李昌珂译，中国政法大学出版社 1995 年版，第 62 页。

是如果这种声明是不真实的，则是非法的欺骗。[①] 但是，对于威胁使用酷刑的方式在德国是明确禁止的，即使酷刑威胁是为了"实现正义"，所获供述也必须排除。曾在德国引起学界和社会激烈讨论的 Göfgen 案就是典型例证，"被指控人 Göfgen 绑架了一名儿童，警方询问被指控人孩子的下落，无果。事已数日，警察猜测如再不及时找到孩子，孩子有生命危险（其实，当时孩子已经被杀死了），故警方对被指控人威胁施加酷刑，被指控人供出了孩子的下落。最后，法院没有使用经过警方酷刑威胁而得到的供认。而威胁使用酷刑的两名警察因此受到了刑事审判"。[②]

综上而言，在不同国家和地区，对于威胁取供的行为，法律都明确禁止，且都将威胁作为排除供述的重要考量因素，他域的成文法中关于证据排除的规定多明确列举了"威胁"，即一旦在取证过程中认定有威胁即可导致证据排除。同时，对于某些国家而言，对于非法证据排除中"威胁"的手段还作了进一步的成文法限定，如英国限定为主要以暴力相威胁，而德国则将威胁限定在了法律不允许的措施或手段内，胁以《刑法典》第 56f 条未加规定的不予缓刑之情形，[③] 以及"暴力""酷刑"相胁迫皆属此类。

（三）我国对威胁取供的排除认定

我国《刑事诉讼法》第 52 条严格禁止了威胁取证的方法，但在威胁取供是否排除的态度上则并未一概否定，而是采纳了模糊处理的方法。这种立法技术考虑到了实践中威胁的手段、情境以及被讯问人耐受力等的差异化和多元化，同时，考虑到威胁取证与压力情形下的讯问、取证有时还有重合的部分，笼统否定，过于绝对。立

---

① ［德］托马斯·魏根特：《德国刑事诉讼程序》，岳礼玲、温小洁译，中国政法大学出版社 2004 年版，第 85 页、第 86 页。

② 《德国刑事诉讼法典》，宗玉琨译注，知识产权出版社 2013 年版，第 128 页。

③ ［德］克劳斯·罗科信：《德国刑事诉讼法》，吴丽琪译，三民书局 1998 年版，第 268 页。

足于法律规定、司法实践，以及域外的现实情况，《规定》第 3 条指出，"采用以暴力或者严重损害本人及其近亲属合法权益等进行威胁的方法，使犯罪嫌疑人、被告人遭受难以忍受的痛苦而违背意愿作出的供述，应当予以排除"。《规定》对于威胁取得的供述并未不加分析、不分情况地一概排除或简单认可，而是通过关键要素的设定来限定威胁的强度，进而有选择地排除供述。至于限定的要素，具体包括两个方面：

1. 威胁的方法限定

综合实践中容易诱发虚假供述以及严重侵犯犯罪嫌疑人、被告人合法权益的情形，《规定》将威胁的方法主要限定为两种。一种是以暴力相威胁，此种情形是典型的威胁取供，如用枪指着被讯问人的头部，"再不交代，直接枪毙了你"。此种威胁方法容易使人产生高度恐惧，所产生的心理痛苦不亚于刑讯所带来的肉体疼痛，在对犯罪嫌疑人、被告人自由意志权这一基本权益的侵犯上程度也与刑讯十分接近，因此，也被称为精神刑讯，在世界各国和地区都被绝对禁止，所获供述也均被认定为非法证据加以排除。另外一种，以严重损害本人及其近亲属合法权益的方法相威胁。我国《刑事诉讼法》第 62 条第 1 款规定，"凡是知道案件情况的人，都有作证的义务"，犯罪嫌疑人亲友也不例外；犯罪嫌疑人亲友涉嫌共同犯罪，或涉嫌窝藏、包庇等犯罪，理应受到法律追究。为广泛收集证据，侦查人员向犯罪嫌疑人亲友调查了解相关案件情况理所当然。所以，侦查人员向犯罪嫌疑人作出声明，在其拒不供述时，有可能向其亲友调查取证，并不违反法律规定。但是，实践中在办理的不少案件中，一些威胁侵犯犯罪嫌疑人亲属合法权益的取证行为要坚决制止，如，"威胁犯罪嫌疑人要将其怀孕的妻子抓起来，因为这种威胁违反了怀孕的妇女一般不适用逮捕强制措施的法律规定，且有悖于体恤孕妇的社会伦理常情，不亚于刑讯逼供"，[①] 犯罪嫌疑人如果因此作

---

① 龙宗智等主编：《中国刑事证据规则研究》，中国检察出版社 2011 年版，第 449 页。

出供述应予排除。再如，某官员家中受贿，行贿人向其赠送 10 万元现金。案发后，侦查讯问中该官员拒不供认，侦查人员告诉他，侦查机关怀疑案发时其儿子也可能也在家，了解该案情况，如果不交代，就去学校找他儿子（此时高考在即，他儿子正在积极备战，且极有可能考上名牌大学）公开调查了解案情，如果承认了就不去找他儿子。这名官员心里非常紧张、压力很大，认为自己奋斗一辈子都是为了儿子，如果此案牵连到自己的儿子肯定会耽误他的前程，遂供认了所有指控的犯罪事实。这种利用亲情相威胁的取证方法，破坏了基本的人伦道德底线，所获供述也应当排除。

上述两种威胁的方法不仅为法律以及伦理常情所禁止或排斥，且极易诱发虚假供述，故《规定》作了明确列举，但在该条中仍然以"等"字煞尾，意味着还有其他威胁方法也可能导致所获供述的排除，如揭露隐私等。然而，以揭露隐私相威胁是否所获供述径直排除仍有争议。

2. 威胁的程度

我国《刑事诉讼法》第 56 条规定得很明确："采用刑讯逼供等非法方法收集的犯罪嫌疑人、被告人供述和采用暴力、威胁等非法方法收集的证人证言、被害人陈述，应当予以排除。"该条的表述是"刑讯逼供等非法方法"，这种"列举＋种属"式的表达方式，意味着除法条明文列举的"刑讯逼供"之外，采用其他与刑讯逼供具有同质或等效性的非法方法收集的供述，仍然应当予以排除。按照《规定》第 2 条对刑讯逼供的界定，其在方法上指"采取殴打、违法使用戒具等暴力方法或者变相肉刑的恶劣手段"，而在程度上则需要达到"使犯罪嫌疑人、被告人遭受难以忍受的痛苦而违背意愿作出供述"。也正是从程度的等效性上来考虑，《规定》将威胁也限定在了"使犯罪嫌疑人、被告人遭受难以忍受的痛苦而违背意愿作出供述的程度"，与刑讯的表述完全等同。至于如何判断这一程度，则需要法官根据一般人的情况，结合具体案情，综合裁量。

四、引诱、欺骗所获口供的排除

对于引诱或欺骗的方式获得口供在司法办案中其实较为常见，实践中引诱与欺骗常常交织在一起，有时甚至难以区分。① 另外，引诱、欺骗还常常和威胁一并使用，所谓的威逼利诱，就是指这种情况。就引诱和欺骗而言，比较常见的是共同犯罪案件中，利用同案犯相互推诿责任的心理，谎称同案犯已经坦白，以骗取被讯问人的供述。还有一种比较常见的引诱是利益许诺，这也可以算是欺骗，就是如果交代犯罪行为可以换取取保候审的条件，或者利用犯罪嫌疑人对法律的无知，告诉他们供述后就不会产生任何法律非难。虽然我国《刑事诉讼法》第 52 条严禁引诱、欺骗的方法取证，但是对于由此获得的供述能否排除，刑事诉讼法未予规定，《规定》同样未予明确。究其原因，盖因该司法解释的制定者认为，"指供""诱供"等引诱、欺骗的方法与侦讯策略难以区分，因此未作列举规定。②

（一）其他国家和地区对引诱、欺骗取供的态度和处理方式

就引诱与欺骗而言，即使在世界其他国家和地区，也并未绝对禁止，所获证据也常常是裁量排除。

1. 美国

美国著名法学家波斯纳坦言："法律并不绝对地防止以欺骗手段获得口供。在审讯中，是允许要一定的小诡计的。特别是夸大警察已经获得的、对嫌疑人不利的其他证据，让嫌疑人觉得招供也没有

---

① 例如"许诺"有的兑现了，有的没有兑现，兑现了许诺自不存在欺骗。问题是许诺没有兑现，到底是利诱还是欺骗？"只要你承认杀人，保你判处缓刑"，"保你判处缓刑"是利诱；如果根本不可能兑现就是欺骗。"只要你承认这部汽车是你偷的，我们就为你取保"，"为你取保"是利诱；如果根本不可能取保就是欺骗，如果能够取保故意不取保也是欺骗。

② 万春、高翼飞：《刑事案件非法证据排除规则的发展》，载《中国刑事法杂志》2014 年第 3 期。

什么的预先的战术设计，这都是许可的。"① 波斯纳的主张与美国的侦查实践、审判实践是一脉相承的。美国专门研究审讯的学者里奥（leo）向警方推荐的欺骗性审讯策略包括：警察在设法获得供述的过程中隐瞒自己的身份（例如，假扮嫌疑人的同室狱友，伪装照顾某人，装作犯罪人）；在审讯期间，警察歪曲罪行的性质或严重程度（例如，在谋杀案中，向嫌疑人谎称被害人仍然活着，而且可以说话，或者暗示被害人的死亡是意外事故、非预谋的）；哄骗，这是警察在审讯中最常见的欺骗性审讯策略，代表性的做法是提出嫌疑人有罪的假证据（例如，假称同案被告已经供述，夸大对嫌疑人不利的证据的证明力，假称警方已经获得表明嫌疑人有罪的法医证据、目击证人的证词或谎报测谎的结果）。在美国警方使用的最常见的 12 种审讯策略中，"使嫌疑人面对虚假的有罪证据" 排在第 8 位，其在案件中使用的比例为 30%。② 在美国的审判实践中，尽管法官对 "欺骗" 提出激烈批评，但一般而言，法官并不认为这种行为本身足以使自白成为非任意性的，面临被排除的风险。在弗雷泽诉卡普（Frazier v. Cupp）案中，在对弗雷泽进行的涉及杀人罪的讯问过程中，警察告诉他案发当天晚上曾与他在一起的他的表兄弟罗尔斯已经被逮捕并且已经承认了犯罪。法院的结论是 "警察虚构罗尔斯的陈述这一事实虽然有一定影响，但是就我们看来并不足以使原本自愿的自白不可采"。③ 同样，下级法院也认为在以下情况下作出的自白是可采的，如杀人案件的被害人仍然活着，找到了并不存在的证人，发现了杀人工具，在犯罪现场发现了被告人的指纹，以及同案犯已经供认并指认被告人犯罪。

---

① ［美］理查德·A. 波斯纳：《法理学问题》，苏力译，中国政法大学出版社 2002 年版，第 228 页。

② ［英］吉斯力·H. 古德琼森：《审讯和供述心理学手册》，乐国安、李安等译，中国轻工业出版社 2008 年版，第 8 页、第 9 页、第 30 页。

③ 394 U. S. 731，89 S. Ct. 1420，22L. Ed. 2d 684（1969）.

2. 英国

"法庭对由欺骗获得的证据通常认为，要反对积极诱导供述的欺骗，欺骗只是为被告提供一个供认犯罪的机会，并不会导致供述被排除。"[1]

3. 德国

德国联邦最高法院认为对"欺诈"应作严格解释，侦查谋略不在此列。法律明确禁止的是故意以虚伪的事实欺诈。例如，故意说"其他的参与人已经被羁押了""有人在行为实施时看到了被指控人""共犯已经供认了"等。此外，有意对法律情况作不正确说明也被认为是欺诈，例如，主张沉默被认为是有罪的证据。又如，警方发现了无首尸体，对嫌疑人以查丢失物为名进行询问；被指控人被审前羁押，警方在其关押房间安排了一名"押友"，诱骗其说出犯罪行为，这些都是不准许的。另外，如果询问人在询问休息期间离开，以使被询问人有机会在"无监视"的情况下与第三人交谈，而询问人却倚靠在门外偷听这也是被禁止的。

4. 日本

日本刑事诉讼法条文并未明确列举"欺骗"，但实践中有因欺骗排除证据的判例。（1）"许诺的自白"予以排除。判例指出，检察官许诺如果自白就不起诉或者起诉犹豫，被告人、犯罪嫌疑人相信了这种承诺所作出的自白没有任意性，承诺不起诉而又起诉的，不仅是背信弃义的利益诱导行为，而且具有虚伪性，侵害了供述的自由。（2）"骗供获得的自白"也予以排除。判例指出，告诉犯罪嫌疑人同案犯已经招供这种提供虚假内容所获得的自白，是"骗供讯问"获得的自白，设圈套给犯罪嫌疑人施加心理压力，这种行为的结果是诱发虚伪的自白，因此骗供获得的自白没有任意性，应当否定

---

[1] ［英］吉斯力·H. 古德琼森：《审讯和供述心理学手册》，乐国安、李安等译，中国轻工业出版社 2008 年版，第 216 页。

证据能力。如果采用这种自白就是违反宪法、刑事诉讼法的规定。[①]

5. 我国台湾地区

我国台湾地区学者将"诈欺"分为事实诈欺和法律诈欺两种，前者包括伪称共犯已经招供、伪称不利证据已经发现、伪称血型比对相符等；后者包括伪称刑法不处罚、伪称仅行政罚、伪称自白可减刑或不起诉。如果对嫌疑人告以，如自白就一定不会被羁押、可获缓刑之宣告，以及故意误导受询问者其行为系法律所不处罚等，即对被询问者承诺法律所未规定的利益，使其信以为真，或者故意扭曲事实，影响被询问人之意思决定自由，则属取证规范上所禁止之不正方法。[②]

总体来说，不同国家和地区对于引诱和欺骗的取证态度并不完全一致。对虚构证据，美国表现较大程度的容许，[③] 但大陆法系的德国、日本、我国台湾地区却相对严格。对违背承诺，尤其是有意歪曲法律的虚假承诺，各地的态度基本一致，即严格禁止。对非诱导性欺骗，英国判例明确表示容许。可见，全世界在对待威胁、引诱取供的态度上都没有完全禁止的意思，由于其和讯问策略难以区分，重合度较高，对该类方式取得的供述，各国都是选择性、裁量性排除。

（二）我国当下对于引诱、欺骗取供的应有态度

我们认为，鉴于引诱或欺骗的取供方法在实践中确实难以与讯问策略准确剥离，如如何准确划分引供与唤醒记忆、诱供与教育感

---

① ［日］田口守一：《刑事诉讼法》，张凌、于秀峰译，中国政法大学出版社 2010 年版，第298 页。

② 李知远编著：《例解刑事诉讼法》，五南图书出版股份有限公司 2009 年版，第 404 页、第 412 页。

③ 美国学者鼓励警察诱骗、欺骗和欺诈，遭到英国学者的批评——"尽管美国的法庭通常允许这些方法，但它们引发了关于审讯行为的道德本质这一非常严重的问题。公众知道警察的这种行为，必然不可避免地削弱他们对警察职业的尊敬。欺骗和哄骗也会导致嫌疑人的怨恨，提高审讯中对供述产生争议的可能性"。参见 ［英］吉斯力·H. 古德琼森：《审讯和供述心理学手册》，乐国安、李安等译，中国轻工业出版社 2008 年版，第 34 页。

化、指名指事问供与使用证据等[①]有时确实会使办案人员产生困惑。加之，国外也并未完全禁止，处断方式更是千差万别。故而，我国当下比较适当的方法是，对于那些实践中比较突出的，需要加以程序性制裁的威胁、引诱取供方法加以原则性规定，赋予法官相当的裁量处理权，具体的情形主要包括三类：

其一，采取以许诺法律不准许的利益等进行引诱或者指供的方法收集的犯罪嫌疑人、被告人供述应当予以排除。如以提供毒品并容许其吸毒的方式来引诱有毒瘾之犯罪嫌疑人作有罪供述应予排除，但为犯罪嫌疑人提供香烟，而获得的供述则不予排除。

其二，引诱、欺骗的行为不得突破社会的基本伦理底线，如违背宗教伦理、职业伦理以及社会伦理等。例如，警察装扮成监狱中的牧师以听取忏悔的方式向犯罪嫌疑人取证，这一侦查谋略因为亵渎了牧师这一神圣的宗教角色而违背宗教伦理，侦查机关运用这一侦查谋略取证，可能因为伤害了社会大众的宗教感情而"使社会感到震惊"，进而"使社会不能接受"。[②]再如，侦查人员伪装成辩护律师，借会见犯罪嫌疑人之机套问口供。这种隐瞒真实身份和目的的侦查，毫无疑问应属欺骗性取供的范畴，在辩护律师都有可能是侦查人员冒充的情况下，今后谁还会信任辩护律师？辩护职业和辩护制度又如何存续、发展？没有良性发展的辩护制度和辩护职业，现代刑事司法的正义性又如何得以保障和彰显？[③]还如，侦查人员联合医院伪造犯罪嫌疑人的母亲发生严重车祸的就医材料，以允许其见母亲最后一面为条件，要求其供述，即使供述系事实，但这种方法显然也严重背离了社会的基本道德伦理。[④]因此，哄骗不得使法庭

---

① 胡关禄主编：《侦查讯问学》（修订本），中国人民公安大学出版社 2001 年版，第 37 页、第 38 页。

② 万毅：《侦查谋略之运用及其底限》，载《政法论坛》2011 年第 4 期。

③ 万毅：《何为非法如何排除？——评〈关于办理刑事案件严格排除非法证据若干问题的规定〉》，载《中国刑事法杂志》2017 年第 3 期。

④ 黎宏伟：《非法证据排除与侦查谋略——以"威胁、引诱、欺骗"获取供述为例》，载《云南大学学报（法学版）》2014 年第 4 期。

或社会受到"良心上的冲击",① 否则该供述应予排除。

其三，引诱、欺骗的方法如果容易导致虚假供述的出现，所获供述也应当排除。案例 3 就体现了实务中对待引诱、欺骗方法获取供述的态度。虽然该案例表面上是以证据取得非法——采用了引诱、欺骗的方法，最终排除了犯罪嫌疑人的供述，但从本质上而言，供述被否弃的根本原因则是该供述与其他证据难以相互印证，真实性存疑，最终才没有被作为定案的根据。因此，从真实性角度考虑引诱、欺骗所获得的供述应当是对待该类取供行为的一个重要考量乃至决定性要素。

[案例 3] 在某受贿案件中，犯罪嫌疑人刘某的妻子未对案件作任何陈述，但是侦查人员在询问中称受贿案件的事实，刘某的妻子已经作了交代，犯罪嫌疑人说"我记不清了，我妻子怎么说你们就怎么写吧"，侦查人员就在笔录中记载"犯罪嫌疑人承认了受贿的事实"。检察机关提审后得知了这一情节，认为有欺骗取证的嫌疑，同时由于该供述与其他证据难以吻合，且缺乏印证，最终将该供述作为非法证据予以排除。

五、重复性供述的排除

重复性供述也称为"重复性自白""反复自白"。按照《规定》的表述，采用刑讯逼供方式使犯罪嫌疑人、被告人作出供述，之后犯罪嫌疑人、被告人受该刑讯逼供行为影响而作出的与该供述相同的供述，称为重复性供述。

（一）重复性供述是否排除的四种观点

对于重复性供述是否排除，无论是理论界还是实践部门都一直

---

① "警方审讯人员为了获得嫌疑人的供述，装扮成监管所的牧师；或者审讯人员为达目的，非法作为被告人的辩护律师"，可以被看成对"良心上的冲击"的解释。参见［美］弗雷德·E. 英博等：《审讯与供述》，何家弘等译，群众出版社 1992 年版，第 275 页。

有所争论。具体的观点，大体可分为四种：

1. 不排除说

该观点主要出自实务部门，主张对于刑讯逼供行为只能一次性评价，不得重复评价。具言之，刑讯逼供的行为一旦认定，哪次刑讯逼取的供述就排除哪次，即"一次一排"[①]。至于后续的第二次乃至多次供述，"为避免放纵犯罪，对于严重犯罪原则上应当承认重复口供的证明能力，但应对重复口供的取得进行严格的制度规范，以消除刑讯逼供可能存在的影响"[②]。

2. 绝对排除说

该观点认为只要第一次有罪供述是刑讯或者其他非法手段获得，在排除此证据后，之后的重复供述就应"一排到底"。"我国现行的司法体制和刑事诉讼机制，产生了一种'绑定'效应，先前的非法讯问行为一经实施，其与后续自白之间的因果关系，就很难被切断，因而也就不存在不予排除的例外。"[③]

3. 裁量排除说

该观点认为"不排除说"和"绝对排除说"这两种"全有全无式"的排除模式太过绝对。重复性供述排除的关键在于刑讯逼供行为对后续供述的波及效力和影响效果，如果认定刑讯逼供行为对被讯问人的身体、精神产生了持续性压迫、恐惧，以致这种影响已经波及延伸至后续的讯问之中，被讯问人受到了心理强制，无法再自由陈述，重复性供述即应排除。但是，如果压迫和恐惧已经在下一次或后续的审讯中被有效"阻断"或"稀释"，那么当时作出的有罪供述便可以作为证据使用。"在判断是否符合稀释原则时，应综合

---

① 崔洁、肖水金、王丽丽、李勇：《非法证据争议期待修法破题》，载《检察日报》2011年8月10日。

② 王振峰、戚进松：《两个〈证据规定〉有关证据排除规则的理解和适用》，载《国家检察官学院学报》2010年第6期。

③ 万毅：《论"反复自白"的效力》，载《四川大学学报（哲学社会科学版）》2011年第5期。

判断第一个自白与第二个自白相距的时间、介入因素、警察违法行为的情节等，以决定第二个自白的证据能力。"① "裁量排除说"承认刑讯逼供行为与重复性供述之间的因果关系，但认为因果关系有被阻断或稀释虚化的可能，因此裁判者要通过对多重因素的综合判断自由裁量重复性供述是否排除。

4. 原则加例外说

该观点认为对于重复性供述原则上应予以排除，禁止作为证据使用。同时，禁止因刑讯事实存在而重新取供的行为，并否定此类重新取供的证据效力。不过，"对排除重复性供述原则可以设置若干例外，如被告人在公开的庭审中，在有律师辩护，同时已经获知其如实陈述和进行辩解权利的情况下，仍然承认过去所作自白，这种承认，应当认为具有证据效力；又或是根据被告人的供述、指认提取到了隐蔽性很强的物证、书证，且被告人的供述与其他证明犯罪事实发生的证据相互印证，重复自白可以作为定案依据。"②

（二）立足国情和司法实际的模式抉择

《规定》对于重复性供述最终确定了"严格加例外"的排除模式，即原则上排除重复性供述，但应有例外的考量。如此设计，是在考虑我国现实情况的基础上，比较几种排除模式，权衡利弊后的最优选择。

首先，"不排除说"仅仅排除刑讯直接获取的供述，对于重复性供述的不排除将难以彻底遏制刑讯逼供。侦查人员完全可以采取"丢卒保车"的方法：先主动舍弃刑讯逼取的直接供述，然后凭借刑讯的余威震慑获取重复性供述，以此提交法庭作为指控被告人有罪的证据。在此过程中，虽然刑讯逼供行为的直接收益被"没收"，但间接性收益却没有被斩断，同时还产生了与直接收益相同的效果——架空非法证据排除规则，使程序性制裁机制难以发力。

---

① 王兆鹏：《刑事诉讼讲义》，元照出版有限公司 2010 年版，第 401 页。

② 龙宗智：《我国非法口供排除的"痛苦规则"及相关问题》，载《政法论坛》2013 年第 5 期。

其次，"绝对排除说"因为一次刑讯就排除后续的所有供述有打击面过宽之嫌。毕竟，犯罪嫌疑人、被告人之后的多次供述很多是在不同情形下作出的。有的可能是在受到了侦查讯问人员的政策教育、亲情感化下，真心悔悟，主动供述的；有的是基于争取宽大处理的利益驱动，自愿交代的；还有的是在其他证据面前，不得不坦白的。这些情况中，刑讯是否还产生着持续的影响是值得怀疑的，一概排除重复性供述并不利于打击犯罪。而且，根据当前认罪认罚从宽制度改革的精神，对犯罪嫌疑人、被告人在刑事诉讼中如实供述自己罪行，对指控的犯罪事实没有异议，愿意接受处罚的，可以获得诉讼程序从简和实体量刑从宽的处理，如果对重复性供述采"绝对排除说"，显然会打消犯罪嫌疑人、被告人主动供述的积极性。另外，"绝对排除说"还可能产生某种"危险的激励"，即侦讯人员可能基于"破罐破摔"的思维逻辑，为了避免刑讯后所有供述被"一排到底"的命运，会尽其所能地掩盖刑讯，由此导致今后刑讯逼供更难被发现和纠正。例如，"秦朝赵高诬陷李斯谋反，对李斯严刑拷打，逼迫他认罪。赵高指使门客十余次诈称是皇帝派来的御史、谒者、侍中前去复审，李斯大呼冤枉，却遭到不断的毒打，后来秦二世派人来验狱的时候，李斯再也不敢申诉"[1]。

最后，"裁量排除说"的折中处理虽然克服了上述两类学说的弊端，但理论照耀到实践中仍会映衬出问题的影子——如何才能准确判断刑讯的波及效力已影响到供述的自愿性？虽然有研究者曾列出了诸如"刑讯的严重程度、讯问人员是否更换、间隔时间的长短、程序阶段是否转换"[2]作为影响强度的参照指标或考查要素。但众所周知，就自愿性本身而言，由于主观内心的飘忽不定，可以纳入考量的要素远不止于此，内容可谓相当庞杂，例如被讯问人的心智发育、情感特征、身体状况、年龄大小、受教育水平，再次讯问人员

---

① 陈光中：《刑事诉讼法学》，中国人民公安大学出版社，人民法院出版社2004年版，第60页。

② 李颖：《重复自白的证据能力》，载《中国刑事法杂志》2012年第7期。

的态度和方式，是否有辩护律师介入，等等。就连美国联邦最高法院哈兰（Harlan）大法官也不得不承认，"以自愿性为被告供述可采性标准也许没有任何意义，因为所谓的整体情形总是处于一种变动不居的状态之中"。① 由此，一个现实的实践问题摆在司法解释制定者面前：在刑讯的波及或延伸效力是否已经中断，被讯问人的供述是否自愿的判断上，若完全由法官权衡个案情境，自由裁量是否契合中国的司法现状？可能的实践隐忧是：

其一，权力的下放，是否会不当扩张裁决者的自由裁量权，导致重复性供述排除的艰难。不容否认，我国当下的司法实践中，公检法受"重配合、轻制约"的长期影响，三机关的同质化倾向较强。在维稳和打击犯罪的目标下，侦查中心主义的影响积重难返，非法证据"不愿排""不敢排"的现象在不同地区多有出现。在直接的刑讯逼供排除率都不高的情况下，将权力下放，希冀裁判者通过自由裁量，严格准确地排除更为复杂的重复性供述似乎更为艰难，最终的结果反倒可能出现重复性供述基本不排除的尴尬境地。

其二，目前中国的裁决者恐怕还难以胜任如此复杂的裁量性排除工作。非法证据排除规则真正以系统的规范性文件形式出现在我国只有 7 年，实践中的适用一直处于摸索阶段，相关的规则规定仍较为原则，加之实践中非法证据排除的典型案例不多，司法机关未能积累足够多的实践经验。此时，若将裁量权全部委由裁决者去个案判断、适时排除，恐怕知易行难。美国联邦最高法院布莱克（Black）大法官就曾指出，"如果每次你在考虑被告的供述是否具有可采性时都必须根据个案的具体情形，那么，这世界上恐怕没有一个法庭能够知道其所面对的被告的供述是否可采，直到案件提交到我们面前的时候，可能我们会发现，（确定被告供述的自愿性）已经超出了我们的能力范围"②。证据排除规则在美国已施行百年尚且如

---

① 384 U. S. at 508.

② 63 Landmark Briefs and Oral Arguments of the Supreme Court of the United States：Constitutional Law，894. Phillip Kurland & Gerhard Casper eds.（1966）.

此，面临相同的问题我国也将是任重而道远。

综合考虑了上述三种排除规则的利弊优劣，一个更具操作性，也更符合中国实际情况的"原则加例外"排除模式被推出。该模式的核心要义是，原则上只要认定重复性供述受到刑讯逼供行为的影响就应当直接排除，这也符合了当下我国对刑讯逼供重点防范、强力遏制的决心。但是，如果能判断出刑讯对重复性供述的影响已被"切断"或"稀释"，重复性供述仍有保全的可能，这其实是借鉴了"裁量排除说"的合理内核。但如何判断，《规定》并未赋予裁判者自行裁量的权力，而是将裁判者针对个案情势的机动判断转化为对程序性"规定动作"是否遵守的审查。这便是《规定》第5条第1项和第2项的例外规定，即虽然发现了刑讯逼供行为，但如果控方能够证明，"侦查期间，侦查机关更换侦查人员，其他侦查人员再次讯问时告知诉讼权利和认罪的法律后果；或者在审查逮捕、审查起诉和审判期间，检察人员、审判人员讯问时告知诉讼权利和认罪的法律后果"，犯罪嫌疑人、被告人再次供述所作出的重复性供述可不予排除。此种处理的技巧恰好暗合了美国对待供述是否排除的最新理论。其实，美国应对供述的排除问题共经历过三个阶段："一、真实性。只要自白与真实相符，即得为证据。在此理论下，刑求逼供为法律所许可。即令之后刑求为法所禁，但刑求下之自白，只要与事实相符，未必应排除。二、任意性，即令自白与真实相符，但如不是被告自由意志之产物，即不得为证据。三、预防性。为确保自白之真实性及任意性，法律设计许多前置的预防措施，以求周密保护被告之自由意志。只要违反预防性措施，虽然执法人员未必违反被告之自由意志，但仍将自白排除，以防止非真实或非任意性的自白成为审判中的证据。"[①] 相较于美国当前通行的"预防性"排除自白标准，我国"严格加例外"的排除模式同样是巧妙地将重复性供述合法性的证明对象予以转化，即将重复性供述的自愿性这个主观性较强的证明难题转化为例外性规定中程序是否遵守的判断。这一

---

① 王兆鹏：《新刑诉·新思维》，元照出版有限公司2005年版，第48页。

立法技术相对于语义模糊的自愿性标准而言，一方面，对于证据审查方是一个"更好的、更易于把握和处理供述问题的标准"；[①] 另一方面，也大大降低了控诉方履行证明责任的难度。[②] 鉴于此，无论是侦查人员、检察人员、审判人员还是辩护律师下一步需要认真研究的都应是重复性供述例外规定的具体内容。

（三）对于重复性供述不排除的两项例外情形

有关重复性供述排除规则例外情形的设置，根本目的还是要保障重复性供述的自愿性，方式则是设定预防程序，消除刑讯逼供的影响。

1. 更换讯问人员及转换讯问情境的理论分析

侦查阶段，封闭密室内的刑讯行为不仅会使犯罪嫌疑人在肉体或精神上产生剧烈疼痛或痛苦，也会使其对刑讯人员产生内心恐惧。在相同地点和环境下的讯问还会使被讯问人产生心理压力，出现供述障碍。为了使犯罪嫌疑人、被告人在刑讯后能够自愿供述，吐露真情，更换讯问人员和转换诉讼阶段成为消除刑讯影响，保障供述自愿性的有效方式之一。《规定》第5条对此予以明确规定：对于侦查阶段发生的刑讯逼供，侦查期间，侦查机关更换侦查人员；或者在审查逮捕、审查起诉和审判期间，转换讯问情境后，改由检察人员、审判人员讯问犯罪嫌疑人、被告人时，若履行了相应的告知义务，则重复性供述获得自愿性保障，不被排除。

通过对《规定》第5条第1项和第2项的比较发现，该条第1项仅仅是侦查阶段内的侦查人员的更换；第2项则包括了同时转换

---

① Geoffery R. Stone, The Miranda Doctrine in the Burger Court, 1977 Sup. Ct. Rev. 102 – 103.

② 实践中，辩护方基于其诉讼立场对于重复性供述多数会主张排除，而控诉方需要对重复性供述具有证据能力承担证明责任，即需要证明重复性供述具有自愿性，没有受到之前刑讯逼供的影响。但是，重复性供述是否受到之前刑讯逼供的影响，是个主观性较强的问题，控诉方证明难度较大。《规定》第5条中的例外规定则将这一主观性问题转化为程序性问题，这既明确了重复性供述证据能力的证明对象问题，又大大降低了控诉方履行证明责任的难度。

讯问人员和讯问情境，即由侦查人员转换为检察人员或审判人员，讯问也由侦查阶段换为审查逮捕环节、审查起诉或审判阶段。对于第 2 项的规定，不少研究者都曾撰文表示赞同。有学者就指出："被告人的供述如被证明系刑讯逼供所得，法官对被告此前的有罪供述应全部予以排除，但在排除此前形成的有罪供述后，法官可以依法重新对被告进行讯问，若被告仍作出有罪供述，该有罪供述可作为定案根据。"[①]"因为公开的庭审具有基本的程序保障，即控辩审组合形成的庭审结构、对辩护权的确认与保障、质证与辩论程序，以及公开审判等……在庭审这种特殊空间中为波及效力中断设置一种例外，可谓相对合理。"[②]

当然，对于《规定》第 5 条第 1 项的例外规定，无论是理论界还是实务部门都有一定分歧和争论。争论焦点即为，同是在侦查阶段，仅仅更换了侦查人员，履行了权利告知义务，能否扭转犯罪嫌疑人对侦讯人员"都是一伙的"刻板印象，有效阻隔或消除刑讯余威的负面影响。如果这种例外的设定不当，不仅不能遏制刑讯，还会导致非自愿的重复性供述进入法庭，影响法官的正确裁判。经过多方考虑，《规定》最终仍然设置了第 1 项的例外规定，即"侦查期间，根据控告、举报或者自己发现等，侦查机关确认或者不能排除以非法方法收集证据而更换侦查人员，其他侦查人员再次讯问时告知诉讼权利和认罪的法律后果，犯罪嫌疑人自愿供述的"，该重复性供述可不被排除。之所以最终如此规定，主要基于两方面的考虑：其一，我国《刑事诉讼法》第 54 条第 2 款赋予了侦查机关、检察机关和审判机关的办案人员在诉讼中都有排除非法证据的职责。在侦查阶段，犯罪嫌疑人遭受刑讯逼供主动向侦查机关提出，"侦查机关更换侦查人员重新进行讯问并告知诉讼权利和认罪的法律后果，是

---

① 万毅：《论"反复自白"的效力》，载《四川大学学报（哲学社会科学版）》2011 年第 5 期。

② 龙宗智：《我国非法口供排除的"痛苦规则"及相关问题》，载《政法论坛》2013 年第 5 期。

对刑讯逼供的一种预防和纠正，如果对重新讯问取得的重复性供述也予以排除，势必会影响侦查机关自我纠错、主动排除非法证据的积极性"，[①] 不利于纠正刑讯逼供和排除非法证据的尽早启动。其二，侦查阶段由不同的办案人员进行讯问的动因除了由侦查机关自行发起外，还有来自检察机关的纠违意见。根据《人民检察院刑事诉讼规则》第341条的规定，人民检察院在审查起诉中发现有应当排除的非法证据，应当依法排除，同时可以要求监察机关或者公安机关另行指派调查人员或者侦查人员重新取证。必要时，人民检察院也可以自行调查取证。如果另行指派的侦查人员补充侦查中再次讯问获取的重复性供述不能作为证据使用，则检察机关要求侦查机关另行指派侦查人员重新取证也就失去意义。并且，检察机关提出纠正意见后，侦查机关再次刑讯逼供的可能性不大。[②] 有鉴于此，侦查期间（包括补充侦查期间）讯问人员的变更，一般可以认为是阻断了之前刑讯逼供的影响，应当承认侦查期间存在排除重复性供述的例外情形。

2. 告知诉讼权利和认罪的法律后果的范围

遵循刑事诉讼法的规定，无论是侦查期间，还是审查逮捕、审查起诉和审判期间，侦查人员、检察人员、审判人员讯问犯罪嫌疑人、被告人时都应当告知的诉讼权利主要包括：犯罪嫌疑人、被告人在讯问中有自行辩护的权利；犯罪嫌疑人、被告人有聘请辩护律师或其他辩护人，申请法律援助的权利；犯罪嫌疑人、被告人针对侦查人员侵犯其诉讼权利和人身侮辱的行为，有申诉和提出控告的权利；犯罪嫌疑人、被告人有要求侦查讯问人员、检察讯问人员和审判讯问人员回避的权利；讯问中，犯罪嫌疑人、被告人有使用本民族语言文字的权利；犯罪嫌疑人有权拒绝回答与本案无关的问题

---

① 万春、高翼飞：《刑事案件非法证据排除规则的发展——〈关于办理刑事案件严格排除非法证据若干问题的规定〉新亮点》，载《中国刑事法杂志》2017年第4期。

② 高翼飞、高爽：《重复性供述的排除规则和对翻供的审查》，载《人民司法（案例版）》2016年第35期。

的权利；犯罪嫌疑人、被告人有核对讯问笔录、对讯问笔录提出补充、改正或请求自行书写供述的权利。

除此以外，《规定》第 16 条还规定，审查逮捕、审查起诉期间讯问犯罪嫌疑人，应当告知其有申请排除非法证据权利。该项权利的告知，主要目的是赋予犯罪嫌疑人、被告人针对自己遭受的刑讯行为寻求救济的机会；同时，也能使犯罪嫌疑人、被告人摆脱刑讯阴影，自愿如实地陈述案情。在此需要进一步思考的问题是：发现了刑讯逼供行为，除了及早纠正，并在再次讯问时告知犯罪嫌疑人、被告人诉讼权利和法律后果外，讯问人员是否也要告知之前刑讯直获取的供述被排除？在此，存在一种称为"飞语难收"或"出袋之猫"的理论（cat out of the bag theory）："在被告第二次自白前，警察虽曾为权利告知，但前一个自白已影响被告心理上保持缄默的意愿。因为一般人都会觉得先前都已经承认了，再维持缄默已无意义，往往会继续作出有罪供述。"[①] 因此，有必要在重新讯问前告知先前供述被排除的情况。在《规定》第 5 条第 1 项的例外规定中，履行刑讯供述排除的告知义务尤为重要。在该规定中，侦查讯问人员的更换正是由于已经确认或不能排除刑讯逼供行为的存在，如果此时不告知先前刑讯的纠正以及相关供述的排除，打消其有关顾虑，将难以确保被讯问人后续供述的自愿性。

（四）需要进一步思考的问题

《规定》出台之前，重复性供述一直是司法办案中较为棘手的难题，本次规定的出台对于破解实践难题提供了规范层面的依据。随着规定的施行和全面推开，今后围绕该议题需要进一步思考和研究的问题可能还会涉及如下几个方面：

1. 受到刑讯影响，但后续作出不同内容的供述是否排除

司法实践中，一些刑讯后的再次供述虽然与刑讯直接逼取的供

---

① 王兆鹏：《刑事诉讼讲义》，元照出版有限公司 2010 年版，第 399 页、第 340 页。

述在内容上差异很大，甚至完全不同，但同样也会受到刑讯逼供的强烈影响。例如在佘祥林错案中，佘被刑讯逼供后不一样的有罪供述有多份，仅作案方式的不同供述就有 4 种。① 在最高人民检察院公布的第七批指导性案例中的王玉雷不批准逮捕案中（检例第 27 号），王玉雷在公安机关先后 9 次接受侦查机关询问、讯问，其中前 5 次为无罪供述，后 4 次为有罪供述。在有罪供述中，对作案工具就有斧子、锤子、刨锛三种不同说法。② 对此，有研究者提出："后续的多次供述也有可能在内容上完全不同，但只要是有罪供述，也应属于重复供述的范畴。"③ 该观点有一定道理，毕竟在类似案件中，如果对前后供述中不同的部分不予排除于理不通，也易诱发错案。但总体而言，此种情况较为复杂。在我国印证规则的影响下，犯罪嫌疑人有时会在侦查人员的刑讯和诱导下作出与犯罪现场所获实物类证据以及所收集的言词证据吻合、一致的供述。但随着侦查的深入，一些新的证据材料被发现，为了满足证据材料之间相关印证的要求，再次供述中的一些关键性内容可能就会在刑讯余威、指供诱供等交织作用的影响下，被删改、补充，作出修正，最终呈现出前后内容差别较大的有罪供述。然而，除此以外，侦查讯问中前后供述反复、内容不同的原因还有很多，有的可能是基于前后记忆的偏差；有的可能是基于被讯问人为了争取宽大处理而主动作出的更为详尽的认罪供述，以及漏罪或同案犯的交代；还有的则可能是在遭遇刑讯的情况下违心作出供述后又再翻供（有些翻供仍然可能是有罪供述，如此罪翻为彼罪，故意翻为过失等）寻求救济。表面上看，这些后续供述与刑讯直接获取的第一次有罪供述内容上并不相同，但是否受到了刑讯逼供行为的影响却难以判断，如果一概认定为重复性供

---

① 《湖北"杀妻"案有罪推定全记录》，载《温州瞭望》2005 年第 5 期。
② 《最高人民检察院公布第七批指导性案例》，载《检察日报》2016 年 6 月 7 日。
③ 闫召华：《重复供述排除问题研究》，载《现代法学》2013 年第 2 期；谢小剑：《重复供述的排除规则研究》，载《法学论坛》2012 年第 1 期；林国强：《论审前重复供述的可采性》，载《证据科学》2013 年第 4 期。

述均予否弃，排除面似有过宽之嫌，而且也与《规定》第 5 条 "该供述相同的重复性供述" 文义不符。笔者认为，问题的实质还在于刑讯与再次不同供述间内在的关联性问题，如果能够证明存在某种紧密的关联，后续的不同供述也应加以排除。但由于刑讯与后续不同供述之间因果关系的判断更为复杂和困难，还需要进一步研究，故而《规定》并未作出明确规定。笔者以为，实践中如果能够准确判断出上述因果关系的存在，是否可以考虑将先前刑讯对后续不同供述的影响转化为 "威胁"，适用《规定》第 3 条的规定，即采用以暴力进行威胁的方法，使犯罪嫌疑人、被告人遭受难以忍受的痛苦而违背意愿作出的供述，应当予以排除。① 当然，这种权宜之计是否妥当，还需实践检验。

2. 重复性供述是否仅限于刑讯逼供行为的影响

重复性供述之所以被排除的重要原因就在于非法取证行为极为恶劣，以致负面影响极为深远，广度已波及了后续的讯问取证。在前文谈及的裁量性排除规则中针对重复性供述是否排除的考量因素无不涉及非法取供的手段、持续时间以及严重程度等。《规定》在划定重复性供述 "诱因" 时，将刑讯逼供这类最严重的非法取证行为明确规定当无异议，体现了国家对刑讯逼供行为防治的坚决态度。但同时，其他在权益侵害和强迫程度上与刑讯逼供相当的如威胁、

---

① 如我国台湾地区 2004 年度 "台上字" 第 6018 号判决认为：被告之自白，须非出于强暴、胁迫、利诱、诈欺、违法羁押、疲劳讯问或其他不正之方法。对被告施以上揭不正之方法者，不以负责讯问或制作该自白笔录之人为限，其他第三人亦包括在内，复以当场适用此等不正之方法为必要，纵系由第三人于前此所为，倘使被告精神上受恐怖、压迫之状态延续至应讯时致不能为任意性之供述时，该自白仍属非任意性之自白，依法自不得采为判断事实之根据。台湾地区 2004 年度 "台上字" 第 6578 号判决也所作出同样的观点，即如果犯罪嫌疑人、被告人在侦查人员使用刑讯等非法讯问方法供述后，若没有脱离其先前所受讯问的心理强制，之后其所作供述即使内容不同，仍应视为非法证据，予以排除。相关内容参见王兆鹏：《刑事诉讼讲义》，元照出版有限公司 2010 年版，第 401 页。

非法限制人身自由的拘禁、羁押等非法取供行为阙如，可能会导致重复性供述的排除范围过窄，不利于排除规则的彻底施行。

以威胁而言，其并不直接针对肉体使用暴力，而是通过对被讯问人的精神、听觉、视觉等感觉系统的折磨，使其屈服供述。威胁可谓是典型的精神折磨、精神刑讯。《联合国反酷刑公约》中规定的威胁酷刑就包括直接对嫌疑人实施的威胁，如威胁判处嫌疑人死刑，也包括通过对第三人实施威胁进而威胁嫌疑人，如威胁损害嫌疑人近亲属的重大合法利益，还包括通过对第三人实施非法行为进而威胁嫌疑人，如在嫌疑人面前殴打其近亲属。这些恶劣行径的危害程度，即对被讯问人心理强制的持续性影响绝不亚于刑讯逼供。另外，我国《宪法》第 37 条第 3 款明确规定，"禁止非法拘禁和以其他方法非法剥夺或者限制公民的人身自由，禁止非法搜查公民的身体"。如果采用以非法拘禁等非法限制人身自由的方式收集证据显然侵犯了公民的宪法性基本权利，所获证据应当排除。《规定》第 4 条对此作出了明确规定予以认可。但同时，我们还应当正视非法拘禁等非法限制人身自由的取证方式其负面影响的延续效应。试想，在一些极度恶劣的拘禁环境中：长时间与外界隔离，单独关押，被剥夺光照和时间感；或者长期在狭窄拥挤的牢房，囚禁者之间严重的暴力行为，糟糕的卫生标准，缺乏足够的食物和医疗待遇等①都可能导致被拘禁者彻底的心理崩溃，产生长期的持续精神恐惧。

综上，在重复性供述排除规则的"诱因"设定上，除了刑讯逼供外，实践中非法拘禁、威胁以及二者叠加②共同组成的非法取证手段等，也可以考虑纳入重复性供述被排除的"诱因"中。

---

① ［奥］曼弗雷德·诺瓦克：《〈公民权利和政治权利国际公约〉评注》，孙世彦、毕小青译，生活·读书·新知三联书店 2008 年版，第 179 页、第 180 页。

② 实践中非法拘禁他人，进而恐吓、威胁致他人精神失常的情形屡现于报端。2015 年 5 月 7 日，为要到所欠 50 余万元工程款，多名农民工强行将一工程负责人拖至 6 楼楼顶，称不给钱就将其拖下楼去，非法控制近 10 小时。这名负责人因长时间心理极度恐慌而导致精神失常。参见姬生辉：《不还钱就把你从楼顶上扔下去》，载《齐鲁晚报》2015 年 9 月 24 日。

（五）其他重复性言词证据是否需要排除

《规定》第 5 条仅仅设定了犯罪嫌疑人、被告人重复性供述的排除规则，但对于其他言词证据，例如证人证言、被害人陈述等，如果其是以暴力、威胁的方式取得，之后的重复性证人证言、被害人陈述如何处理，是否排除？《规定》也未明确，这似乎意味着重复性供述的排除规则并不适用于重复性证人证言、被害人陈述。可能的解释是，证人和被害人并不像犯罪嫌疑人、被告人那样，一直在侦查机关的控制之下，他们即使受到暴力取证的侵害，也并不会长时间处于羁押状态，被剥夺人身自由。因此，暴力的延续效力在证人、被害人人身不受拘束、相对自由的环境下被慢慢稀释，先前暴力所造成的心理恐惧或心理强制也在慢慢消解。故而，实践中，重复性证人证言、被害人陈述的任意性、自愿性受到严重污染、强力干扰的情形并不多见，问题并不突出，故《规定》未予规定。但是，鉴于《刑事诉讼法》第 54 条在非法的言词证据的范围设定上既规定了刑讯逼供等获取的犯罪嫌疑人、被告人的供述，还规定了暴力、威胁方法获取的证人证言、被害人陈述，那么由此涉及的重复性言词证据的排除问题理应涉及上述所有的非法言词类证据。实践中也存在部分公安司法机关将案件拆分处理，将同案犯作为另案证人收集证言的情况，如在部分地区就曾出现过将行贿人作为受贿人的证人取证的情形。在这类情形下，就可能出现对于证人暴力取证后，再获取的重复性证人证言等言词证据是否排除或采纳的问题。有鉴于此，对于重复性言词证据的排除规则，在某些情况下还是有必要延伸到重复性证人证言、被害人陈述中。

▶第六讲

刑事证据若干问题探讨[*]

林劲松[**]

目 次

---

[*] 本文系作者根据在国家检察官学院浙江分院举办的广西检察机关案管岗位业务骨干实务培训班上的讲义整理。

[**] 浙江大学光华法学院副教授。

　　在探讨具体的刑事证据问题之前，让我们先简单回顾一下刑事证据问题的理论范畴。刑事证据问题的研究大致涉及三个方面：一是刑事证据的基本概念和基本原理。证据的概念如何解释，证据具有哪些特征，证据的客观性、关联性、合法性以及真实性应如何理解；证据包括哪些种类，划分证据种类的依据或标准是什么，划分证据种类的法律意义何在，每一证据种类应当如何界定；如何认识刑事诉讼的证明对象，刑事诉讼证明责任的分配原则和分配方法是什么，刑事诉讼的证据标准如何把握。这些概念和原理是研究刑事证据问题的基础。二是法律及司法解释关于刑事证据的规定。刑事证据有关的法律规定散见于刑事诉讼法、最高人民法院《关于适用〈中华人民共和国刑事诉讼法〉的解释》、《人民检察院刑事诉讼规则》、《公安机关办理刑事案件程序规定》等法律和规范性文件之中，但法律规定毕竟是原则性的，往往需要进一步的学理解释和实践探索。三是收集、审查、判断证据的一般方法和规则。刑事诉讼实践中，存在各种运用证据的方法和规律，有必要从理论层面加以总结和分析。限于时间关系，这次授课主要选择有关刑事证据的几个重点、难点问题来探讨。选择这些问题的主要原因，是这些问题在司法实践中比较常见、比较突出，并且无论是理论上还是实务上都存在一定的争议。

一、侦查讯问录音录像的运用

(一) 侦查讯问录音录像的证据属性

2012 年刑事诉讼法修改之前，刑事司法实践中，有些地方的办案机关开始对侦查讯问过程进行录音录像。录音录像的做法在检察机关的自侦案件中更为普遍。2012 年刑事诉讼法首次对讯问录音录像制度作出了规定，其第 121 条规定："侦查人员在讯问犯罪嫌疑人的时候，可以对讯问过程进行录音或者录像；对于可能判处无期徒刑、死刑的案件或者其他重大犯罪案件，应当对讯问过程进行录音或者录像。录音或者录像应当全程进行，保持完整性。"自此，侦查讯问录音录像在刑事诉讼中的使用便成为一种常态。但是，在理论和实务上，关于讯问录音录像的证据属性却一直存在争议。讯问录音录像究竟是不是诉讼证据？它应当在哪些方面发挥证明作用？它应当属于何种证据种类？对于这些疑问，人们在认识上有一个变化的过程，可以分为三个阶段：

第一阶段，也就是在这一制度产生之初，讯问录音录像没有被视为证据。侦查实践中尝试采用对讯问过程进行录音录像的方法，最初源于两点考虑：其一，预防刑讯逼供。一系列刑事冤错案件显示，在某些时期、某些地区，侦查过程中的刑讯逼供现象比较普遍，刑讯逼供获取的虚假口供是导致冤错案件的重要因素，而侦查讯问的高度封闭性、高度秘密性又是滋生刑讯逼供的主要原因。为改变这一现象，学界甚至提出了建立侦查讯问时的律师在场制度。但这种建议被认为并不符合中国国情。作为一种替代措施，讯问时的录音录像制度得以确立。其二，强化侦查机关的内部监督。通过查看讯问录音录像，既可以实现侦查机关内部上级对下级的监督，又可以在发生刑事错案的情况下，较为方便地查实相关办案人员的违法讯问行为。基于上述考虑，这一阶段的讯问录音录像资料没有被作为诉讼证据看待，而是被视为侦查机关的内部资料，仅供内部使用，对外予以保密。

第二阶段，讯问录音录像被作为程序性证据使用，用于证明侦查讯问的合法性。2010 年，《关于办理刑事案件排除非法证据若干问题的规定》（以下简称《排非规定》）出台，该司法解释第 7 条要求"法庭对被告人审判前供述取得的合法性有疑问的，公诉人应当向法庭提供讯问笔录、原始的讯问过程录音录像或者其他证据"等来证明讯问的合法性，如果公诉人不能完成相应的证明责任，被告人的审前供述将会被作为非法证据予以排除。此后，一系列司法解释和规范性文件都强调要用讯问的录音录像来证明讯问的合法性。按照《排非规定》的规定，公诉人证明讯问合法性的方法主要有：出示讯问笔录或其他证据，调取讯问录音录像，调取被告人进出看守所的健康检查记录、笔录，提请法庭通知侦查人员或其他人员出庭说明情况，由侦查机关出具情况说明，等等。相对于其他证明方法，使用讯问录音录像具有明显的优势。最高人民法院印发的《关于全面推进以审判为中心的刑事诉讼制度改革的实施意见》第 24 条、《人民法院办理刑事案件排除非法证据规程（试行）》第 22 条都明确要求，法庭对证据收集的合法性进行调查的，应当重视对讯问录音录像的审查。这种情况下，录音录像显然是一种程序性证据。

第三阶段，讯问录音录像在被作为程序性证据使用的基础上，还作为实体性证据，用于证明讯问笔录内容的真实性、完整性。讯问笔录的内容有其天然的缺陷，全程录音录像有助于弥补这一缺陷。近年来，最高人民法院多次强调应当结合讯问录音录像对讯问笔录进行全面审查，讯问笔录记载的内容与讯问录音录像存在实质性差异的，以讯问录音录像为准。[1] 这就实际上赋予了讯问录音录像相对于讯问笔录的更高的证明效力。

随着讯问录音录像证据属性的明确和证明作用的日益发挥，今

---

[1]　参见最高人民法院印发的《关于全面推进以审判为中心的刑事诉讼制度改革的实施意见》第 24 条、《人民法院办理刑事案件排除非法证据规程（试行）》第 22 条、《人民法院办理刑事案件第一审普通程序法庭调查规程（试行）》第 50 条。

后使用录音录像的情形将更为普遍。但是，当前法律规定的讯问时应当录音录像的案件范围过窄，只限于公安机关侦查的可能判处无期徒刑、死刑的案件或者其他重大犯罪案件，以及检察机关的自侦案件和监察机关调查的职务犯罪案件，因此，"两高三部"《关于推进以审判为中心的刑事诉讼制度改革的意见》第 5 条指出，应"严格依照法律规定对讯问过程全程同步录音录像，逐步实行对所有案件的讯问过程全程同步录音录像"。

讯问录音录像作为证据使用时，应当归属于哪一证据种类，实践中理解不一。有的认为属于视听资料、电子数据，有的认为属于犯罪嫌疑人供述和辩解（口供），有的认为应区分情形看待，有时属于视听资料、电子数据，有时属于口供。对此，还需要进一步探讨。

（二）侦查讯问录音录像的移送

既然侦查讯问录音录像可以作为证据使用，接下来就必须解决录音录像资料的随案移送问题，否则，录音录像就无法为检察人员、审判人员、辩护律师等知晓并加以审查。关于讯问录音录像的移送，应当关注以下几点：

第一，移送方式。

理论上，移送方式可以分为主动移送与被动移送、整体移送与部分移送两大类。主动移送是指侦查机关在案件侦查终结移送检察院审查起诉时，将讯问录音录像作为案卷材料的组成部分，一并移送检察院；检察院向法院提起公诉时，也将其一并移送法院。被动移送是指侦查机关向检察院移送案件、检察院向法院移送案件时，并不移送讯问录音录像资料，只有在一定的情形下，前一机关应后一机关的要求，才向其移送。整体移送是指当侦查机关需要向检察院、检察院需要向法院移送讯问录音录像资料时，前一机关应当将有关讯问的所有录音录像资料移送后一机关；部分移送是指前一机关只是针对性地将部分讯问录音录像资料移送后一机关。

从司法实践来看，办案机关在移送讯问录音录像时，基本上采用被动移送、部分移送的方式。《排非规定》明确，检察院在审查批捕、审查起诉时，可以向公安机关调取讯问录音录像；法院在审判时，可以向检察院调取或者要求检察院向公安机关调取讯问录音录像。既然是一种事后调取，并且主要是针对控辩双方有争议的内容的调取，那当然就是被动移送和部分移送。这种移送方式符合必要性原则，也体现了诉讼成本的要求。

监察机关办理职务犯罪案件的讯问录音录像资料，应否移送检察院，尚有一定的争议。《监察法》第41条规定："调查人员进行讯问以及搜查、查封、扣押等重要取证工作，应当对全过程进行录音录像，留存备查。"一般认为，监察调查活动不属于刑事侦查活动，监察调查程序不属于刑事诉讼程序，因此监察机关讯问录音录像资料的使用不能简单套用刑事诉讼领域的法律规定，但原则上应当是一致的。

第二，不移送的法律后果。

如果法院、检察院向检察院、公安机关调取相关讯问录音录像资料，后一主体拒绝提供，或者以各种借口（如没有录像、设备损坏等）不愿意提供，会产生何种法律后果？最高人民法院的态度是，对于法律规定应当对讯问过程录音录像的案件，公诉人没有提供讯问录音录像，现有证据不能排除以非法方法收集证据情形的，对有关供述应当予以排除。① 简言之，拒绝提供录音录像的行为会导致法院加重对控方非法取证的怀疑，增加控方提供的审前供述被排除的风险。

第三，辩护律师查阅讯问录音录像的权利。

辩护律师自案件移送审查起诉之日起，有权查阅、摘抄、复制本案的案卷材料。律师能否查阅侦查讯问录音录像，关键在于办案机关对录音录像的定位。最高人民法院针对广东省高级人民法院的请示作出的《关于辩护律师能否复制侦查机关讯问录像问题的批复》认为：侦查机关对被告人的讯问录音录像已经作为证据材料向人民法院移送并已在庭审中播放，不属于依法不能公开的材料，在辩护

① 参见《关于全面推进以审判为中心的刑事诉讼制度改革的实施意见》第24条、《人民法院办理刑事案件排除非法证据规程（试行）》第26条。

律师提出要求复制有关录音录像的情况下，应当准许。最高人民检察院就上海市检察院的请示作出的《关于辩护人要求查阅、复制讯问录音、录像如何处理的答复》认为：讯问犯罪嫌疑人录音、录像不是诉讼文书和证据材料，属于案卷材料之外的其他与案件有关的材料，辩护人未经许可，无权查阅、复制；在人民检察院审查起诉阶段，出于解决排除非法证据争议的需要，可以允许辩护人在检察院查看（听）相关的录音、录像，对涉及国家秘密、商业秘密、个人隐私或者其他犯罪线索的内容，检察院可以对讯问录音、录像的相关内容作技术处理或者要求辩护人保密；无论是审查起诉阶段还是审判阶段，辩护人无权自行查阅、复制讯问犯罪嫌疑人录音、录像。法、检两家的认识存在一定的差异。强化律师保密义务、明确非法讯问的具体范围也许是统一法、检两家认识的关键。

（三）侦查讯问录音录像的播放

无论是用于调查非法证据的排除，还是用于核查讯问笔录的内容，讯问录音录像都必须以播放的方式呈现。《排非规定》已经明确，在庭前会议上或者在法庭审理期间，都可以有针对性地播放相关时段的讯问录音录像。不过，播放录音录像的具体方法，应当根据案件的实际情况灵活选择。《人民检察院刑事诉讼规则》第77条规定：在法庭审理过程中，"需要播放的讯问录音、录像中涉及国家秘密、商业秘密、个人隐私或者含有其他不宜公开的内容的，公诉人应当建议在法庭组成人员、公诉人、侦查人员、被告人及其辩护人范围内播放。因涉及国家秘密、商业秘密、个人隐私或者其他犯罪线索等内容，人民检察院对讯问录音、录像的相关内容作技术处理的，公诉人应当向法庭作出说明"。《人民检察院讯问职务犯罪嫌疑人实行全程同步录音录像的规定》第15条规定："公诉人认为讯问录音、录像资料不宜在法庭上播放的，应当建议在审判人员、公诉人、被告人及其辩护人的范围内进行播放、质证，必要时可以建议法庭通知讯问人员、录制人员参加"；第17条规定："庭前会议或者法庭审理过程中，人民法院、被告人及其辩护人认为被告人检举揭发与本案无关的犯罪事实或者线索影响量刑，需要举证、质证的，应当由承办案件的人民检察院出具证明材料，经承办人签名后，交公诉人向审判人员、被告人及其辩护人予以说明。"

因此，播放讯问录音录像可以采用当庭播放、庭外播放、完整播放、特殊情形下出具证明材料辅助说明、只播放录音、只播放录像而不播放声音等多种方式进行，具体选择时应考虑侦查秘密、讯问策略、社会影响、证明对象等各种因素。如何提升录音录像的审查效率也必须引起重视。

（四）侦查讯问录音录像与侦查讯问笔录的关系

对于法律规定应当录音录像的案件或情形，侦查机关在讯问过程中没有进行录音录像的，是否会影响到讯问笔录的法律效力？最高人民法院《关于建立健全防范刑事冤假错案工作机制的意见》第8条规定："除情况紧急必须现场讯问以外，在规定的办案场所外讯问取得的供述，未依法对讯问进行全程录音录像取得的供述，应当排除。"依照这一规定，讯问录音录像影响到讯问笔录的证据能力，违反法律规定没有录音录像的，讯问笔录一并失去法律效力，不能作为定案的依据。不过，一般认为，这一规定对控方证据的要求过于严苛，在司法实践中很难落实。一般情况下，违反法律规定没有录音录像的，只会增加法院对控方违法取证的怀疑，亦即影响口供笔录的证明力而不是证据能力。

二、鉴定意见的运用

（一）有专门知识的人参加诉讼

在刑事诉讼中，为了解决某些专门性的问题，办案机关需要聘请或指派具有专门知识的人参加诉讼。有专门知识的人参加刑事诉讼有四种情形。

第一种情形是作为鉴定人参加刑事诉讼并提供鉴定意见，这是最为常见的一种情形。第二种情形是参加侦查过程中的勘验、检查活动。《刑事诉讼法》第128条规定："侦查人员对于与犯罪有关的场所、物品、人身、尸体应当进行勘验或者检查。在必要的时候，可以指派或者聘请具有专门知识的人，在侦查人员的主持下进行勘验、检查。"《人民检察院刑事诉讼规则》第196条、《公安机关办理刑事案件程序规定》第208条也作出了类似的规定。第三种情形是参加检察机关的审查起诉活动。按照《人民检察院刑事诉讼规则》的规定，人民检察院在审查起诉过程中，认为需要对案件中某些专门性问题进行鉴定而监察机关或者公安机关没有鉴定的，必要时可以自行进行鉴定。"人民检察院自行进行鉴定的，可以商请监察机关或者公安机关派员参加，必要时可以聘请有鉴定资格或者有专门知识的人参加"；对鉴定意见有疑问的，"可以询问鉴定人或者有专门知识的人并制作笔录附卷"，"对鉴定意见等技术性证据材料需要进行专门审查的，按照有关规定交检察技术人员或者其他有专门知识的人进行审查并出具审查意见"；对监察机关或者公安机关的勘验、检查，认为需要复验、复查的，"也可以自行复验、复查，商请监察机关或者公安机关派员参加，必要时也可以指派检察技术人员或者聘请其他有专门知识的人参加"。[①] 第四种情形是参加法院的审判活动，协助控辩双方对鉴定人的鉴定意见进行质证。《刑事诉讼法》第197条规定："公诉人、当事人和辩护人、诉讼代理人可以申请法庭通知有专门知识的人出庭，就鉴定人作出的鉴定意见提出意见。法庭对于上述申请，应当作出是否同意的决定"，"有专门知识的人出庭，适用鉴定人的有关规定"。

除第一种情形外，其他三种情形下，具有专门知识的人参加刑事诉讼时的法律身份并不是十分明确，理论界一般将其称为"专家辅助人"，意指以具有某种专门知识的专家的身份参与诉讼，协助办案机关或当事人进行调查取证活动或证据审查活动。专家辅助人参加勘验、检查或者审查起诉、出庭质证等活动时，应当享有哪些权利、承担哪些义务，他们与办案机关或当事人是一种怎样的关系，在立法和理论上都不够清晰。相对来说，专家辅助人参与庭审质证

---

① 参见《人民检察院刑事诉讼规则》第332—335条。

时的法律地位、质证效力等，引起了人们更多的关注。

（二）专家辅助人质证

在我国法院审判程序中，专家辅助人出庭制度最初产生于民事诉讼。2001 年最高人民法院《关于民事诉讼证据的若干规定》第 61 条规定："当事人可以向人民法院申请由一至二名具有专门知识的人员出庭就案件的专门性问题进行说明。人民法院准许其申请的，有关费用由提出申请的当事人负担。审判人员和当事人可以对出庭的具有专门知识的人员进行询问。经人民法院准许，可以由当事人各自申请的具有专门知识的人员就有案件中的问题进行对质。具有专门知识的人员可以对鉴定人进行询问。"这一规定首次确立了不同于传统鉴定人出庭制度的专家辅助人出庭制度。

受民事诉讼中专家辅助人出庭制度的影响，2012 年《刑事诉讼法》第 192 条确立了刑事诉讼中的专家辅助人出庭质证制度。随后，司法解释对这一制度进行了进一步的细化。最高人民法院《关于适用〈中华人民共和国刑事诉讼法〉的解释》第 217 条规定："公诉人、当事人及其辩护人、诉讼代理人申请法庭通知有专门知识的人出庭，就鉴定意见提出意见的，应当说明理由。法庭认为有必要的，应当通知有专门知识的人出庭。申请有专门知识的人出庭，不得超过二人。有多种类鉴定意见的，可以相应增加人数。有专门知识的人出庭，适用鉴定人出庭的有关规定。"《人民法院办理刑事案件第一审普通程序法庭调查规程（试行）》第 26 条规定："控辩双方可以申请法庭通知有专门知识的人出庭，协助本方就鉴定意见进行质证。有专门知识的人可以与鉴定人同时出庭，在鉴定人作证后向鉴定人发问，并对案件中的专门性问题提出意见。申请有专门知识的人出庭，应当提供人员名单，并不得超过二人。有多种类鉴定意见的，可以相应增加人数。"第 27 条规定："对被害人、鉴定人、侦查人员、有专门知识的人的发问，参照适用证人的有关规定。同一鉴定意见由多名鉴定人作出，有关鉴定人以及对该鉴定意见进行质证的有专门知识的人，可以同时出庭，不受分别发问规则的限制。"这些司法解释对专家辅助人出庭的目的、人数、发问对象、发问内容、发问顺序等程序细节作出了相对明确的规定。

在具体运用专家辅助人出庭质证制度时，还需要注意：第一，专家辅助人与鉴定人的区别。法律规定"有专门知识的人出庭，适用鉴定人的有关规定"，这一规定是相对模糊的，只是原则性的参照适用条款。双方的资质要求有无区别？费用承担如何解决？回避制度如何适用？出庭方式有无差异？诸如此类问题都需要进一步考虑。第二，专家辅助人的法律地位。他们是不是诉讼参与人？如果是，属于何种诉讼参与人，权利与义务应如何设置？专家辅助人在法庭上的发言是不是证据？如果是，属于何种证据？如果不是，会产生何种法律效力？刑事诉讼中的专家辅助人出庭与民事诉讼存在哪些不同？① 第三，专家辅助人质证的范围限制。专家辅助人只能对鉴定意见进行质证，不能参与对其他证据的质证。证伪而不是证实是专家辅助人质证的一大特点。在一些社会影响较大的刑事案件中，专家辅助人出庭质证没有体现这一特点。

（三）检验人与检验报告

与英美法系国家不同，我国实行法定化的司法鉴定制度，鉴定机构、鉴定人由国家司法行政机关统一管理、评估、认定。这种鉴定管理模式对规范鉴定领域、提升鉴定人的专业能力无疑具有积极的保障作用。但是，也存在一定的不足，其中之一便是某些领域没有相应的鉴定机构和鉴定人。社会与科技的发展日新月异，国家设置鉴定机构、认定鉴定人的步伐难免滞后，但司法实践却无法回避现实中面临的新问题。文物鉴定、食品药品安全风险评估、环境污

---

① 最高人民法院《关于适用〈中华人民共和国民事诉讼法〉的解释》第122条规定："当事人可以依照民事诉讼法第七十九条的规定，在举证期限届满前申请一至二名具有专门知识的人出庭，代表当事人对鉴定意见进行质证，或者对案件事实所涉及的专业问题提出意见。具有专门知识的人在法庭上就专业问题提出的意见，视为当事人的陈述。人民法院准许当事人申请的，相关费用由提出申请的当事人负担。"

染评估、商业秘密评估、计算机信息鉴定等领域，鉴定机构、鉴定人空缺的现象尤其突出。

为解决这一矛盾，弥补这一不足，司法解释确立了检验人和检验报告制度。最高人民法院《关于适用〈中华人民共和国刑事诉讼法〉的解释》第87条规定："对案件中的专门性问题需要鉴定，但没有法定司法鉴定机构，或者法律、司法解释规定可以进行检验的，可以指派、聘请有专门知识的人进行检验，检验报告可以作为定罪量刑的参考"；对检验报告的审查与认定，参照适用有关鉴定意见的审查与认定的规定；"经人民法院通知，检验人拒不出庭作证的，检验报告不得作为定罪量刑的参考"。[1]

在一些新型犯罪案件的办理过程中，办案人员应充分运用好检验人与检验报告制度。例如，网络犯罪案件就经常会运用到检验报告。最高人民法院、最高人民检察院、公安部《关于办理网络犯罪案件适用刑事诉讼程序若干问题的意见》第18条规定："对电子数据涉及的专门性问题难以确定的，由司法鉴定机构出具鉴定意见，或者由公安部指定的机构出具检验报告。"不过，检验人的资质如何判断、检验报告的证据效力如何理解等，尚有争议。

三、电子数据的运用

（一）电子数据运用的法律依据

2012年刑事诉讼法首次在法典层面将电子数据作为法定的证据种类之一加以规定，其第48条规定："可以用于证明案件事实的材料，都是证据。证据包括……（八）视听资料、电子数据。"作为一种新型证据，电子数据相对于物证、书证等传统证据来说，具有以下特点：第一，存储介质的高度依赖性。电子数据必须通过一定的电子设备、软件程序等加以展示，才能为人们所感知。第二，虚

---

[1]　"检验报告"一词，还在其他一些有关刑事诉讼的司法解释或规范性文件中出现过。参见《公安机关办理刑事案件程序规定》第60条。

拟性。电子数据以数码形式存在于存储介质中，人们无法通过感官直接感知。第三，庞杂性。电子数据可以是海量数据。这一特点一方面有助于办案机关从大量繁杂无序的数据中发现犯罪行为的蛛丝马迹，另一方面也会导致办案效率的降低、办案成本的增加。第四，易变性。电子数据是脆弱的，稍有不慎就可能导致电子数据内容的改变甚至消失。第五，可恢复性。已经修改或丢失的电子数据内容，理论上通过一定的技术手段一般都是可以重新恢复的。第六，体系性。电子数据的生成、存储、修改、复制、传输等都会形成完整的内部体系和外部体系，这一特点使得电子数据的证据作用有时较之传统证据更加突出。

正是由于电子数据与传统证据之间存在的巨大差异，司法实践中人们对电子数据的运用不免迷茫和困惑。有鉴于此，司法机关对电子数据的运用给予了特别关照，有关电子数据运用的司法解释和规范性文件相对于其他传统证据来说不仅更多，而且更为系统。目前来看，和刑事诉讼中电子数据运用相关的规定主要见于：最高人民法院《关于适用〈中华人民共和国刑事诉讼法〉的解释》，最高人民法院、最高人民检察院、公安部《关于办理网络犯罪案件适用刑事诉讼程序若干问题的意见》《关于办理刑事案件收集提取和审查判断电子数据若干问题的规定》，公安部《公安机关办理刑事案件电子数据取证规则》，等等。

（二）相关概念的区分与比较

随着计算机技术特别是互联网技术的发展，在法律对电子数据作出规定之前，理论界早已对在刑事诉讼中如何使用这种新型证据展开了讨论和研究。司法实务部门也在进行谨慎的探索。但当时普遍使用的概念是"电子证据"而不是"电子数据"，此外也有"计算机证据""计算机数据""科学证据"等提法。2012年刑事诉讼法的规定采用了"电子数据"的概念，而且是将"视听资料、电子数据"统一规定为一种证据形式。此后，民事诉讼法、行政诉讼法又将视听资料与电子数据分别规定为两种不同的证据形式。① 这样一来，几个容易混淆的概念必须适当加以区分与比较。

首先，是"电子证据"与"电子数据"。学界在研究相关问题时，经常将这两个概念混用。也就是说，在开展学术研究时，"电子证据"与"电子数据"不需要作严格的区分。但是，在刑事诉讼实践中，区分这两个概念还是必要的。一般认为，"电子证据"的范畴大于"电子数据"，电子证据包括电子存储介质和电子数据。严格来说，在证据种类的划分上，存储介质属于物证，不属于电子数据，二者在收集、保管、出示、审查、判断等证据运用的方法上存在差异。不过，由于电子数据对存储介质具有高度依赖性，电子数据的运用往往离不开电子设备，所以在司法实务中办案人员常常将两者一并考虑。

其次，是"电子数据"与"视听资料"。"电子数据"得到立法确认后，有关"电子数据"与"视听资料"的关系问题，观点纷呈。实务部门有一种代表性的观点认为：通过电子设备展示出来的能够为人所感知的信息为视听资料，存储于电子设备之中的原始、虚拟的信息为电子数据。这种观点显然缺乏说服力。照此观点，电子数据根本就不能作为证据使用。2016 年，《关于办理刑事案件收集提取和审查判断电子数据若干问题的规定》出台，这一司法解释对"电子数据"的概念作出了界定。其第 1 条规定："电子数据是案件发生过程中形成的，以数字化形式存储、处理、传输的，能够证明案件事实的数据。电子数据包括但不限于下列信息、电子文件：（一）网页、博客、微博客、朋友圈、贴吧、网盘等网络平台发布的信息；（二）手机短信、电子邮件、即时通信、通讯群组等网络应用服务的通信信息；（三）用户注册信息、身份认证信息、电子交易记录、通信记录、登录日志等信息；（四）文档、图片、音视频、数字证书、计算机程序等电子文件。以数字化形式记载的证人证言、被害人陈述以及犯罪嫌疑人、被告人供述和辩解等证据，不属于电子

---

① 参见《民事诉讼法》第 63 条、《行政诉讼法》第 33 条。

数据。确有必要的，对相关证据的收集、提取、移送、审查，可以参照适用本规定。""数字化形式"成为理解、把握"电子数据"概念的关键因素，这种解释也在司法实践中得到了普遍的认可。[①] 至此，"电子数据"与"视听资料"的区分依据便聚焦于形成信息的技术方法的差异，前者为数字技术，后者为模拟技术。

（三）电子数据的分类与运用

依照不同的标准，可以将电子数据划分为不同的种类。就办理案件而言，以下几种划分方法具有较大的实践意义：

第一，生成数据、存储数据与混成数据。依据电子数据形成方式的不同，可以将电子数据划分为前述三种。生成数据是指由电子设备自动生成的数据，没有人为干预的因素；存储数据是指人为存储在某种电子设备中的数据；混成数据是指在同一份电子数据中，既有设备自动生成的内容，又有人为参与生成的内容。不同类型的电子数据的可靠性不同，审查方法上也有差异。

第二，封闭操作系统中的电子数据（静态数据）与网络电子证据（动态数据）。这种划分的依据是电子数据技术类型的差异。前者指存在于具有封闭操作系统、能够独立运行的电子设备中的数据，具有较好的稳定性；后者指存在于互联网等网络上的数据，变化快，稳定性差。两种电子数据的取证方法不同。

第三，公开数据、半公开数据与私密数据。这是依照电子数据访问难度和开放程度的不同作出的划分。公开数据是向社会大众公开的数据，他人可以通过网络检索等公开途径轻易获取；半公开数据是只针对特定范围的对象开放的数据，只有取得数据使用权限的人才能合法获取；私密数据是数据持有人专属的数据，非经法定程

[①] 例如，《人民检察院公诉人出庭举证质证工作指引》第 39 条规定："出示以数字化形式存储、处理、传输的电子数据证据，应当对该证据的原始存储介质、收集提取过程等予以简要说明，围绕电子数据的真实性、完整性、合法性，以及被告人的网络身份与现实身份的同一性出示证据。"其中就使用了"数字化形式"这一表述。

序或数据持有人同意，其他任何主体不得获取。这种划分有助于判断电子数据来源的合法性。

（四）电子数据运用的特殊要求

电子数据是法定证据种类之一，有关证据真实性、合法性、关联性方面的一般性要求自然与其他证据种类一样。需要重点关注的是运用电子数据时的一些特殊要求：

第一，双重规范性原则。《关于办理刑事案件收集提取和审查判断电子数据若干问题的规定》第 2 条规定："侦查机关应当遵守法定程序，遵循有关技术标准，全面、客观、及时地收集、提取电子数据；人民检察院、人民法院应当围绕真实性、合法性、关联性审查判断电子数据。"这一规定确立了电子数据运用的双重规范性原则。①所有证据的运用都应当遵守法定程序，即程序规范，这是刑事诉讼中程序法定原则的基本要求。但是，电子数据的运用还必须遵守技术标准，符合技术规范。技术性是运用电子数据时的一个突出特点。侦查机关应当依照技术规范获取电子数据，检察机关、审判机关应当依照技术规范审查判断电子数据。辩护方运用电子数据亦应如此。

第二，电子数据存储介质的扣押与封存。《关于办理刑事案件收集提取和审查判断电子数据若干问题的规定》第 8 条规定："收集、提取电子数据，能够扣押电子数据原始存储介质的，应当扣押、封存原始存储介质，并制作笔录，记录原始存储介质的封存状态。封存电子数据原始存储介质，应当保证在不解除封存状态的情况下，无法增加、删除、修改电子数据。封存前后应当拍摄被封存原始存储介质的照片，清晰反映封口或者张贴封条处的状况。封存手机等具有无线通信功能的存储介质，应当采取信号屏蔽、信号阻断或者切断电源等措施。"②扣押、封存电子数据存储介质的要求比扣押、封存一般物证的要求更高，主要是因为电子数据的脆弱性和虚拟性。确保电子数

---

① 《公安机关办理刑事案件电子数据取证规则》第 2 条作出了相似规定。
② 《公安机关办理刑事案件电子数据取证规则》第 11 条作出了相似规定。

据不受改变是封存电子数据的总体要求。在具体落实时要注意封存的细节问题。严密的封存措施能够起到很好的内部防范效果。

第三，电子数据的冻结。《关于办理刑事案件收集提取和审查判断电子数据若干问题的规定》第11条规定："具有下列情形之一的，经县级以上公安机关负责人或者检察长批准，可以对电子数据进行冻结：（一）数据量大，无法或者不便提取的；（二）提取时间长，可能造成电子数据被篡改或者灭失的；（三）通过网络应用可以更为直观地展示电子数据的；（四）其他需要冻结的情形。"第12条规定："冻结电子数据，应当采取以下一种或者几种方法：（一）计算电子数据的完整性校验值；（二）锁定网络应用账号；（三）其他防止增加、删除、修改电子数据的措施。"① 传统上，作为刑事侦查措施之一的冻结是针对犯罪嫌疑人的存款、汇款、债券、股票、基金份额等财产。冻结电子数据的规定，扩大了冻结对象的范围。某些情形下，电子数据可能内容庞杂，提取方式无法适用，或者采用提取方式将严重影响到办案效率或效果，就有必要利用网络技术对电子数据加以冻结。

第四，电子数据的收集、提取与检查。《关于办理刑事案件收集提取和审查判断电子数据若干问题的规定》第14条规定："收集、提取电子数据，应当制作笔录，记录案由、对象、内容、收集、提取电子数据的时间、地点、方法、过程，并附电子数据清单，注明类别、文件格式、完整性校验值等，由侦查人员、电子数据持有人（提供人）签名或者盖章；电子数据持有人（提供人）无法签名或者拒绝签名的，应当在笔录中注明，由见证人签名或者盖章。有条件的，应当对相关活动进行录像。"电子数据的收集笔录、提取笔录记载的内容，比物证、书证的收集、提取笔录要复杂，主要原因在于：其一，电子数据的技术性强，笔录中必须记载与电子技术相关的内容，如软件、程序、文件格式等；其二，电子数据的收集、提

---

① 《公安机关办理刑事案件电子数据取证规则》第36条至第40条作出了相似规定。

取过程，与电子存储介质密不可分，笔录中还必须记载存储介质的相关因素，使其特定化。归纳起来，除了记载程序要素外，收集、提取电子数据的笔录还应当包括三方面的内容：一是内容数据信息，二是附属数据信息，三是系统环境信息。缺少其中任何一项，都可能导致电子数据的真实性、关联性产生重大争议。这是电子取证笔录的完整性要求的体现。

《关于办理刑事案件收集提取和审查判断电子数据若干问题的规定》第16条规定："对扣押的原始存储介质或者提取的电子数据，可以通过恢复、破解、统计、关联、比对等方式进行检查。必要时，可以进行侦查实验。电子数据检查，应当对电子数据存储介质拆封过程进行录像，并将电子数据存储介质通过写保护设备接入到检查设备进行检查；有条件的，应当制作电子数据备份，对备份进行检查；无法使用写保护设备且无法制作备份的，应当注明原因，并对相关活动进行录像。"基于电子数据的虚拟性，一般来说，电子数据必须经过检查才能发挥证明作用。但是，电子数据又是脆弱的，检查过程中存在数据改变甚至破坏、丢失的风险，要么导致数据的无效，要么给此后的数据运用埋下争议的隐患。为避免这一风险，只要具备条件或可能性，检查时应尽量做到：通过写保护设备接入后再检查，做好数据备份，做好完整性校验。

第五，电子数据的法庭展示。《关于办理刑事案件收集提取和审查判断电子数据若干问题的规定》第21条规定："控辩双方向法庭提交的电子数据需要展示的，可以根据电子数据的具体类型，借助多媒体设备出示、播放或者演示。必要时，可以聘请具有专门知识的人进行操作，并就相关技术问题作出说明。"如果需要在法庭上审查证据，物证、书证应尽量出示原物、原件。电子数据是虚拟的，本义上的原件出示不可能实现。展示电子数据的方式多种多样，包括"还原式"展示、光盘展示、书面解读、专家演示等。在选择具体的展示方式时，应考虑展示的目的和各方主体对电子数据的争议所在。司法实践中，书面解读方式被过度使用。另外，展示电子数据时还必须注意到对国家秘密、个人隐私的保护，采取适当的保护措施。

第六，电子数据的身份同一性认定。《关于办理刑事案件收集提取和审查判断电子数据若干问题的规定》第 25 条规定："认定犯罪嫌疑人、被告人的网络身份与现实身份的同一性，可以通过核查相关 IP 地址、网络活动记录、上网终端归属、相关证人证言以及犯罪嫌疑人、被告人供述和辩解等进行综合判断。认定犯罪嫌疑人、被告人与存储介质的关联性，可以通过核查相关证人证言以及犯罪嫌疑人、被告人供述和辩解等进行综合判断。"网络电子数据的运用经常面临数据主体的网络身份问题，确定网络身份与现实身份的同一性是判断数据关联性、真实性的前提，是一项必须完成，并且越早完成对办案机关越有利的工作。嫌疑人、被告人明确承认其网络身份无疑是最好的证明方式，但不能盲目相信。多种查证方法之间难易程度不同、侵权程度不同，应根据具体案情灵活选择。通过不同证据之间的相互印证来综合判断是基本方法。

四、技术侦查获取证据的运用

（一）证据材料的使用限制

技术侦查具有高度秘密性，技术侦查过程可能涉及对公民隐私的全方位侵犯，因此，法律不仅对技术侦查的案件范围、适用程序作出了较之其他侦查措施更为严格的规定，而且对通过技术侦查手段获取的证据材料的使用也作出了特别的规定。《刑事诉讼法》第 152 条规定："侦查人员对采取技术侦查措施过程中知悉的国家秘密、商业秘密和个人隐私，应当保密；对采取技术侦查措施获取的与案件无关的材料，必须及时销毁。采取技术侦查措施获取的材料，只能用于对犯罪的侦查、起诉和审判，不得用于其他用途。"《人民检察院刑事诉讼法规则》第 231 条、《公安机关办理刑事案件程序规定》作出了类似规定。

可见，采取技术侦查措施获取的材料，只能为刑事诉讼服务，只能在刑事诉讼过程中使用。这种规定符合刑事诉讼的比例原则。技术侦查的侵权程度高，只能基于打击犯罪的司法目的而采用。办案人员具有相应的保密义务，不得将因办理案件而知晓的这些材料用于民事诉讼、行政执法等办案活动或其他社会管理事务。

不过，监察体制改革后，技术侦查获取的材料的使用限制产生了一定的变化。《监察法》第 28 条规定："监察机关调查涉嫌重大贪污贿赂等职务犯罪，根据需要，经过严格的批准手续，可以采取技术调查措施，按照规定交有关机关执行。"这一规定赋予了监察机关采取技术调查措施的权力。① 监察机关与中国共产党的纪律检查机关采取"两块牌子、一套人马"的办案模式，同时办理职务犯罪、职务违法和党员违纪案件。《中国共产党纪律检查机关监督执纪工作规则》第 34 条规定：在初步核实阶段，"核查组经批准可以采取必要措施收集证据，与相关人员谈话了解情况，要求相关组织作出说明，调取个人有关事项报告，查阅复制文件、账目、档案等资料，查核资产情况和有关信息，进行鉴定勘验。对被核查人及相关人员主动上交的财物，核查组应当予以暂扣。需要采取技术调查或者限制出境等措施的，纪检监察机关应当严格履行审批手续，交有关机关执行"。② 第 40 条规定：在审查调查阶段，"审查调查组可以依照党章党规和监察法，经审批进行谈话、讯问、询问、留置、查询、冻结、搜查、调取、查封、扣押（暂扣、封存）、勘验检查、鉴定，提请有关机关采取技术调查、通缉、限制出境等措施"。这是否意味着，监察机关、纪委通过技术调查手段获取的材料，可以运用于职务违法案件和党员违纪案件，因而并不限于对犯罪的侦查、起诉和审判？

尽管有上述困惑，职务犯罪案件经监察机关调查终结移送检察院审查起诉后，检察院、法院等办案主体仍然应当严格按照刑事诉讼法

---

① "技术调查"与"技术侦查"本质上是一致的。因为监察机关不属于刑事诉讼中的侦查机关，故其使用的调查方法在表述上不能称为侦查方法。

② 刑事诉讼中，公安机关、检察机关在初查阶段不能采用技术侦查措施。《人民检察院刑事诉讼规则》第 169 条规定："进行调查核实，可以采取询问、查询、勘验、检查、鉴定、调取证据材料等不限制被调查对象人身、财产权利的措施。不得对被调查对象采取强制措施，不得查封、扣押、冻结被调查对象的财产，不得采取技术侦查措施。"

的规定，将监察机关通过技术调查手段获取的材料，限制在刑事诉讼范围内使用。

（二）证据材料的移送

《刑事诉讼法》第 154 条规定："采取侦查措施收集的材料在刑事诉讼中可以作为证据使用。"侦查机关通过技术侦查措施获取的材料，有些作为案件线索使用，有些作为案件证据使用。前者不需要随案移送，后者则需要随案移送检察院、法院。从实务来看，技术侦查获取的大多数材料要么和案件无关，要么被侦查机关视为案件线索，只有少数材料最终被作为证据移送检察院。这种多数材料为线索、少数材料为证据或者说线索为原则、证据为例外的做法也是世界各国刑事诉讼中的通行做法，一则因为技术侦查获取的材料大多涉及公民隐私，减少证据使用有利于对公民隐私权的保护；二则因为通过技术侦查掌握案件线索后，侦查机关常常能够依此进一步获取更直接的、证明力更强的证据。在将技术侦查收集的材料作为证据移送检察院、法院时，应当注意：

首先，必须移送技术侦查的批准材料。案件移送审查起诉时，技术侦查获取的哪些材料应当作为证据移送检察院，侦查机关有先行判断和决定的权力。因为，侦查终结的案件是否事实清楚，证据确实、充分，是否符合起诉的条件，侦查机关的判断是第一个环节。但是，无论如何，只要有技术侦查措施收集的材料作为证据移送的，批准采取技术侦查措施的文书等材料必须一并移送。《公安机关办理刑事案件程序规定》第 259 条规定"采取技术侦查措施收集的材料作为证据使用的，采取技术侦查措施决定书应当附卷。"《人民检察院刑事诉讼规则》第 229 条规定："采取技术侦查措施收集的材料作为证据使用的，批准采取技术侦查措施的法律文书应当附卷，辩护律师可以依法查阅、摘抄、复制。"最高人民法院《关于适用〈中华人民共和国刑事诉讼法〉的解释》第 180 条规定：对提起公诉的案件，人民法院应当在收到起诉书和案卷、证据后，指定审判人员审查人民检察院"是否移送证明指控犯罪事实的证据材料，包括采取技术侦查措施的批准决定和所收集的证据材料"。《人民检察院公诉人出庭举证质证工作指引》第60条规定："辩护方质疑采取技术侦查措施获取的证据材料合法性的，公诉人可以通过说明采取技术侦查措施的法律规定、出示批准采取技术侦查措施的法律文书等方式，有针对性地予以答辩。"只有批准文书随案移送，并允许辩护律师依法查阅批准文书，才能在起诉、审判阶段避免或合理解决技术侦查的合法性争议。

其次，检察机关有要求移送的权力。检察机关在审查起诉过程中，认为侦查机关通过技术侦查措施收集的材料应当作为证据移送而没有移送的，有权要求侦查机关移送。这一权力是检察机关审查起诉权的应有之义，也体现检察机关对侦查行为的法律监督。侦查机关不应以保密为由不予移送。《人民检察院办理死刑第二审案件和复核监督工作指引（试行）》第15条规定："侦查机关采取技术侦查措施收集的物证、书证、电子数据等证据材料没有移送，影响定罪量刑的，检察人员可以要求侦查机关将相关证据材料连同批准采取技侦措施的法律文书一并移送，必要时可以到侦查机关技术侦查部门核查原始证据。"检察机关如何发现这种情形，是难点所在。

（三）证据材料的法庭调查

任何用于证明案件事实的证据，都应当在法庭审判中加以出示并接受控辩双方的质证，这是证据运用的基本原则。技术侦查收集的证据材料的运用也不例外。最高人民法院《关于建立健全防范刑事冤假错案工作机制的意见》第12条强调："证据未经当庭出示、辨认、质证等法庭调查程序查证属实，不得作为定案的根据。采取技术侦查措施收集的证据，除可能危及有关人员的人身安全，或者可能产生其他严重后果，由人民法院依职权庭外调查核实的外，未经法庭调查程序查证属实，不得作为定案的根据。"但是，基于技术侦查的高度秘密性，技术侦查收集的证据材料的法庭调查比较特殊，应当有别于其他侦查措施获取的证据。

刑事诉讼法和一系列司法解释、规范性文件对此都作出了专门的规定。《刑事诉讼法》第154条规定："采取侦查措施收集的材料在刑事诉讼中可以作为证据使用。如果使用该证据可能危及有关人员的人身安全，或者可能产生其他严重后果的，应当采取不暴露有关人员身份、技术方法等保护措施，必要的时候，可以由审判人员在庭外对证据进行核实。"最高人民法院《关于适用〈中华人民共和国刑事诉讼法〉的解释》第107条规定："采取技术侦查措施收集的证据材料，经当庭出示、辨认、质证等法庭调查程序查证属实的，可以作为定案的根据。使用前款规定的证据可能危及有关人员的人身安全，或者可能产生其他严重后果的，法庭应当采取不暴露有关人员身份、技术方法等保护措施，必要时，审判人员可以在庭外核实。"最高人民法院《关于全面推进以审判为中心的刑事诉讼制度改革的实施意见》第13条规定："法庭决定在庭外对技术侦查证据进行核实的，可以召集公诉人、侦查人员和辩护律师到场。在场人员应当履行保密义务。"此外，《人民法院办理刑事案件第一审普通程序法庭调查规程（试行）》第35条、《人民检察院公诉人出庭举证质证工作指引》第74条、《人民检察院办理死刑第二审案件和复核监督工作指引（试行）》第60条也都有类似的规定。

概括起来，技术侦查收集的证据材料的法庭调查有以下几种方式：第一，常规调查。即与其他证据的法庭调查一样，在法庭上出示并接受质证。第二，保护性调查。证据内容在法庭上出示并接受质证，但参与技术侦查的有关人员的身份、技术侦查的具体技术方法等予以保密。第三，庭外核实。必要时，法庭可以决定在法庭外对技术侦查证据进行核实，并可以视具体情况召集公诉人、侦查人员和辩护律师到场。

从公正审判的角度来说，常规调查为最佳方式，更有利于审查证据的真实性、合法性，更有利于保障和实现辩护方的质证权。司法实践中，出于对技术侦查秘密性的保护，后两种方式更为普遍。采用后两种方式时，如何有效保障辩护方的权利，减少和消除控辩双方的争议，必须引起重视。构建特定律师代理制度，或许是达到这一目的的有效措施。

（四）证据材料的形式

技术侦查收集的证据可能以不同的证据形式呈现，如物证、书证、电子数据等。实务中，技术侦查的常用方式是手机监听，因此，手机通话录音这种电子数据便成为技术侦查证据的常见形式。

从司法实践来看，技术侦查收集的证据材料在进入起诉、审判阶段后，大多以情况说明的形式呈现。最高人民法院《关于适用〈中华人民共和国刑事诉讼法〉的解释》第 347 条规定："报请复核的报告，应当写明案由、简要案情、审理过程和判决结果。死刑案件综合报告应当包括以下内容……（三）案件侦破情况。通过技术侦查措施抓获被告人、侦破案件，以及与自首、立功认定有关的情况，应当写明。"《人民检察院刑事诉讼规则》第 230 条规定："采取技术侦查措施收集的物证、书证及其他证据材料，检察人员应当制作相应的说明材料，写明获取证据的时间、地点、数量、特征以及采取技术侦查措施的批准机关、种类等，并签名和盖章。"最高人民法院、最高人民检察院、海关总署《打击非设关地成品油走私专题研讨会会议纪要》第 4 项指出："依照法律规定采取技术侦查措施收集的物证、书证、视听资料、电子数据等证据材料对定罪量刑有重大影响的，应当随案移送，并移送批准采取技术侦查措施的法律文书和侦查办案部门对证据内容的说明材料。对视听资料中涉及的绰号、暗语、俗语、方言等，侦查机关应当结合犯罪嫌疑人的供述、证人证言等证据说明其内容。"从这些司法解释和规范性文件的规定可以看出，司法机关对情况说明的方式给予高度认可。情况说明无疑可以提升技术侦查证据运用的效率，但也容易引发辩护方对证据真实性、合法性的质疑。另外，情况说明的形式在理论上一直未能找到充分的根据。

五、"排除合理怀疑"证明标准的理解与运用

（一）"排除合理怀疑"证明标准的确立

在刑事诉讼证据运用过程中，证明标准因为过于抽象和模糊，

一直处于难以言明的状态。一般认为，"证据确实、充分"是我国刑事诉讼法对刑事案件证明标准的表述，但如何理解"证据确实、充分"，理论界和实务界都存在较大的争议。2012 年《刑事诉讼法》第 53 条规定："证据确实、充分，应当符合以下条件：（一）定罪量刑的事实都有证据证明；（二）据以定案的证据均经法定程序查证属实；（三）综合全案证据，对所认定事实已排除合理怀疑。"[①] 这是从立法层面，对"证据确实、充分"作出的解释。"排除合理怀疑"这一英美法系国家常用的有关刑事证明标准的术语，首次在我国立法条文中出现。此后，最高人民法院在阐释如何运用间接证据认定案件事实时，使用到了"排除合理怀疑"的概念。最高人民法院《关于适用〈中华人民共和国刑事诉讼法〉的解释》第 105 条规定："没有直接证据，但间接证据同时符合下列条件的，可以认定被告人有罪：（一）证据已经查证属实；（二）证据之间相互印证，不存在无法排除的矛盾和无法解释的疑问；（三）全案证据已经形成完整的证明体系；（四）根据证据认定案件事实足以排除合理怀疑，结论具有唯一性；（五）运用证据进行的推理符合逻辑和经验。"最高人民检察院则从证据不足的角度，解释了如何理解"不能排除合理怀疑"。《人民检察院刑事诉讼规则》第 368 条规定："具有下列情形之一，不能确定犯罪嫌疑人构成犯罪和需要追究刑事责任的，属于证据不足，不符合起诉条件：（一）犯罪构成要件事实缺乏必要的证据予以证明的；（二）据以定罪的证据存在疑问，无法查证属实的；（三）据以定罪的证据之间、证据与案件事实之间的矛盾不能合理排除的；（四）根据证据得出的结论具有其他可能性，不能排除合理怀疑的；（五）根据证据认定案件事实不符合逻辑和经验法则，得出的结论明显不符合常理的。"

（二）"排除合理怀疑"的理解

与"证据确实、充分"一样，"排除合理怀疑"也是一个抽象

---

① 对应 2018 年修改后《刑事诉讼法》第 55 条。

的概念，要对其进行完整、清晰的解释几乎是不可能的。即使是在作为这一术语的发源地的英美法系国家，也没有一种权威、统一的解释。不过，对"排除合理怀疑"的理解，应当形成以下共识：

第一，刑事证明标准的层次性。因诉讼阶段、证明主体、证明对象等的不同，刑事证明标准存在差异性，有时标准低，有时标准高。"排除合理怀疑"是一种最高的证明标准，是对被告人最终作出有罪认定时的证明要求。但即使是一种最高的证明标准，也并不意味着要求达到百分之百的完全正确。它只是要求排除"合理"怀疑，而不是要求排除"一切"怀疑。

第二，"怀疑"是指对嫌疑人、被告人无罪的怀疑。通常情况下，"怀疑"被理解为对嫌疑人、被告人实施了某种犯罪行为的初步判断，即"犯罪嫌疑"。但在"排除合理怀疑"的语境下，"怀疑"是指办案人员对嫌疑人、被告人没有实施相关犯罪行为的一种心理认知。排除了无罪的怀疑后，才能得出嫌疑人、被告人有罪的结论。这种思维方式、推理过程符合无罪推定原则的要求。

第三，"合理怀疑"是指符合常识、逻辑、经验的怀疑。怀疑不是无端的猜测、武断的结论，而是依据案件证据得出的，与常识、常理、常情、逻辑、经验等不相违背的初步判断。

第四，"排除合理怀疑"是综合全案证据后的一种整体性判断。对于单一的证据，可以形成无限的怀疑；对于单一的证据，也很难去判断形成的怀疑是否合理，能否排除。因此，"排除合理怀疑"不是单个证据以及部分证据的审查判断方法，而是综合全案证据后的整体性、全面性、终结性的判断。

（三）"排除合理怀疑"的实践运用

在司法实践中，要将"排除合理怀疑"这一抽象的、难以捉摸的证明标准真正运用起来，需要对长期以来形成的司法观念和审查判断证据的方法进行一定的改造。

首先，应当降低理论标准，提高实践标准。传统刑事诉讼理论认为，我国刑事诉讼中的证明标准"证据确实、充分"是一种要求定罪判决的事实认定完全正确，不允许发生任何错误的证明标准。相反，司法实践中，对证明标准的把握和要求又过于宽松，一系列冤错案件都说明了这一点。过高的、脱落实际的、违背人类认识规律的证明标准不仅不可能实现，而且不利于打击犯罪，使某些犯罪行为无法受到应有的惩处；过低的证明标准又会导致冤枉无辜，形成错案。因此，司法实践中，应当将证明要求真正落实到"排除合理怀疑"这一符合立法规定和现实需求的标准上。

其次，应当承认并肯定证明标准的主观性。为了形象地说明或解释证明标准，人们习惯于用可能性的大小来对应证明的程度，认为90%以上的可能性就是达到了排除合理怀疑的程度。实质上，证明标准是办案人员判断案件事实的一种主观心态，排除合理怀疑的证明标准无非是办案人员对案件事实的认定产生了内心确信的一种心理状态。任何将证明标准完全客观化的努力都是徒劳的。认识到证明标准的主观性，对促进办案人员的能力提升、重视办案人员的经验积累、落实以庭审为中心的审判方式、合理追究错案责任等都会带来积极的影响。

最后，应当把握证明标准运用的动态性。排除合理怀疑的证明标准是办案人员对全案证据不断进行审查、比较、分析后形成的认识，它的运用是一个动态的过程而不只是一个静止的、终局性的结果。《人民检察院公诉人出庭举证质证工作指引》第24条指出："依靠间接证据定案的不认罪案件的举证，可以采用层层递进法。公诉人应当充分运用逻辑推理，合理安排举证顺序，出示的后一份（组）证据与前一份（组）证据要紧密关联，环环相扣，层层递进，通过逻辑分析揭示各个证据之间的内在联系，综合证明案件已经排除合理怀疑。"这种证据运用方法与排除合理怀疑的运用过程非常契合。排除合理怀疑还可以是一种暂时性的心证状态，会产生初步推定的证明效果，给被追诉人施加合理解释的义务，从而减轻控方的证明负担。

▶第七讲

刑事证据的审查与判断[*]

汪海燕^{**}

目　次

一、刑事证据审查的背景

近年来与刑事诉讼制度相关的改革很多，在这种背景下，刑事诉讼证据理念与制度也需要更新与改革。从宏观上看，改革主要涉

---

　*　本文系作者根据在浙江省检察机关第一期青干班第五次集中学习会上的讲义整理。

　**　中国政法大学刑事司法学院院长。

及三个层面：一是政治体制层面，即监察体制改革；二是以司法责任制为核心的司法体制改革；三是诉讼制度层面的改革，如刑事诉讼法的第三次修改。当然，这些改革往往又相互联系，甚至有交叉，如推进以审判为中心的诉讼制度改革，既涉及司法体制层面，又涉及诉讼制度包括证据层面；而监察体制改革从宏观上看是政治体制改革，在技术层面又涉及以审判为中心与证据的收集、审查、判断和运用问题。

首先是监察体制改革。2018 年 3 月 20 日，十三届全国人大一次会议通过了监察法。那么在推进以审判为中心的诉讼制度改革的背景下，如何实现监察体制与刑事诉讼程序包括刑事证据制度的有效衔接，关乎监察法立法目的能否顺利实现以及刑事诉讼制度的顺利运行。《监察法》第 33 条第 2 款规定："监察机关机关在收集、固定、审查、运用证据时，应当与刑事审判关于证据的要求和标准相一致。"因此，监察活动中对证据的收集、审查和判断，刑事诉讼法是其重要的依据和渊源，监察机关调查取得的证据也应当要符合刑事证据的基本属性，对调查终结要达到"事实清楚，证据确实、充分"的标准。除此之外不能够忽视的一个重要问题是监察证据制度与非法证据排除规则的衔接问题。监察法在调查贪污腐败案件过程中也要注意加强对于被调查人员人权的保障。这一点在监察法中也有相关规定。《监察法》第 40 条第 2 款规定，"严禁以威胁、引诱、欺骗及其他非法方法收集证据，严禁侮辱、打骂、虐待、体罚或者变相体罚被调查人和涉案人员"。但是这仅仅体现了排除非法证据的精神，与刑事诉讼法以及相关的解释如何衔接，还亟待进一步规定、明确。

其次是司法责任制的改革。党的十八届四中全会通过的《中共中央关于全面推进依法治国若干重大问题的决定》（以下简称《决定》）对司法责任制的改革作了要求。正如习近平总书记指出："完善司法责任制，在深化司法体制改革中居于基础性地位，是必须牵住的'牛鼻子'。"① 实现司法责任制核心在于"让审理者裁判，由裁判者负责"，针对过去我国司法实践中由于普遍存在"司法行政化"而造成"审者不判，判者不审"的情况，落实司法责任制无疑对于证据的审查判断也会产生重要影响。为了实现法官能够独立公正审理案件、审查证据并作出司法裁决，必须保证其有审判独立的体制、专业的资格和能力，这样自然牵动一系列改革措施，包括完善法官员额制、改革法官职业保障制度以及司法机关管理体系改革等。同时为了督促法官更好行使权力还要注重责任的界定、追究以及对于权力加强内部和外部的监督，这样也有助于客观、公正的审查、判断证据，落实相关的证据原则、制度和规则等。

最后是诉讼制度层面的改革。党的十八届四中全会《决定》要求"推进以审判为中心的诉讼制度改革"，随后，中央以及有关机关均出台了一些规范性文件落实此项改革。2018年10月刑事诉讼法第三次修改，其中一些内容也与此相关。本讲围绕以审判为中心的改革要求和精神展开，具体包括三个部分：一是以审判为中心与证据裁判；二是证明标准与疑罪从无；三是非法证据排除规则。

二、以审判为中心与证据裁判

党的十八届四中全会《决定》要求"推进以审判为中心的诉讼制度改革"。最高人民法院、最高人民检察院、公安部、国家安全部、司法部发布了《关于推进以审判为中心的刑事诉讼制度改革的意见》（以下简称《意见》）。推进以审判为中心的诉讼制度改革涉及诸多方面，就证据制度而言，《决定》为推进以审判为中心的诉讼制度改革，要求"全面贯彻证据裁判规则，严格依法收集、固定、保存、审查、运用证据，完善证人、鉴定人出庭制度，保证庭审在查明事实、认定证据、保护诉权、公正裁判中发挥决定性作用"，健

① 参见习近平：《在中央政法工作会议上的讲话》，载《习近平关于全面依法治国论述摘编》，中央文献出版社2015年版，第102页。

全落实"疑罪从无、非法证据排除等法律原则的法律制度"。

但是,对于何谓"审判中心",在学界和实务界均有不同的理解。"审判中心"提出的背景至少有三个方面:第一,反对法外权力对具体诉讼案件的干预,即要求"程序法治"。"审判中心"是法治环境下运作的诉讼模式;换而言之,如果没有法治,也就无所谓审判中心。也正因为如此,"审判中心"的实现需要深层次的政治体制相配套,需要以审判权的依法独立行使为前提。第二,反对违反诉讼规律的"侦查中心"办案模式。"审判中心"本质是要求按照诉讼规律来解决被追诉人定罪量刑的问题。在司法实践中,"侦查中心""口供中心""逮捕中心""卷宗中心"不仅违背了诉讼认识规律,也剥夺了被追诉人的辩护权,同时虚化庭审,使得审判程序成为"走过场",不仅违背了程序正当的精神,也造成了很多冤假错案。第三,反对法院办案方式的行政化。审判权的运行有其内在的规律,其中之一即为审判方式的亲历性。但是,我国审判权的运行高度行政化,"审者不判,判者不审"。最近的改革,如员额制、司法责任制等实现"让审理者裁判,由裁判者负责"。

"审判中心"的内涵至少包括三个方面:其一,被告人的定罪量刑应当由法官通过庭审的方式裁决。其二,诉讼中涉及公民基本、重要的权利性事项应当由法官裁决,如人身自由权、财产权以及隐私权等的限制或剥夺应由法官裁决。当然,此种制度在我国的建立还有一个过程。其三,在审判阶段的法律适用应当由法官决定。审判中心要求法官决定法律的适用问题,不仅实体层面的定罪量刑应由法官裁决,程序层面包括证据方面有关法律的理解和适用等问题,法官也有最终的决定权。①

正如上所言,推进以审判为中心的诉讼制度改革对我国证据理论和制度层面产生了较大影响,就证据制度而言,《决定》要求"全面贯彻证据裁判规则,严格依法收集、固定、保存、审查、运用证据,完善证人、鉴定人出庭制度,保证庭审在查明事实、认定证

---

① 汪海燕:《审判中心与刑事证据制度》,载《法制日报》2017年10月25日。

据、保护诉权、公正裁判中发挥决定性作用"。在此种背景下，如何理解证据裁判、如何理解以审判为中心与证据裁判之间的关系？

证据裁判的原则最基本的含义是诉讼中的事实认定应当依据证据。在推进以审判为中心的诉讼制度改革背景下，证据裁判原则可以从以下几个方面来理解：

其一，裁判要依据证据。2010 年"两高三部"颁布的《关于办理死刑案件审查判断证据若干问题的规定》（以下简称《办理死刑案件证据规定》）第 2 条规定："认定案件事实，必须以证据为根据。"这是现代刑事诉讼普遍奉行的证据裁判原则在我国规范性文件上的首次明文确认。[①] 我国《刑事诉讼法》第 55 条规定："对一切案件的判处都要重证据，重调查研究，不轻信口供。"尽管不是对证据裁判原则的直接规定，但是该条体现了证据裁判原则的基本精神与内核。《人民检察院刑事诉讼规则》第 61 条也强调："人民检察院认定案件事实，应当以证据为根据。"类似的规定在最高人民法院颁布的司法解释中也有体现。法院作出裁判要依据相关证据从反面来解释，没有证据不得认定相关事实，并且结合证据裁判原则的基本精神，"没有证据"不应当仅仅理解为没有任何证据，还应当包括证据不足以认定案件事实。

其二，作为定案的证据应当符合相关的要求。证据裁判原则不仅要求认定案件事实依据证据，而且还要求证据符合相关法律的要求，即证据具有客观性、关联性和合法性。这"三性"是我国证据法学理论也是实务部门对定案证据的通常界定与要求。在英美法系，对证据属性的理解是两性：关联性和可采性；在大陆法系，对证据属性的要求是定案的证据具有证明力和证据能力。从总体内容上看，实际上各国要求基本相同。在推进以审判为中心的诉讼制度改革背景下，如何理解证据这三个属性呢？

一是客观性。我国传统证据法学理论认为，客观性是证据的三大基本属性之一。虽然学界对于客观性的概念理解不一，但是基本

---

① 陈光中：《证据法学》，法律出版社 2015 年版，第 117 页。

可以界定为：证据必须是客观存在的事实，不是主观臆想的和想象的。对于证据的客观性可以作如下理解：首先，证据都表现为客观存在的实体；其次，证据的内容是对案件有关的事实的反映；最后，作为证据内容的事实与案件的待证事实间的联系是客观的。[①] 现代科学技术发展迅速，在科技迅猛发展的今天，如何认识客观性也是一个巨大的挑战。例如，测谎仪的结论能否作为证据使用？测谎仪的结论是否只能作为办案参考？传统的理论认为，测谎仪的准确性受多重因素的影响，如被测试人员心理素质不一样，职业特工在做特工之前要做专门的反测谎培训，这些均影响测谎结果的准确性，因此有很多国家和地区禁止采用测谎的方式来探求事实真相。随着科技的发展，人们发现真相的手段越来越多，而且越来越高效，但是，很多手段，如上述的测谎、吐真剂、催眠等仍然被禁止在刑事诉讼中作为取证手段使用。如果采用这些手段取证，相关的证据材料很有可能不具有可采性。这并不是因为这些证据材料不能证明案件真实情况，而是因为相关的取证手段侵犯了当代社会所要保护的社会价值，尤其是重要的个人权利、自由、公平等。所以，现代刑事诉讼是多重价值权衡选择的结果，仅仅强调发现真相、惩罚犯罪是不对的；如果过分强调发现真相、惩罚犯罪，就会失去更多当代文明所要保护的价值。随着科技的发展，类似的越来越多的问题都需要我们进一步去探索。因此，站在当下，对证据的客观性的一些问题可能需要重新思考。

二是关联性。关联性是指作为定案的材料应当与案件之间具有联系，可以从以下角度进行理解：首先，证据的关联性应当是客观存在的而非仅仅来自人的主观想象；其次，这种联系的存在方式也是多种多样的；最后，这种关联性应当能够为人们所能够认知。在证据关联性方面，一定要注意品格证据规则。在一般情形下，品格材料不能作为对被追诉人定罪的根据，这是因为一个人的品格材料和类似行为与案件事实并不具有关联性。但是，判断者往往从经验

---

① 陈光中：《证据法学》，法律出版社 2015 年版，第 148 页。

出发，很容易受到品格的影响，一个人的品行或者这个人曾经因为类似行为受到追诉的情况很容易让其先入为主。在司法实践中，品格材料导致冤错的案件并不在少数。因此，我们司法人员在定罪时一定应注意要从证据本身，即与案件本身有关联的证据材料出发，而不能受无关材料尤其是品格材料的影响。

三是合法性。建设法治社会，全面推进依法治国，强调要把权力关进制度的笼子。国家机关违法会导致实体和程序层面的消极后果。实体层面消极后果指的是如果侦查人员、检察官等违法取证，轻则可能会导致行政处分，重则可能构成刑事处罚，如可能构成刑讯逼供罪。程序上的消极后果最典型的就是使得证据材料丧失证据资格。广义上的证据合法性指的是证据的形式以及证据收集的主体、方法和程序应当符合法律的规定，具体包含三个方面：主体合法、形式合法和程序合法。主体合法性指的是相应的机关应当有收集证据的权限。如果一个机关没有取证的资格，这个材料就没有作为起诉或者定案的资格。形式合法性指的是，为了维护法律的权威性，在我国刑事诉讼中只有法定的八种证据表现形式才能够作为定案的依据。因此，在司法实践中公安机关出具的情况说明，由于不符合法定证据形式就不能够作为定案的依据。程序合法性指的是公安司法机关取证应当符合法律的规定，不能违反法定的程序。非法证据排除就是由于严重违反取证的法定程序而造成证据被排除的后果。

其三，坚持以审判为中心、全面贯彻证据裁判原则，应当遵循直接言词原则。直接言词原则包括直接原则和言词原则两个方面，直接原则强调的是法官和当事人、证人要"面对面"，言词审理与书面审理相对应，强调反对书面审理、"卷宗中心主义"等。我国古代周朝就强调"两造具备，师听五辞"。我国刑事诉讼法及相关司法解释中也有要求证人出庭的相关规定。我国法律规定了应当出庭作证的条件。《刑事诉讼法》第192条就证人、警察和鉴定人应当出庭作证的条件做了规定。对于符合应当出庭条件而证人、鉴定人拒不出庭作证，最高人民法院《关于适用〈中华人民共和国刑事诉讼法〉的解释》第78条和第86条规定了相应的不利后果。如果证人无正当理由不出庭作证，依据《刑事诉讼法》第 193 条，人民法院可以强制其到庭、予以训斥甚至采取拘留措施。值得注意的是，被告人的配偶、父母、子女这三类人群是证人出庭作证义务适用主体的例外。

证人不愿意出庭的一个重要的原因是，证人担心因为出庭作证而使自己及亲属遭受打击报复。为了提高证人的出庭作证率必须解决证人出庭作证的心理顾虑——为证人及其家属提供安全保障。因此《刑事诉讼法》第 63 条强调司法机关应当保障证人及其亲属的安全，对于对证人及其亲属进行威胁、侮辱、殴打或者打击报复的行为应当给予治安管理处罚，严重的应当依法追究刑事责任。第 64 条则是针对危害国家安全犯罪、恐怖活动犯罪、黑社会性质的组织犯罪、毒品犯罪这类特殊案件，由于这些案件更为复杂、危险程度更高，因此不仅拓宽了保护的主体——证人、鉴定人和被害人，也规定了不公开个人信息等若干措施。这些规定对于维护诉讼当事人的合法权益具有重要意义。

证人出庭作证往往因此要承担住宿费、交通费、误工费等经济损失。有时证人出庭作证，对其而言是一笔巨大的经济损失，这样无疑会造成证人的权利与义务之间的失衡，这也使得证人作证的积极性大大降低。为此，国家应当针对证人因出庭作证而产生的必要合理的支出进行补偿。依据《刑事诉讼法》第 65 条的规定，这些支出应当包括交通、住宿、就餐等费用，而工资、奖金问题则由工作单位承担。

但是，上述立法并没有解决我国证人出庭作证的问题，这既有观念的原因，也有立法本身不合理的原因，还有一些配套措施不到位。如我国法律相关规定本身存在的模糊性在一定程度上也"纵容"了证人不出庭。现行法律规定应当出庭的证人要同时符合三个条件：控辩双方对证人证言有异议；该证人证言对定罪量刑有重大影响（证人是关键性证人）；法院认为有必要。"法院认为有必要"弹性很大，这些条件使得司法实践中很多证人应该出庭的不出庭。按照十八届四中全会《决定》的精神与要求，要完善证人、鉴定人出庭制度。笔者认为，应当将这三种条件分解为两种情形，即应当出庭的证人有两类：第一类，控辩双方对证人证言有异议，且该证言对定罪量刑有重大影响；第二类，法院认为有必要。此外，法律还应明确，如果证人应当出庭而无正当理由不出庭，该证人证言将不能作为定案根据。与此同时，在证人经济补偿、证人安全保证方面要确保相关措施的可行性。

三、证明标准与疑罪从无

推进以审判为中心的诉讼制度改革，党的十八届四中全会《决定》中强调"事实认定符合客观真相、办案结果符合实体公正、办案过程符合程序公正"。"两高三部"《意见》进一步规定："人民法院作出有罪判决，对于证明犯罪构成要件的事实，应当综合全案证据排除合理怀疑，对于量刑证据存疑的，应当作出有利于被告人的认定。"应当说，该文件对于"疑罪从无"是一个大的进步，即不仅明确"罪疑"时从无，而且在"刑疑"时，也应当作出有利于被告人的解释。

（一）定罪证明标准

《刑事诉讼法》第 200 条第 1 款第 1 项规定"案件事实清楚，证据确实、充分，依据法律认定被告有罪的，应当作出有罪判决"，"案件事实清楚"，强调法官对于定罪量刑的有关事实和情节已经查清楚；"证据确实、充分"，主要从客观角度对于认定事实的质和量提出要求。但是由于案件事实是发生在过去的事实，因此对于认识案件事实的程度要受到认识主体、认识手段等多种因素的限制。司法实践中对于"事实清楚，证据确实充分"的不同理解使得该证明标准缺乏可操作性。因此，立法部门和中央司法机关开始注意到"排除合理怀疑"是一个对裁判者而言较好把握的主观标准，并尝试使用这一表述来对"证据确实、充分"进行解释。[①] 比如，"两高三

---

① 陈光中：《证据法学》，法律出版社 2015 年版，第 364 页。

部"《办理死刑案件证据规定》第 33 条第 4 项规定：依据间接证据认定的案件事实，结论是唯一的，足以排除一切合理怀疑。2012 年《刑事诉讼法》第 53 条正式引入"排除合理怀疑"对"证据确实充分"进行解释。2018 年《刑事诉讼法》第 55 条第 2 款规定："证据确实、充分，应当符合以下条件：（一）定罪量刑的事实都有证据证明；（二）据以定案的证据均经法定程序查证属实；（三）综合全案证据，对所认定事实已排除合理怀疑。"对于"排除合理怀疑"的理解需要注意怀疑和合理怀疑是非常关键的区别点，并不要求排除一切的怀疑，只要求排除对被告人无罪的合理怀疑。不合理怀疑包括臆想的、猜测的、无凭无据的、故意为被告人开脱罪责的怀疑等；"合理怀疑"应当有根据、要有所依托。判断这个怀疑是合理怀疑还是不合理怀疑，需要抓住两个关键词：一个叫经验，另一个叫逻辑。从经验或者逻辑层面来看，有没有其他的可能性。但是，不同于英美法系国家将"排除合理怀疑"作为独立的证明标准，我国引入"排除合理怀疑"是将其作为"证据确实、充分"的补充和细化，也就是法官对于案件事实的认定是否清楚，全案证据是否达到确实、充分的程度要依据法官判断是否达到了排除合理怀疑的程度。这样以主观标准补充客观标准，使主客观标准相辅相成，增强了我国有罪证明标准的可操作性，有利于案件事实的准确认定。同时，在排除合理怀疑已经成为世界法治国家以及联合国公约认定的有罪证明标准的背景下，引入该标准，有利于我国刑事立法、司法与世界通行做法相融合与衔接。[①]

（二）疑罪从无

推进以审判为中心的诉讼制度改革，要"确保侦查、审查起诉的案件事实证据经得起法律的检验"，对于达不到定罪证明标准的，要遵从疑罪从无原则，作出有利于被告人的解释。实际上在现实生活中，立案之后不能破案是一种正常的社会现象，"疑案"的客观存

---

① 肖沛权：《排除合理怀疑及其中国适用》，载《政法论坛》2015 年第 6 期。

在不可避免。疑罪出现之后，如何处理？《尚书》有云："与其杀不辜，宁失不经。"这就是典型的疑罪从无的表述。如果实行疑罪从有，一旦出现冤错案件，不仅冤枉了一个无辜的公民，而且还放过了真凶。另外，实行疑罪从有，每一个公民均有可能成为潜在的受害者。就如张氏叔侄案被平反后，张高平感慨道："今天你们是法官、检察官，但你们的子孙不一定是法官、检察官。如果没有法律和制度的保障，你们的子孙很有可能和我一样被冤枉，徘徊在死刑的边缘。"同时，一旦出现冤假错案，对我国的司法公信力和权威性造成极大的贬损，是对我国司法源头的"污染"。

那么，如何理解"疑"？根据"两高三部"《意见》，"疑"主要包括两个方面，即"罪疑"和"刑疑"。

罪疑主要包括事实上的疑案和法律上的疑案。[①] 事实上的疑案即对定罪的证据不足，是指虽然有相当的证据证明被告人有重大犯罪嫌疑，但全案证据尚未达到确实、充分的程度，尚不能确认被告人就是真正的罪犯。[②] 正如某些学者所言："罪疑唯有利于被告原则并非个别证据认知之原则，而系针对现存证据已为证明力之评价后，仍无法获致有罪确信，而仍存有合理怀疑时，支持犯罪事实判断之原则。"[③] 并且这里的疑点主要分为犯罪主体存疑和犯罪事实存疑，不包括那些并不影响关键事实的疑点。犯罪主体存疑，到底是谁干的查不清楚，比较典型的如交通肇事案件中"二次碾压"，现有证据只能证明是两个违章汽车均有可能造成交通肇事致人死亡，但是，并不能证明是其中哪一辆造成最终的结果。由于交通肇事罪是过失犯罪，且没有共同犯罪，这就会造成对两个车的车主都不能定罪的情况。还有一种是法律适用上存疑，即案件事实本身很清楚，但是是否构成犯罪以及适用何种罪名存在疑问。在此种情形下，也应当

---

① 陈光中：《证据法学》，法律出版社 2015 年版，第 366 页。
② 沈德咏：《论疑罪从无》，载《中国法学》2013 年第 5 期。
③ 吴祚承、许辰舟：《刑事证据法则理论体系与实务之研究》，载《司法研究年报》第 23 期。

遵循疑罪从无的精神，作出有利于被告人的处理，即不能确定有罪或无罪，按照无罪处理；不能确定公诉罪或者自诉罪，应按照自诉罪处理；不能确定重罪还是轻罪，应按照轻罪处理。

"刑疑"指的是，被告人构成犯罪以及构成何种罪的相关事实清楚，但是量刑情节的相关事实存疑，此时也应当遵循疑罪从无的精神，作出有利于被告人的解释，按照较轻的情节量刑，即《意见》规定的："对于量刑证据存疑的，应当作出有利于被告人的认定。"

四、非法证据排除规则

推进以审判为中心的诉讼制度改革，还要求完善非法证据排除规则。十八届四中全会《决定》要求"加强对刑讯逼供和非法取证的源头预防，健全冤假错案有效防范、及时纠正机制"。非法证据排除规则中的"非法证据"并不是指所有违反法定程序收集的证据，而是指以严重侵犯公民基本权利方式收集的证据材料。排除以严重侵犯公民基本、重要权利方式收集的非法证据，不仅仅是为了防止冤假错案，更有遏制侦查机关非法取证行为、保障人权、保证司法纯洁和维护司法权威之功用。一个国家确立的排除非法证据的范围，往往体现了该国刑事诉讼制度的价值取向与诉讼目标。《刑事诉讼法》第52条规定"严禁刑讯逼供和以威胁、引诱、欺骗以及其他非法方法收集证据，不得强迫任何人证实自己有罪"。我国法律以及相关的解释性文件对于排除的范围、程序、证据等问题作了相应的规定。

（一）非法证据的排除范围

《刑事诉讼法》第56条规定："采用刑讯逼供等非法方法收集的犯罪嫌疑人、被告人供述和采用暴力、威胁等非法方法收集的证人证言、被害人陈述，应当予以排除。收集物证、书证不符合法定程序，可能严重影响司法公正的，应当予以补正或者作出合理解释；不能补正或者作出合理解释的，对该证据应当予以排除。"该规定明确了非法证据既包括非法的言词证据，也包括非法实物证据。

但是，由于法律对取得非法言词证据的手段处使用了"等"字，使得对非法取证手段范围的理解一直存在争议。基于此，"两高三部"颁布的《关于办理刑事案件严格排除非法证据若干问题的规定》（以下简称《排非规定》）明确，"采用以暴力或者严重损害本人及其近亲属合法权益等进行威胁的方法"，使"被告人遭受难以忍受的痛苦而违背意愿作出的供述"，作为非法证据排除；"采用非法拘禁等非法限制人身自由的方法收集的犯罪嫌疑人、被告人供述，应当予以排除"；"采用刑讯逼供方法使犯罪嫌疑人、被告人作出供述，之后犯罪嫌疑人、被告人受该刑讯逼供行为影响而作出的与该供述相同的重复性供述，应当一并排除"，仅将在讯问主体发生变更并告知法律后果后仍自愿供述的作为例外。将"威胁""非法拘禁"和"重复性供述"纳入非法证据排除的范围，在很大程度上将有效实现审判权对追诉权的规制。这些具体规定不仅具有引导侦控机关规范取证的功能，也为审判阶段法庭对证据资格的判断提供了比较明确的标准。

（二）排除的机关和诉讼阶段

在西方国家，非法证据排除规则适用的一般是指审判阶段法官对非法证据资格的审查与判断。但是，根据《排非规定》第15条"对侦查终结的案件，侦查机关应当全面审查证明证据收集合法性的证据材料，依法排除非法证据"，第16条"审查逮捕、审查起诉期间讯问犯罪嫌疑人，应当告知其有权申请排除非法证据，并告知诉讼权利和认罪的法律后果"等条款，我国非法证据排除规则不仅仅适用于审判阶段，还适用于侦查和审查起诉阶段。

（三）非法证据排除程序的启动

《刑事诉讼法》第58条规定："法庭审理过程中，审判人员认为可能存在本法第五十六条规定的以非法方法收集证据情形的，应当对证据收集的合法性进行法庭调查。当事人及其辩护人、诉讼代理人有权申请人民法院对以非法方法收集的证据依法予以排除。申请排除以非法方法收集的证据的，应当提供相关线索或者材料。"该条规定了非法证据排除程序两种启动模式：审判人员依职权启动调查程序和审判人员依当事人申请启动调查程序。但是，在司法实践中，审判人员以职权启动的方式比较少，往往是根据当事人方的申请。这也使得启动在操作上存在一定的困难，如什么是"相关线索""材料"，达到何种程度司法机关就应当启动非法证据排除程序有时缺乏相应的指引。

（四）证据合法性的证明责任与证明方式

《排非规定》比刑事诉讼法更为细化明晰。《排非规定》第31条明确"由公诉人对证据收集的合法性加以证明"，证明方式上，"可以出示讯问笔录、提讯登记、体检记录、采取强制措施或者侦查措施的法律文书、侦查终结前对讯问合法性的核查材料等证据材料，有针对性地播放讯问录音录像，提请法庭通知侦查人员或者其他人员出庭说明情况"。这说明在非法证据排除程序中采用举证责任倒置的形式。公诉机关承担证据合法性的证明责任；辩方在申请启动非法证据排除程序时负有提供"线索和材料"的责任，但并不负责证明证据是由非法程序收集。此种规定对控辩双方收集相关证据的能力，尤其是对检察机关履行职责提出更高要求有关。

（五）非法证据排除程序中的证明标准

《刑事诉讼法》第60条规定："对于经过法庭审理，确认或者不能排除存在本法第五十六条规定的以非法方法收集证据情形的，对有关证据应当予以排除。"《排非规定》也作了同样的要求。这说明，在非法证据排除规则证明程序中，一旦启动非法证据排除程序，控方就应当将合法取证的行为证明到"证据确实、充分"的程度。换而言之，如果不能排除非法取证的可能性，检察机关就应当承担证明不能的不利后果。这对控方取证的合法性提出了严格的要求。

另外，《排非规定》在刑事诉讼法基础之上详细规定了庭前会议程序中非法证据排除的启动、程序与效力，这些均为实现庭审实质化、高效化夯实了基础；同时，审判阶段的排除程序也增强审判阶段非法证据排除程序的可操作性，此规定也符合庭审实质化的要求。

　　客观地说，《排非规定》完善了我国非法证据排除规则体系，标志着其逐渐走向成熟。当然，《排非规定》中有的内容如何把握还有待进一步解释，也有待接受司法实践的检验。一些问题，如"引诱"与"侦查策略"之间的区别、损害司法权威方式的"欺骗"收集的证据是否排除、同一阶段仅更换侦查人员供述仍然可以采信、物证和书证的排除范围、侦查人员不出庭的程序性后果以及庭前会议关于非法证据排除的决定效力等，则需要进一步研究或明确。

▶ 第八讲

刑事诉讼中的检察官客观公正立场[*]

徐剑锋[**]

目　次

2019 年 4 月 23 日第十三届全国人民代表大会常务委员会第十次会议修订的《检察官法》第 5 条在传统的"以事实为根据,以法律为准绳"原则表述之外,增加了"客观公正立场"的叙述,即"检察官履行职责,应当以事实为根据,以法律为准绳,秉持客观公正的立场"。中国法语境中的检察官客观公正立场,是在充分吸收借鉴西方国家检察官客观义务理论基础上形成的具有中国特色的兼具理念性和规则性的元素,是中国特色社会主义检察制度的重要创新成果。

一、检察官客观义务的概念

众所周知,包括检察官和检察官客观义务在内的整个检察制度、规范、话语体系基本上都是西方国家的"舶来品"。我国法学界第一

---

[*] 本文系作者根据在浙江省检察机关 2019 年度新录用公务员培训班上的讲义整理。

[**] 浙江省杭州市人民检察院副检察长,法学博士。

次出现检察官客观义务这个术语，是在 1980 年第 2 期的《法学译丛》上。当期刊发了日本学者松本一郎的一篇题为《检察官的客观义务》的论文，它的中文翻译者为中国末代皇后婉容的亲弟弟——郭布罗·润麒，这位曾经留日归来的晚清贵族时任中国社会科学院法学研究所的编译人员。但是，由于可以理解的原因，这篇文章长期以来一直鲜有问津者，而检察官客观义务这个学术命题同样也一直是一块人迹罕至的领地。

我国大陆地区检察官客观义务理论研究热潮的兴起应当是 21 世纪之后的事情，起点性标志是 2008 年我国台湾地区学者林钰雄的《检察官论》在大陆地区的公开出版。在这部迄今为止仍然被视为检察制度研究的经典权威文献中，林钰雄先生以浓重的笔墨全面地阐述了检察官客观义务理论。自此，在检察官客观义务理论领地，众多学者耕耘倍勤，这里需要特别提及的两位学者，一位是龙宗智教授，另一位是朱孝清大检察官。特别有意思的是，朱孝清先生时任最高人民检察院副检察长，龙宗智教授也曾经担任过成都军区军事检察院的检察长，算是检察同仁，由这两位具有检察官背景的学者来研究这个话题，应该说是相当具有权威性的。2009 年，两位学者分别在《中国法学》和《法学研究》上发表了关于检察官客观义务理论的专题论文。其中，朱孝清先生的《检察官客观公正义务及其在中国的发展完善》，发表在《中国法学》2009 年第 2 期；龙宗智教授的《中国法语境中的检察官客观义务论》，发表在《法学研究》2009 年第 4 期。这两篇重磅论文的相继推出，将中国检察官客观义务理论研究推向高潮。

那么，什么是检察官客观义务呢？我们不妨回到前面被提及的几篇经典论文中去检索。日本的松本教授是这样理解"客观义务"的：检察官为了发现真实情况，应站在客观的立场上进行活动，而不应站在当事人的立场上。朱孝清先生的诠释则是：检察官为了实现司法公正，在刑事诉讼中不应当站在当事人的立场，而应当站在客观的立场上进行活动，努力发现并尊重事实真相。龙宗智教授的解读是：检察官超越控方立场，坚持客观公正。上述三个定义有两个公约数：一是关于立场的理解，都强调要站在客观立场，避免当事人立场或者应当超越控方立场；二是关于目的的理解，都强调要以发现真实、实现正义为目的。那么，我们可以这样表述关于检察官客观义务的相对具有共识性的定义：检察官在司法活动中应当避免当事人立场或者应当超越控方立场，站在客观的法律守护人的立场，致力于发现事实真相、实现公平正义。

二、检察官客观义务理论的西方源流探索

知道从哪里来，才能明白往哪里去。所以，作为检察官职业群体，完全有必要了解我们这个职业当初的来时路。有一点历史知识应该是我们的常识了，那就是在警察、法官等司法职业群体中，检察官是最后一个来到这个世界的。警察和法官作为国家机器可以说几乎伴随着国家的孕育而萌芽，当然也可以说，现代意义上的警察和法官是在资产阶级革命胜利确立了现代法治国家之后的产物，但是不可否认，追溯上去，人类历史上几乎所有国家都有一批行使侦查和审判职能的人员，比如在中国古代，衙役和皂吏就是实质意义上的警察，而那些坐堂问案的县令、太守至巡抚、总督等地方行政主官事实上就在担当法官的角色。

那么，检察官职业是基于什么环境、什么原因来到这个世界的呢？现在学术界的共识是：从地理上讲，检察官制度的发源地在欧洲大陆，更确切地讲，检察官的母国是法兰西；而从时间上看，检察官的诞辰之年应当是爆发法国大革命的1789年或者催生《拿破仑刑事诉讼法典》的1808年，而从历史背景来看，检察官被誉为"启蒙的产物""革命之子"。具体地讲，检察官制度诞生之前的中世纪欧洲，包括法国在内的几乎所有国家都采取私人直诉制度，也就是由受到犯罪侵害的公民个体直接向法官行使告诉权，而法官在接到受害方告诉之后，同时充当了侦查官、起诉官和审判官的三重角色，这就是典型的纠问制诉讼模式。事实上，不仅欧洲大陆，古代中国同样也是这种诉讼模式。不过，那时的法国，在封建割据状态下，

国王与封建领主之间往往会因为田产、财税等利益问题产生纠纷，国王就指定成立了专门负责此类诉讼以维护自身利益的"国王律师"或者说"国王代理人"。随着国王与封建领主之间矛盾的扩大，加上国王为了收买民心，认为需要介入领主与臣民之间的纠纷以树立自己的道德形象，从13世纪开始，这群所谓的"国王律师"就以国家公诉人的身份——实际上是"君王的耳目"——听取私人告诉，进行侦查，提起诉讼。这就是检察官的雏形。到17世纪的时候，法国国王路易十四将"国王律师"定名为检察官，这就是检察官名字的来源。到了1789年法国爆发大革命，拿破仑上台执政，于1808年制定了《法国刑事诉讼法典》，设立了系统的检察官制度，标志着现代意义上的检察官制度的正式诞生。

　　为什么说检察官制度是政治启蒙运动的产物，因为让检察官制度得以在法国大革命熔炉中喷薄而出的那把熊熊大火，就是法国启蒙运动时期以孟德斯鸠为代表的思想家所奉献出来的分权制衡理论。基于权力分立与制衡的需要，将原来由法官包办或者代办的控诉权从法官手中剥离出来，由另外一个专门机构和专业群体来担当这个角色，这个专门机构就是检察院，这个专业人群就是检察官。这就是现代检察官制度设置背后的政治哲学动机。我们经由对检察官制度孕育史的考察可以发现这么一条法治公理：尽管检察官是司法官群体中最后一个来到这个世界的，但是甫一问世，就意味着现代刑事法治文明的曙光照亮了地球。如何理解这个结论呢？我们先来考察一下现代意义上的法官的基本品格，主流学说认为有四项：一是中立性，也就是不能简单地说法官代表国家，当然更不代表任何一方当事人，他具有在追诉方和被追诉方之间居中裁判的超然地位，如同一个等腰三角形的顶角方位，以一种平等的视角扫视各方；二是被动性，也就是法官奉行不告不理的行动原则，他只能守株待兔，而绝不能主动出击；三是判断性，也就是法官的办案活动实际上就是在给定素材的框架内做是非判断题，而不能做多项选择题，更不能做填空题，他只能在"是"或者"不是"，也就是"有罪"或者"无罪"之间作出一项确定的选择；四是终局性，我们经常讲司法是社会防卫的最后一道防线，其义也强调法官是一个社会几乎所有矛盾纠纷的最后仲裁者、决断者，这种制度设计首先是为了一个社会的矛盾纠纷有一个最终的了结，用美国一句著名法谚来说，就是"法官的判决不是因为正确而终局，而是因为终局而正确"。中立性、被动性、判断性和终局性，构成了现代法官的魅力元素，也成为现代刑事法治文明的内在要素。但是，在传统的纠问制诉讼模式下，由于法官同时延揽了检察官的控诉职能，使所谓的中立性、被动性、判断性品格根本无从谈起，这种纠问制诉讼模式也使辩护权形同虚设。当控诉权从法官手中让渡出来交由检察官行使时，法官自然而然地以一种被动者、中立者的姿态，在检察官和被告方之间做选择题。因此我们可以得出一个结论：正是检察官制度的诞生，标志着现代刑事法治文明的开端。

　　如果检察官制度的诞生地是法国，那么德国无疑是检察官制度浴火重生的一个地方。随着拿破仑东征西讨，法国的许多法治文明成果也在欧洲大陆辗转传播开来，当时包括德国在内的其他欧洲大陆国家，也竞相效仿了法国的检察官制度。但是我们都知道在思维风格上，法国人更具浪漫，而德国人则尤重严谨。注重思辨的研究和形而上的思考，这是德国法学和法国法学一个很清晰的分野。在19世纪中叶，德国法学界围绕检察官到底是什么角色这个问题展开了世纪辩论，辩论的焦点问题是：检察官到底是"一方当事人"还是"法律守护人"。前者被称为"主观立场"。按照这种立场，检察官在刑事诉讼中的角色犹如民事原告的地位，应当竭尽所能地谋求诉讼利益，形成与被告方的对抗均势，以此来发现真理，因为"真理总是越辩越明"的。后者被称为"客观立场"。根据这种立场，检察官不应当将自己放在当事人的地位，而应当超越这种立场，以法律守护人的客观公正的姿态，对被害方和被告方的利益给予均等的照顾，以此来实现正义，因为正义从来不是属于哪一方的。最终，客观立场占据上风，获得胜利。当时客观立场的代表人物之一是时任普鲁士王国司法大臣的萨维尼，也是历史法学派的集大成者，他有一系列箴言式的论述来阐释他的立场："检察官应当担当法律守护人的光荣使命，追诉犯法者，保护受压迫者，并且支援一切受法律照料的人民。"① 这句话应当丰碑似的铭刻在全世界检察官同仁的心中，成为我们永恒的道德信条。这场世纪法学大辩论的成果是检察官客观义务被写入1877年的《德国刑事诉讼法典》，并且以具体的制度设计赋予这一义务以现实的骨架，这就是被后来欧陆乃至东亚诸国竞相效法的客观义务三项要素：第156条要求检察官在确信被告人无罪的情况下，应请求法院作出无罪判决；第160条第2项要求检察官必须全面收集对被告人有利和不利的证据；第296条第2项和第365条要求检察官在确认裁判错误的情况下，可以为了被告人的利益提出上诉或者申请再审。后来，欧洲大陆其他国家，包括丹麦、比利时、北欧斯堪的纳维亚半岛的芬兰、瑞典，还有南欧伊比利亚半岛的西班牙、葡萄牙，以及意大利、希腊，在刑事诉讼立法中也基本上采纳了这些要素。可以这么讲，检察官制度在具有严谨的、绵密的法学传统的德国，得到了一种激活，这种激活的方式就是确立了检察官客观义务。

在大陆法国家，检察官客观义务已经成为一项不可动摇的原则，那么在英美法国家，它的情况如何？众所周知，英美法和大陆法，一是在法律渊源上是成文法与判例法的区别，二是在诉讼模式上的法官职权主义和当事人对抗主义的区别。美国的诉讼体制非常强调当事人主义的色彩，推崇竞技理论，强调法庭应当是控辩双方的博弈空间，是双方的竞技场，甚至可以说是决斗场。这种控辩双方的博弈或者说激烈决斗，是确保真相得以被发现和揭露的必要程序，因为只有在这种激烈的对抗中，案件事实的真相才会被抽丝剥茧地展示出来。这种诉讼体制相对于大陆法国家而言，当然是具有相当正面价值的，但是它的软肋或者说负面效应也是显而易见的，最大的问题就是检察官往往被赋予一种当事人的价值承载，因而他在诉讼中往往会不择手段、不惜代价去谋求对被告人的有罪裁决，也就是往往把输赢看作自己工作绩效的评价标准。所以，在美国的司法

---

① 林钰雄：《检察官论》，学林文化事业有限公司1999年版，第31—33页。

实践中，我们经常可以看到，检察官在庭前或者庭上甚至庭后，采取很多见不得人的所谓诉讼策略，这种策略可以说是阴招，损害了司法的实质正义。更加令人难以接受的是，在美国相当一部分错案都是因为检察官刻意地隐瞒了对被告人有利的证据，而使法官或者陪审团作出了错误的裁决。在美国的律政剧中，这种镜头屡见不鲜。检察官片面、过度地追求有罪判决的职业状态，引起了美国法律界的反思，反思的结果就是向大陆法国家学习，对司法竞技理论和美国检察官角色进行某种意义上的有限的重塑，这种重塑就是引入大陆法国家的客观义务理论。但是我们也知道，美国是一个判例法国家，它的司法判例往往具有法律价值的引领意义，所以在美国，很多法律文明的进展或者突破，都是以法官的判例作为先导的。检察官客观义务领域也不例外。美国司法史上一个经典判例构成了美国检察官客观义务的先行者，即 1935 年由美国联邦最高法院审理的伯格诉合众国案。它的主审法官是大法官萨瑟兰，一位非常有道德权威感的法官。他在判决中热情洋溢地写道："美国检察官代表的不是普通的一方当事人，而是国家政权，他应当公平地行使自己的职责；因此检察官在刑事诉讼中不能仅仅以追求胜诉作为自己的目标，检察官应当确保实现公正，也就是说，从这个特殊的、有限的意义上讲，检察官是法律的奴仆，具有双重目标，既要惩罚犯罪，又要确保无辜者不被错误定罪。检察官可以而且也应当全力以赴地追诉犯罪，但在他重拳出击时，却不能任意地犯规出拳。不允许使用产生错误结果的不适当手段追诉犯罪，与用尽全部合法手段寻求公正的结果，二者同样属于检察官的职责。"① 以这个判例为契机，检察官客观义务开始进入美国的各项立法文献中。在美国的判例法和成文法中，经常会看到如下的类似表述："无偏见地作出决定""无党派之间地作出决定""有原则地作出决定""避免考虑不允许考虑的因素""避免私利""排除个人信念""避免党派政治"，以及"独立"

---

① ［美］爱伦·豪切斯泰勒·斯黛丽、南希·弗兰克：《美国刑事诉讼法院诉讼程序》，陈卫东、徐美君译，中国人民大学出版社 2002 年版，第 23 页。

"客观""确保程序公正"等，这一系列具有美式风格的表述，其实就是美国法意义上的"检察官客观义务"。在加拿大，有一位很著名的法官叫兰德，他在1954年巴切尔诉女王案的判决中非常明确地指出："刑事诉讼的目的不是获得定罪，而是在陪审团面前提出检察官考虑的与被控为罪犯的内容相关的可信证据。检察官有责任保证所有因素的可获得性法律证据被提出，它应被施加其合法力量而被坚定地执行，但它也必须被公正地执行。检察官的角色排除了任何输和赢的观点，其功能不是民事生活中可能带来较大个人责任性指控。它应具有对司法程序正直、严肃和公正的牢固信念而被有效执行。"[①]1977年成立的刑事起诉皇家委员也在报告中指出：警察传统的犯罪侦查角色与刑事检控所要求的客观要求之间存在矛盾。皇家检控署自创立之始于就非常注重强调检察官的客观中立地位，《皇家检控官准则》第2.3条、第2.4条分别规定："检察官应当始终为着司法公正的利益行事，而不应单纯地追求有罪判决"；"检察官应当确保法律的正确实施，确保将所有相关证据提交给法庭，并确保证据开示义务得到遵守"。

发轫于德国的检察官客观义务，超越国界与法系获得全球共识之后，就有必要上升为一种国际性的立法成果。其中，最具影响力的国际性立法成果就是1990年8月底召开的联合国第八届预防犯罪和改善罪犯待遇大会通过的《检察官作用的准则》。这份准则不是很长，但用了相当大的篇幅，阐述了检察官客观义务的精神旨趣。例如，在序言中开宗明义地表明，准则的作用就在于"协助各国确保和促进检察官在刑事程序中发挥有效、不偏不倚和公正无私的作用"。接着，第12条规定了检察官履职的基本要求：检察官应始终一贯迅速而公平地依法行事，尊重和保护人的尊严，维护人权从而有助于确保法定诉讼程序和刑事司法系统的职能顺利地运行。第13

---

① ［加］科特·T.格雷弗斯、西蒙·N.维登琼斯：《当前刑事诉讼中存在的问题探讨》，载江礼华、杨诚：《外国刑事诉讼制度探微》，法律出版社2000年版，第223—224页。

条规定了检察官履职的具体要求："（a）不偏不倚地履行其职能，并避免任何政治、社会、文化、性别或任何其他形式的歧视；（b）保证公众利益，按照客观标准行事，适当考虑到嫌疑犯和受害者的立场，并注意到一切有关的情况，无论是否对嫌疑犯有利或不利；（c）对掌握的情况保守秘密，除非履行职责或司法上的需要有不同的要求；（d）在受害者的个人利益受到影响时应考虑到其观点和所关心的问题，并确保按照《为罪行和滥用权力行为受害者取得公理的基本原则宣言》，使受害者知悉其权利。"第14条规定："如若一项不偏不倚的调查表明的起诉缺乏根据，检察官不应提出或继续检控，或应竭力阻止诉讼程序。"第16条规定："当检察官根据合理的原因得知或认为其掌握的不利于嫌疑犯的证据是通过严重侵犯嫌疑犯人权的非法手段，尤其是通过拷打，残酷的、非人道的或有辱人格的待遇或处罚或以其他违反人权办法而取得的，检察官应拒绝使用此类证据来反对采用上述手段者之外的任何人或将此事通知法院，并应采取一切必要的步骤确保将使用上述手段的责任者绳之以法。"我们发现，1877年《德国刑事诉讼法典》所确立的检察官客观义务基本要素，在这份国际立法文献中被演绎得淋漓尽致。

三、检察官客观公正立场的中国语境解读

检察官客观公正立场是中国特色社会主义检察机关作为法律监督机关宪法定位的最生动的注脚。中国的检察制度是从苏联继承和移植过来的，又在我国社会主义实践中形成了自身的特色。中国特色社会主义检察制度最根本的要义，就是《宪法》第129条规定的"中华人民共和国人民检察院是国家的法律监督机关"。法律监督机关中国检察机关的宪法定位，这个定位是检察制度未来改革、创新、完善不可动摇的一个底线、不可逾越的一条红线，是人民检察事业兴旺发达的根本保证。但是很长时期以来，法律监督者的宪法定位不断受到质疑甚至批判，这种声音大体可以归为两点。第一，认为权力肌体的健康运行，不是依靠权力之间的垂直监督，而是依靠权

力之间的平行制衡，也就是不是靠纵向的、自上而下的监督来维持，而是靠权力主体之间横向制衡来确保权力结构的科学运行的。第二，认为如果强调监督者的意义，那么就永远无法解决"谁来监督监督者"这样一个循环命题，会陷入一个无限循环监督的悖论。基于这两点，相对比较和缓的主张认为，检察机关应该把法律监督权运行严格局限在诉讼领域，而不能无限扩张到其他法律运行领域；比较激进的主张则认为检察机关应该彻底地放下这种所谓监督者的姿态，转身为诉讼当事人，通过这样一种转型或者转身，来平衡控辩双方之间实力资源的差异，构建检察官和辩护人在法庭上的平等格局。这些论调，对于检察制度的改革和检察事业的发展，确实构成了严峻的挑战。每一位检察同仁都有责任对我们的职业展开认真而严肃的思考。笔者从检察官客观义务或者说客观公正立场这个学术领地里找到了可以作出回应的学术资源。检察官客观公正立场强调检察官在刑事诉讼活动中，绝不是一方当事人的角色，而应当超越控诉方的立场，秉持法律守护人的姿态，不应当以谋求胜诉为目标，而应当以发现真相和实现正义为目标。这种客观义务或者客观公正立场的内涵，难道不就是法律监督者的另外一种富有学术气息并且非常生动鲜活的表述吗？中国的检察机关法律监督者角色和西方国家话语中法律守护人角色，或许更多的是一种语言风格上的差异，或者说具有异曲同工之妙。事实上，我们在域外法学文献甚至国际立法中随处可以见到检察官监督调查、监督审判的表述，如前面提及的联合国第八届预防犯罪和改善罪犯待遇大会通过的《关于检察官作用的国际准则》中就有非常明确的"监督审判""监督调查"的表述。我们可以得出这样一个结论：发源于西方，并且得到当代几乎所有国家认同，被写入检察官履职国际公约的客观义务，和我国检察机关作为国家法律监督机关的宪法定位是高度契合的，并且它为我国检察机关作为法律监督机关的宪法定位提供了一种强劲、浑厚的学术资源支持。正是在这个意义上，载入检察官法的检察官客观公正立场，是一座值得我们充分珍视和挖掘的理论宝库，它不仅为我们理直气壮地张扬检察机关作为法律监督机关宪法定位提供了一面思想旗帜，而且也为中国特色社会主义检察制度改革、创新、完善给出了一条理论路径。

接下来探讨践行检察官客观公正立场应该努力的方面。我们仍然援引朱孝清和龙宗智两位先生的见解。朱孝清先生将我国检察官客观义务的内容界定为八个方面：（1）"以事实为根据"规定为刑事诉讼法的基本原则；（2）客观全面收集、提供证据、全面审查起诉、忠实于事实真相的义务；（3）根据案件具体情况和批捕、起诉的法定条件分别作出批捕或不批捕、起诉或不起诉决定的职权和义务；（4）对法院确有错误的判决裁定提出抗诉的权力和义务；（5）对诉讼中的违法、不当行为进行监督的职权和义务；（6）回避的义务；（7）维护各方合法权益和保障诉讼参与人诉讼权利的义务；（8）对违反检察官客观公正义务有关内容的检察人员追究责任。[①]龙宗智教授则将检察官客观义务归结为客观取证义务、中立审查责任、公正判决追求、定罪救济责任、诉讼关照义务以及程序维护使命。结合两位学者的观点，我们重点探讨一下以下四个方面的问题。

第一，全面取证的要求。我国刑事诉讼法关于检察官全面取证的规定，包括三项内容：一是双向取证的义务，即第52条规定的，侦查人员、检察人员和审判人员必须依照法定程序，收集能够证实犯罪嫌疑人、被告人有罪、无罪和犯罪情节轻重的各种证据；二是协助取证的义务，即第41条规定的，辩护人认为公安机关收集的证明犯罪嫌疑人、被告人无罪或者罪轻的证据材料未提交的，有权申请人民检察院调取，以及第58条规定的辩护律师可以申请人民检察院调取证据；三是非法证据排除义务，即第56条规定的，在侦查、审查起诉、审判时发现有应当排除的证据的，应当依法予以排除，不得作为起诉意见、起诉决定和判决的依据。

第二，中立审查的要求。审查逮捕（包括审查逮捕工作延伸的羁押必要性审查）和审查起诉是检察机关的传统主责主业。这两项

---

① 参见朱孝清：《检察官客观公正义务及其在中国的发展完善》，载《中国法学》2009年第2期。

工作实际上都具有鲜明的司法性格或者说准司法性格，因为它符合前述对司法品格的诠释，比如中立性、被动性和判断性。笔者认为，践行检察官客观公正立场，应当推进审查逮捕和审查起诉工作的司法化改革。有些地方引入的逮捕听证、不诉听证机制就是这方面有意义的尝试和探索。这里需要着重说明的是：前面谈到司法活动是一种判断活动，判断活动就意味着做是非题而不是多项选择题，也就是只能在是与非、有罪与无罪之间确定其一，而不能有模棱两可的骑墙，所以，强调审查逮捕和审查起诉的中立审查品格，就要求对是否逮捕和起诉作出明确的结论。

第三，均等救济的要求。我国《刑事诉讼法》第 228 条规定，地方各级人民检察院认为本级人民法院第一审的判决、裁定确有错误的时候，应当向上一级人民法院提出抗诉。第 254 条规定，最高人民检察院对各级人民法院已经发生法律效力的判决和裁定，上级人民检察院对下级人民法院已经发生法律效力的判决和裁定，如果发现确有错误，有权按照审判监督程序向同级人民法院提出抗诉。这里虽然没有明确检察机关可以为被告人利益提出上诉或者申请再审，但是确有错误理所当然地包括了无罪判有罪、重罪判轻罪等侵害被告人合法权益的情形，这一点也得到了《人民检察院刑事诉讼规则》的明确承认。还需要说明的是：对有利于被告人的抗诉和不利于被告人的抗诉，应当实行不同的政策导向。对于前者，应当适度放宽，积极鼓励各级检察机关理直气壮地为捍卫被告人利益而努力，而对于后者，则要适度从严，贯彻"有理有利有节"的原则，不要为了鸡毛蒜皮的小问题甚至小瑕疵而轻率抗诉，这是尊重司法既判力和法院公信力的需要。法院的公信力需要全社会的维护，也特别需要检察机关的呵护。

第四，程序关照的要求。程序关照，是检察官客观公正立场的重要体现，在西方国家大多称为"诉讼关照"。很多学者甚至认为这种"诉讼关照义务"是独立于"客观义务"之外的另一种检察官职业品格，有的学者往往以"客观与诉讼关照义务"来统合两者。笔者不太赞成这些见解。首先，所谓的诉讼关照，实质上要求检察官超越当事人立场为被告方提供某种法律援助，它在本质上与全面取证、中立审查、均等救济这些义务具有同一价值取向，完全没有必要在"客观义务"之外另立门户，更没有必要将"客观义务"和"诉讼关照"义务堆砌在一起、叠床架屋。其次，与其说是诉讼关照，不如说是程序关照，因为诉讼关照主要体现对被告人程序权利的保障和维护，也即确保被告人在刑事诉讼中获得有尊严的对待，所以，强调程序关照更有利于体现检察机关作为刑事诉讼全程参与者和引导者所承担的客观公正立场。在程序关照义务中，检察机关需要承担的任务是相当多的，如告知义务、辩护保障义务，等等。

　　从我国刑事诉讼法关于检察官客观公正立场的义务性规定来看，中国特色社会主义检察制度体系中的客观义务因素或者说中国检察立法对客观公正立场的义务性规定比西方国家更为丰富。西方国家的检察官客观义务立法主要是体现在诉权层面，而我国的检察官客观公正立场立法则更多体现为司法或者准司法性格，贯穿于侦查、起诉、审判、执刑全过程，延伸拓展到诉讼权利保障的方方面面，这一点是中国特色社会主义检察制度的独特成就。

▶ 第九讲

刑事诉讼中的被追诉人权利及其保护[*]

冯卫国[**]

目　次

---

[*]　本文系作者根据在浙江省检察机关第一期青干班上的讲义整理。

[**]　西北政法大学刑事法学院院长。

一、被追诉人的概念界定

被追诉人，是指因涉嫌实施犯罪行为而遭受刑事指控、被刑事司法机关依法追究刑事责任的人。理解这一概念应注意以下几点：

（一）被追诉人的身份具有时限性和程序性

只有在刑事司法机关依法启动刑事追诉程序后，方可将有关的涉案人员称为被追诉人。追诉程序的启动，应当以刑事案件的立案为标志。由于罪责的待定性，被追诉人的法律地位具有一定的不确定性，随着案件审理结束和有关裁判的生效，其身份会发生变化，可能因为有罪判决生效而成为罪犯，也可能因为无罪判决生效而回归普通人的生活。

（二）被追诉人限于自然人

需要指出，当前包括我国在内的许多国家，在立法上规定了单位犯罪主体，因而刑事诉讼法中的被追诉人可以是单位，但由于这里探讨的是刑事司法中的人权保障问题，故不涉及刑事被告单位。

（三）被追诉人既包括本国公民，也包括外国人（含无国籍的人）

根据我国刑事法律确立的管辖原则，外国人在下列三种情形下可以根据我国法律追究刑事责任：（1）在我国领域内实施犯罪的；

（2）在我国领域外实施针对我国及我国公民犯罪的；（3）在我国领域外实施有关国际公约所确立的国际罪行的，如种族灭绝、劫机、海盗、贩卖人口、恐怖活动等。随着全球化进程的加速，我国面临的涉外犯罪、跨国犯罪及国际犯罪日益严重，因而被追诉人为外国人的案件呈增长趋势。被我国司法机关追诉的外国人，其基本人权及诉讼权利平等地受我国法律保护。

（四）被追诉人主要指公诉案件中的被追诉人

在我国，刑事案件分为公诉案件和自诉案件，在公诉案件中，由特定的国家机关行使追诉权，追诉人同被追诉人实际上处于不对等的地位。而在自诉案件中，诉讼程序接近于民事诉讼模式，原、被告双方地位平等，由于国家公权力未介入追诉，被追诉人权利受侵害的可能性相对较小。故这里重点探讨公诉案件中的被追诉人权利保护问题。

（五）被追诉人包括犯罪嫌疑人和被告人

根据我国现行刑事诉讼法的规定，被追诉人在不同的诉讼阶段具有不同的称谓。在侦查和审查起诉阶段，被追诉人被称为犯罪嫌疑人，在审判阶段则被称为被告人，二者的区分以人民检察院正式向人民法院提起公诉为分界线。犯罪嫌疑人和被告人由于处在不同的诉讼阶段，其权利范围是有所不同的，总体来说，被告人较之犯罪嫌疑人，权利受到的限制更小一些，权利内容也多一些，例如当庭质证权、最后陈述权、上诉权等，只能是进入审判阶段以后被告人才享有的权利。

二、被追诉人权利的历史演变

回顾人类历史，被追诉人取得权利主体的地位，经历了一个漫长的过程。在我国古代奴隶社会、封建社会时期，以及欧洲的中世纪等时期，都实行纠问式诉讼模式，在此模式之下，司法官员集侦查、控诉、审判职能于一身，刑事诉讼中奉行有罪推定思想，司法擅断大行其道，官府可以在没有任何证据的情况下任意抓捕百姓，随意出入人罪；被追诉人在未经审判并确定有罪以前，就被作为罪犯对待，从而沦为诉讼的客体、司法的奴隶，没有任何权利可言；侦查和审判往往秘密进行，被追诉人的口供被视为最佳证据，刑讯逼供则被合法化、制度化，成为主要的取证手段，所谓"棰楚之下，何求不得"，刑讯的方式无所不用其极，造成冤狱无数，很多人命丧严刑拷打之下。直到近代以来，随着资产阶级登上历史舞台，在启蒙思想家的号召下，被追诉人的权利保护问题才开始得到人们的关注。针对封建社会刑事诉讼制度的野蛮和残酷，启蒙思想家提出了无罪推定原则。

1789 年出台的法国《人权宣言》，最早从立法上确立了无罪推定原则，此后，无罪推定原则被各国刑事诉讼制度所普遍采纳，而且很多国家将其提升到宪法原则的高度。无罪推定原则的提出及其立法化，在世界人权史上具有划时代的意义，标志着被追诉人由诉讼客体向权利主体地位的转变，这也对近代以来各国刑事诉讼制度的发展产生了深远影响。时至今日，无罪推定原则已经成为现代刑事诉讼制度的灵魂和基石，在联合国出台的一系列刑事司法准则中，也将无罪推定作为最基本和最重要的原则之一，并贯穿始终。在无罪推定理念的引导和推动下，各国日益重视对被追诉人权利的保护，相关的立法与制度不断完善，被追诉人的权利内容不断丰富，保障水平不断提高。

三、被追诉人权利保护的意义

现代刑事诉讼活动担负着犯罪控制与人权保障的双重使命，必须在公正价值与秩序价值之间追求动态平衡。在依法追究犯罪、维护社会秩序的同时，不能背离正当程序，不能以牺牲相关主体的法定权利为代价，不能为了打击犯罪而不择手段。同时，诉讼参与人尤其是被追诉人权利获得有效保障，对于准确查明案件、促进司法公正、实现犯罪控制的最佳效益具有积极意义。如果被追诉人的权利得不到充分保障，甚至受到非法侵犯，相关证据尤其是口供的真实性就会受到削弱，错案发生的概率就会增加。即使最终的实体处理结果没有问题，程序不公和权利受损的事实，也会损害判决的公信力，动摇公众的法治信仰。刑事司法中的人权保障，最主要体现在对被追诉人的权利保障方面。虽然刑事诉讼中存在多元主体，除了被追诉人之外，还有被害人、证人等，但相较而言，落入法网的被追诉人，在强大的国家机器面前显然处于弱势地位，加之人们内心普遍具有的对犯罪的憎恶之情和对犯罪人的报应心理，侵犯被追诉人权利的现象更容易发生。即使在人权观念日益深入人心、法治不断进步的今天，无论中外，侵犯被追诉人权利的事件还是屡有发生。被追诉人权利保护是刑事司法永恒的主题。在当今社会中，被追诉人权利是否切实得到保障，是判断一国刑事司法制度是否文明、科学的基本维度之一，也是衡量该国社会文明与民主法治发达程度的重要尺度。

四、被追诉人的基本权利及其保障

在有关国际人权公约及联合国刑事司法准则中，都有大量关于被追诉人权利保护的规定。例如，《公民权利和政治权利国际公约》规定的有关被追诉人权利保护的内容主要有：权利平等原则；司法补救；生命权的程序保障；禁止酷刑或施以残忍的、不人道的或侮辱性的待遇或刑罚；人身自由和安全的程序保障；所有被剥夺自由的人应给予人道或尊重人格尊严的待遇；独立、公正审判；辩护的权利；对未成年人的特别保障；无罪推定；反对强迫自证其罪；刑事赔偿；禁止双重危险等。[①]

在我国，以宪法、刑事诉讼法、刑法等为主体的有关法律、法规，也对被追诉人的基本权利作了明确、具体的规定。其中，刑事诉讼法是在被追诉人保护方面规定最为系统和全面的一部法律。结

---

① 陈光中、张建伟：《公民权利和政治权利国际公约与我国刑事诉讼》，载《中国法学》1998 年第 6 期。

合国际刑事司法准则与我国现行有关法律规定，被追诉人的基本权利主要包括以下内容：

（一）不受法外制裁的权利

即刑事责任的追究必须有事先规定的、明确的法律依据，对于法律没有明文规定为犯罪的行为，不得定罪处罚。这是现代刑法中罪刑法定原则的要求和体现。根据罪刑法定原则的要求，刑事追诉活动必须坚持法治原则，绝不能逾越法律界限，不能对一个人定"莫须有"的罪名，也不能对判决有罪的人适用重于法定刑的刑罚。

（二）平等适用法律的权利

平等是法治的基本精神，平等原则是当代人权保护的基本原则之一。我国宪法规定了法律面前人人平等的原则，我国《刑法》第4条及《刑事诉讼法》第6条又分别对这一原则予以进一步强调。根据平等原则要求，任何人犯罪，都应当受到法律的追究，任何人不得享有超越法律规定的特权；同时，所有被追诉人的实体权利和诉讼权利平等地受法律保护，不允许任何特权和歧视现象。

（三）人身权利和安全受保障的权利

人身权利和安全是最基本的人权，被追诉人的人身权利和安全受法律保护，任何组织和个人不得非法侵犯。根据国际人权公约的要求，在刑事诉讼活动中，严禁对被追诉人使用酷刑以及其他不人道或侮辱性的待遇。我国法律严禁刑讯逼供等非法取证行为，对刑讯逼供者依法追究刑事责任，还建立了讯问时应保证被追诉人饮食和必要休息的制度。值得关注的是，为了保证刑事诉讼的顺利进行，刑事司法机关有权对被追诉人采取一定的剥夺或限制人身自由的强制措施，我国刑事诉讼法规定了拘传、取保候审、监视居住、拘留、逮捕五种强制措施，这些强制措施具有预防性的特点，并不具有惩罚性，其内容是临时性地剥夺或限制被追诉人的人身自由，不能伤害其身体。适用强制措施的目的是防止被追诉人逃跑、自杀、重新犯罪以及证据发生灭失等危险。刑事强制措施的适用必须遵循正当程序，且以必要性为限，否则即属滥用权力的非法行为。

（四）不被强迫自证其罪的权利

联合国《公民权利和政治权利国际公约》第 14 条第 3 款规定："任何人不被强迫作不利于他自己的证言或强迫承认自己有罪。"这一规定被称为"不被强迫自证其罪"原则。目前，该原则已经成为维护被追诉人权利的基本要求，也是刑事诉讼中公正审判的最低限度保障。不被强迫自证其罪原则的基本含义是：在刑事诉讼中，不能采取强制手段迫使一个人供认自己的罪行，被追诉人的供述必须出于自愿，严禁通过刑讯逼供、诱骗、胁迫等影响自主表达的方式取得口供。我国 2012 年修订的《刑事诉讼法》首次确立了这一原则，同时还设立了非法证据排除规则，明确规定采用刑讯逼供等非法方法收集的犯罪嫌疑人、被告人供述应当予以排除，此外还设立了讯问时全程同步录音、录像制度，这些都有助于遏制刑讯逼供现象，强化对被追诉人权利的保护。

（五）不受非法羁押和获得非羁押性处遇的权利

任何人不应受到任意的逮捕和羁押，这是《世界人权宣言》等明确规定的一项基本人权。联合国《保护所有遭受任何形式羁押或羁押人的原则》进一步规定，羁押不仅要严格按照法律的规定，而且只能够由有资格的官员或被授权的人执行。审前羁押措施剥夺了被追诉人的人身自由，会严重影响被追诉人的正常生活与工作，并对其身心造成极大的痛苦，是一种社会代价高昂的刑事措施，也意味着对人权的克减。基于无罪推定原则的要求，审前羁押只能是一种例外的、不得已而实施的最后手段。在有关国际人权公约与刑事司法准则中，极力倡导对审前羁押措施的慎用。在国外法治较为发达的国家，普遍确立了对被追诉人"以保释为常态、以羁押为例外"的原则，只有最危险的被追诉人才可能被投入牢房；同时，建立了对审前羁押的司法审查与救济机制，符合条件的被追诉人都有获得非羁押性处遇的机会。

在我国，禁止非法羁押和慎用羁押的原则在有关法律中有一定体现。我国《宪法》第 37 条规定，任何公民，非经人民检察院批准或者决定或者人民法院决定，并由公安机关执行，不受逮捕。2012年修订后的刑事诉讼法，对审前羁押的条件和程序作了严格限定，严禁非法拘留、逮捕，严禁超期羁押等，同时扩大了取保候审、监视居住等非羁押性措施的适用范围。

（六）辩护权

辩护权是被追诉人最重要的权利之一，刑事辩护制度是现代法治文明的重要组成部分。切实保障被追诉人的辩护权，对于实现司法公正、促进社会和谐意义重大。在刑事诉讼中，被追诉人可以自行辩护，也可以委托专业的律师提供辩护，在多数情况下，律师的参与程度直接影响着被追诉人权利保护的水平以及案件办理的质量。正如美国联邦最高法院乔治·萨瑟兰法官所指出："即使那些聪明的和受过教育的外行也对法律科学知之甚少甚至根本不懂。如果没有辩护律师的帮助，他可能在不恰当的指控下被送上审判席，并且根据与此案无关的或者其他不被承认的对他不利的不足证据被判有罪。没有辩护律师，即使他可能是无罪的，他也面临被定罪的危险，因为他不知道该如何证实自己的清白。"[1] 可以说，在刑事案件中，正是律师决定着正义的质量。[2] 因此，必须努力保证被追诉人获得有效辩护。在我国，被追诉人的辩护权是一项宪法性权利。我国《宪法》第 125 条明确规定："被告人有权获得辩护"。我国刑事诉讼法对辩护制度作了系统规定，2012 年通过的刑事诉讼法修正案，进一步完善了辩护制度，提升了辩护人在刑事诉讼中的地位和作用，强化了对辩护律师执业权利的保障，对于提高刑事辩护率与辩护质量具有重要意义。

---

① ［美］罗纳尔多·V. 戴尔卡门：《美国刑事诉讼：法律和实践》（第 6 版），张鸿巍等译，武汉大学出版社 2006 年版，第 428 页。

② 陈虎：《比自由更重要的是平等——（代译序）》，载《吉迪恩的号角：一个穷困潦倒的囚徒是如何改变美国法律的》，中国法制出版社 2010 年版，第 1 页。

（七）获得法律援助的权利

这里的法律援助是指刑事法律援助，即对于符合法定条件而无力聘请律师的被追诉人，由政府法律援助机构指派承担法律援助义务的律师为其提供无偿性辩护的制度。刑事法律援助制度对保障被追诉人的合法权益、维护司法公正起着重要作用。

现代刑事法律援助肇始于 20 世纪 60 年代美国的吉迪恩诉温赖特案。吉迪恩是美国佛罗里达州的一名穷人。1961 年，他因涉嫌闯入一家台球厅盗窃而被捕。吉迪恩一贫如洗，请不起律师，庭审时他请求法院免费提供一位律师，遭到拒绝，只好自己为自己作无罪辩护。由于文化程度低且不懂法律，他的辩护效果可想而知，最后被认定有罪并判处 5 年监禁。在州监狱服刑期间，吉迪恩以判决不公为由提起了诉讼（应诉人为佛罗里达州监狱长温赖特）。他还向美国最高法院提交了一份《赤贫人申诉书》，声称佛罗里达州法院不为穷人免费提供律师违背正当程序原则，因而判决是不公正的。1963 年 3 月，美国最高法院的 9 位大法官一致作出裁决，指出贫困阶层的律师帮助权属于公平审判的基本内容，应纳入《宪法》第 14 条修正案中"正当法律程序"之列。该裁决书中有句名言："在刑事法院，律师是必需品，而非奢侈品。"后经最高法院重审，吉迪恩被改判无罪。吉迪恩案确立了刑事审判中被告人无条件获得辩护的权利，在全世界范围内对刑事司法产生了积极影响，直接推动了现代法律援助制度的诞生。

1990 年，第八届联合国预防犯罪和罪犯待遇大会通过的《关于律师作用的基本原则》第 6 条规定："任何没有律师的人在司法需要情况下均有权获得按犯罪性质指派给他的一名有经验和能力的律师，以便得到有效的法律援助，如果他无足够力量为此种服务支付费用，可不交费。"[①] 从世界范围看，许多国家都建立了法律援助制度。我

①　徐景峰：《联合国预防犯罪和刑事司法领域活动与文献纵览》，机械工业出版社 1998 年版，第 135 页。

国 2012 年修订的刑事诉讼法对刑事法律援助制度作了进一步完善，将法律援助的时间提前到了侦查阶段，并扩大了法律援助的对象范围。根据立法规定，对于因经济困难等原因而不能委托辩护人的，本人及其近亲属可以提出申请，对符合条件的，法律援助机构应当指派律师提供辩护；对于没有委托辩护人的下列被追诉人，办案机关应当通知法律援助机构指派律师提供辩护：（1）盲、聋、哑人；（2）未成年人；（3）可能被判处死刑的人；（4）可能被判处无期徒刑的人；（5）限制责任能力的精神病人。2013 年 2 月 4 日，最高人民法院、最高人民检察院、公安部、司法部联合发布《关于刑事诉讼法律援助工作的规定》，对刑事法律援助制度的具体运行作了细致规定。为了使被追诉人获得法律援助的权利落到实处，近年来，各级公安部门、司法行政部门共同推进看守所法律援助工作站建设，由法律援助机构在看守所派驻值班律师提供法律咨询等帮助，切实保障被追诉人、被羁押者的合法权利。2018 年修改刑事诉讼法，确立了律师值班制度，法律援助机构可在法院、看守所等场所派驻值班律师，为被追诉人提供法律咨询、程序选择建议、申请变更强制措施、对案件处理提出意见等法律帮助。

（八）获得公正审判的权利

《公民权利和政治权利国际公约》第 14 条确立了国际社会公认的公正审判权的一般国际标准：为实现公正审判权，人人都应享有在法庭前的平等权利、由独立和无偏倚的法庭进行审判的权利、被无罪推定的权利、在刑事审判过程中享有最低限度程序保证的权利、上诉或复审的权利、被终审误判时获得赔偿的权利和不因同一罪行受双重处罚的权利等。

我国刑事诉讼法为保证公正审判，赋予了被追诉人一系列相关的权利，前述的辩护权、获得法律援助的权利等，实际上也是公正审判的题中应有之义。除此之外，刑事诉讼法还对被追诉人规定了下列相关的权利：（1）申请回避的权利，即申请与案件有利害关系的办案人员不得参加本案的侦查、起诉、审判等诉讼活动的权利；

（2）使用本民族语言文字进行诉讼的权利，如果被追诉人不懂或不会说法庭上所用的语言，应免费获得译员的帮助；（3）申请补充鉴定或者重新鉴定的权利；（4）对人民检察院作出的不起诉决定进行申诉的权利；（5）核对笔录的权利；（6）获得公开审判的权利，除非涉及国家秘密、个人隐私等的案件，所有案件都应公开审理；（7）获得迅速审判的权利，司法机关应严格遵守法定的办案期限，避免案件的久拖不决；（8）程序选择权，即是否适用简易程序、速裁程序等，应征得被追诉人同意；（9）当庭对质权，即被追诉人有权在法庭上对控方证人进行反询问；（10）在法庭上的最后陈述权；（11）上诉权，即对一审裁判不服，可在法定期限内提请上级法院重审，为保护被告人没有顾虑地行使上诉权，立法还规定了上诉不加刑原则；（12）对侵权行为提出控告的权利；（13）申诉权，即对司法机关的生效裁判要求重新进行审查并予以撤销的权利；（14）因误判而获得赔偿的权利等。

值得注意的是，2018 年修订后的刑事诉讼法增设了刑事缺席审判制度，这是立法上的一个突破，旨在从严惩治贪污贿赂、危害国家安全、恐怖活动等犯罪。必须明确，缺席审判只是刑事诉讼法的一个例外规定，其适用范围与程序有着严格的规定。在缺席审判的情况下，被告人因未到庭而不能直接行使某些权利，但立法要求对其基本诉讼权利必须予以保障，如规定了被告人或其近亲属可以委托辩护人，代表其行使辩护权；或者由法援机构指派律师为其辩护；另外还规定了被告人或其近亲属的上诉权。

（九）关于被羁押人的权利

所谓被羁押人，是指被适用拘留、逮捕措施的看守所在押人员。如前所述，现代法治倡导慎用羁押原则，对被追诉人适用羁押应是最后手段。不过，不能排除对符合法定条件、危险性较大的被追诉人适用必要的羁押措施。由于羁押是对被追诉人最为严厉的强制措施，失去人身自由、与社会隔离的被羁押人，其权利无疑更易受到侵犯，所以对被羁押人的保护是被追诉人保护的重中之重。

在司法实践中，适用羁押措施必须遵循法定的条件和程序，切实保护被羁押人的权利。根据国际人权公约及我国有关法律，除了前述有关被追诉人的一般性权利外，被羁押人还享有下列权利：（1）被告知羁押理由的权利。（2）被及时送至法定羁押机构的权利。（3）被羁押后及时通知家属的权利。（4）获得基本生存条件的权利，羁押机构应满足被羁押人食宿、卫生等基本的生活待遇，并保护被羁押人的人身安全。（5）人格尊严受保护的权利。（6）与近亲属通信、会见的权利。（7）不被强迫劳动的权利。（8）羁押期满被释放或变更强制措施的权利，不允许对被追诉人超期羁押。（9）对羁押提出司法审查的权利，被羁押人及其法定代理人、近亲属、辩护人如认为羁押措施适用不当的，有申请变更的权利。2012年修订后的刑事诉讼法增设了捕后羁押必要性审查制度，即检察机关有义务对在押人员的羁押必要性进行定期审查，如发现不需要继续羁押的，应当建议办案机关及时释放或者变更强制措施。（10）因非法羁押得到赔偿的权利。

（十）关于未成年被追诉人的权利

在现代各国，鉴于未成年人特殊的身心特征及再社会化需要，对其刑事处遇的理念、模式及措施均同成年人有所区别，在实体上，在犯罪性质和犯罪情节相同或大体相同时，对未成年人的处罚要轻；在程序上，对未成年人刑事案件的处理设置了特别的程序。联合国有关国际公约及刑事司法准则，如《儿童权利公约》《联合国少年司法最低限度标准规则》等，对此都有专门规定和要求。在我国，刑法、刑事诉讼法及未成年人保护法等法律，也都体现了对未成年人教育为主、惩罚为辅、特别对待的精神。我国刑法中对未成年人规定了诸多特别条款，如对未成年人犯罪应从宽处罚、对未成年人不适用死刑、未成年人不构成累犯等。2012年修订后的刑事诉讼法，更是专章规定了未成年人刑事案件的诉讼程序，其主要内容有：（1）慎用逮捕原则，即对未成年人严格限制适用逮捕措施。（2）强制辩护制度，即未成年被追诉人没有委托辩护人的，办案机关应当通知法律援助机构指派律师为其提供辩护。（3）社会调查制度，即办理未成年人刑事案件，不仅要调查案件事实，还要对未成年被追诉人的成长经历、犯罪原因、监护教育等情况进行调查，以了解案发原因，选择最恰当的处理方法。（4）分案处理原则，即对被拘留、逮捕和执行刑罚的未成年人与成年人应当分别关押、分别管理、分别教育。（5）合适成年人到场制度，即对未成年被追诉人进行讯问和审判时，应当有合适的成年人到场，以维护未成年人的诉讼权利。合适成年人可以是未成年人的法定代理人、其他亲属、学校老师、居住地基层组织或者未成年人保护组织的代表等。（6）附条件不起诉制度，即人民检察院针对某些达到起诉标准的未成年人，本着教育、挽救为主的原则，根据案件具体情况，决定在一定考验期限内暂时不起诉，进行监督考察，期满后再根据考验期的表现作出起诉或不起诉决定。（7）犯罪记录封存制度，即对犯轻罪的未成年人，对其相关犯罪记录予以封存，除法定的特殊情形外，不得向任何单位和个人提供，以促进涉罪未成年人顺利融入社会，健康成长，避免因案件犯罪记录公开可能引发的偏见和歧视，亦即所谓的"标签化效应"。

五、我国被追诉人权利保护的现状与趋向

我国历经两千多年的封建社会，权利意识的发育先天不足，加之新中国成立后的相当一段时间内法律虚无主义、法律工具主义盛行，因此在被追诉人权利保护方面还存在一些不足。主要表现在：一些司法人员权利意识不强，有罪推定观念仍然根深蒂固，"重实体、轻程序""重打击、轻保护"等不良倾向在一定范围存在；刑事司法实践中过分重视口供，过度依赖羁押措施，致使刑讯逼供、滥用强制措施、超期羁押等现象时有发生，审前羁押率过高，取保候审等非羁押性强制措施适用偏少；被追诉人的辩护权得不到充分保障，辩护律师"会见难、阅卷难、取证难"等一度成为老大难问题，刑事审判中辩护意见得不到足够重视，"你辩你的，我判我的"

现象比较普遍。此外，被羁押人的会见亲属权尚未成为法定权利，实践中对其限制过多；还有个别看守所管理不善，曾出现了一些虐待被羁押人或有损其人格的现象，如 2009 年云南发生的"躲猫猫事件"就是典型的负面事件；还有不少看守所强制被羁押人剃光头、穿黄马甲等有辱人格的现象。一些基层司法机关对被追诉人权利关注不够，导致刑事诉讼中的控辩失衡，直接影响到刑事审判的公正性，甚至造成一些冤案、错案，如云南杜培武案、湖北佘祥林案、河南赵作海案等。

改革开放以来，随着依法治国、人权保障、程序公正等理念日益深入人心，被追诉人权利问题逐步得到社会各方面的关注。2002 年 4 月 23 日，《中国青年报》刊登了一则题为《一审被判死刑还该不该重金抢救》的报道，身患严重支气管炎的被告人王某因犯抢劫罪一审被判处死刑，在上诉期间，他的病情急剧恶化，生命垂危，出于人道主义考虑，看守所将王某往医院紧急救治，并承担了数万元的医疗费用。该事件引起了一定舆论争议，花费大量人力物力抢救一个死刑犯究竟意义何在？在判死刑之人身上浪费时间、金钱是否妥当？从讨论的情况看，多数人对看守所的做法持赞成态度，认为对已经判处死刑的被告人进行救治，证明了中国注重对人权的保护，是法治文明的进步。这说明在被追诉人权利保障方面，社会观念正在不断进步。

随着依法治国方略的确立和法治进程的不断推进，我国执政党和政府大力推动被追诉人权利保障，通过完善刑事立法、健全相关制度、提高司法人员素质等各种途径，不断加强被追诉人权利保障。

从立法层面看，我国于 1996 年、2012 年和 2018 年先后三次修订刑事诉讼法，都将强化对刑事司法权力的规制、完善被追诉人权利保障作为立法主旨。尤其是 2012 年修订后的刑事诉讼法，在被追诉人权利保障方面取得重大进展，如在总则中明确写入"尊重和保障人权"，确立了不被强迫自证其罪原则，建立了非法证据排除规则，完善了刑事辩护和法律援助制度，加强了对侦查权和审前羁押的法律控制等。

2014 年党的十八届四中全会通过的《中共中央关于全面推进依

法治国若干重大问题的决定》中，用专门篇幅论及加强人权司法保障，并提出了以下要求和举措：强化诉讼过程中当事人和其他诉讼参与人的知情权、陈述权、辩护辩论权、申请权、申诉权的制度保障；健全落实罪刑法定、疑罪从无、非法证据排除等原则的法律制度；完善对限制人身自由司法措施和侦查手段的司法监督；加强对刑讯逼供和非法取证的源头预防，健全冤假错案有效防范、及时纠正机制。此外，该决定中还提出要推进以审判为中心的诉讼制度改革，全面贯彻证据裁判规则，推进审判公开、检务公开、警务公开、狱务公开，加强对司法活动的监督等措施，这都有利于维护被追诉人权利、促进刑事司法公正。

随着司法改革的推进，我国对被追诉人权利保护的水平不断提高，一些相关的具体举措纷纷出台。例如：

其一，加强被羁押人保护。如改善被羁押人居住条件；推动看守所医疗工作社会化，使被羁押人患病得到及时治疗；加强对"牢头狱霸"打击和防范；建立健全被羁押人入所体检、定期体表检查以及提讯后体检等制度，以防范刑讯逼供；实行收押权利义务告知等制度；完善对被羁押人的安全风险评估、心理干预、投诉调查处理以及特邀监督员巡查看守所等制度；健全被羁押人约见派驻检察官、派驻检察官与被羁押人谈话以及检察官信箱等制度。截至2017年6月，全国看守所普遍建立被羁押人心理咨询室，有2501个看守所实现留所服刑罪犯互联网双向视频会见；全国2400多个看守所建立了法律援助工作站，为在押人员提供法律帮助。截至2016年，全国看守所均建立了在押人员投诉处理机制，有2489个看守所聘请了特邀监督员。[1]

其二，保障律师执业权利，开展刑事案件律师辩护全覆盖试点工作。2017年10月以来，按照最高人民法院、司法部《关于开展刑事案件律师辩护全覆盖试点工作的办法》，北京、上海、浙江、安

---

[1] 国务院新闻办公室：《中国人权法治化保障的新进展》，载新华网，http：//www.xinhuanet.com/politics/2017 - 12/15/c_ 1122115610.htm。

徽、河南、广东、四川和陕西 8 个省（直辖市）积极探索开展刑事案件律师辩护全覆盖试点工作，取得了良好成效。2018 年 12 月，最高人民法院和司法部联合发文，决定将试点期限延长，工作范围扩大到全国 31 个省（自治区、直辖市）和新疆生产建设兵团。

其三，全面推行律师值班制度。2018 年修改后的刑事诉讼法正式确立了律师值班制度。该法第 36 条规定：法律援助机构机构可在法院、看守所等派驻值班律师。嫌疑人、被告人没有委托辩护人，法律援助机构没有指派律师为其提供辩护的，由值班律师为嫌疑人、被告人提供法律咨询、程序选择建议、申请变更强制措施、对案件处理提出意见等法律帮助。刑事诉讼法还明确了被追诉人约见值班律师的权利，以及司法机关的相关告知义务等。值班律师制度解决了辩护人到位前被追诉人的基本法律服务需求，对认罪认罚从宽制度及刑事速裁程序的有效运行至关重要，有助于保障被追诉人作出选择时的自愿性和明智性，避免因不懂法以及在高压氛围和陌生环境下被迫作出不利于自己的陈述或行为。

其四，完善防范和纠正刑事错案机制。公安部发布《关于进一步加强和改进刑事执法办案工作切实防止发生冤假错案的通知》，最高人民检察院发布《关于切实履行检察职能防止和纠正冤假错案的若干意见》，最高人民法院发布《关于建立健全防范刑事冤假错案工作机制的意见》，三机关共同发力，旨在从源头上防止冤假错案的发生，确保无罪的人不受刑事追究。2013 年以来，各级检察机关因排除非法证据决定不批捕 2624 人，不起诉 870 人。2013 至 2017 年，各级法院纠正重大冤假错案 37 件 61 人，共依法宣告 4032 名被告人无罪。① 包括张氏叔侄案、聂树斌案、呼格吉勒图案、念斌案、陈满案等在内的一系列错案得以改判。

其五，从细节入手贯彻无罪推定原则。2015 年最高人民法院、

---

① 国务院新闻办公室：《中国人权法治化保障的新进展》，载新华网，ht-tp：//www.xinhuanet.com/politics/2017 - 12/15/c_ 1122115610. htm，2020 年 4 月 14 日访问。

公安部联合下发《关于刑事被告人或上诉人出庭受审时着装问题的通知》，要求人民法院开庭时，刑事被告人或上诉人不再穿着看守所的识别服出庭受审。

以上这些举措都彰显了我国刑事司法的文明与进步。当然，被追诉人权利保护的水平是个不断提升的过程，一些老问题由于思维惯性不可能在短时间内得以彻底解决，一些新情况、新问题也会不断出现。例如，近年来一些地方让刚刚落入法网的犯罪嫌疑人"上电视认罪"的做法，受到学者的诟病；职务犯罪侦查权转隶后，律师如何在监察调查阶段为被调查人提供法律服务，尚未达成共识；在一些"严打"行动或专项斗争中，个别地方仍存在曲解中央有关依法办案要求的不当做法，如放松程序要求、限制律师会见权、制定抓捕指标等违背刑事诉讼规律的形式主义做法，不合理地扩大打击面，一些地方的公检法机关过分强调配合，相互制约不足等。这些错误做法虽然是个别现象，但对刑事法治的损害不容小觑，应当坚决予以纠正。另外，虽然刑事案件律师辩护全覆盖试点不断推进，刑事法律援助的范围日益扩大，但是，总体辩护质量还不够理想，从"有人辩护"上升到"有效辩护"，还需要各方面进一步的努力。

六、检察机关对于被追诉人权利保护的使命和担当

在我国，检察机关代表国家行使公诉权，也是专门的法律监督机关，在被追诉人权利保护方面负有重大责任。随着法治进程的加速、司法改革的推进，对于刑事司法中的人权保障提出了更高的要求。各级检察机关应当强化法治思维与人权保障意识，完善工作机制，依法履行法定职责，为促进被追诉人权利保护体现检察担当，发挥积极作用。

（一）确立现代刑事司法理念

1. 利益平衡理念

刑事诉讼活动追求的价值目标是多元的，涉及的利益主体也是多元的，不同的价值目标、利益主体之间不可避免地存在一定的对

立、冲突。检察工作应当树立利益平衡理念，努力兼顾现代刑事法治的多元价值追求，善于调节相互对立的各种合法利益，促进多元价值与多方利益的动态平衡。为此，应着重把握好以下几个方面的关系：

一是控制犯罪与保障人权并重。我国以往的刑事司法实践中，长期存在过分注重犯罪控制、人权保障重视不够的问题。近年来，从刑事立法到刑事司法，都日益注重被追诉人的权利保障问题，这是法治的可喜进步。但与此同时，不能忽略犯罪控制的目标和需要。如在对待实体公正与程序公正的关系上，我们不能照搬西方一些国家的做法，一味强调程序至上、程序公正优先，以完全牺牲司法的实体公正为代价，出现类似辛普森案那样的处理结局。我国现行刑事法律在某些方面的制度设计中，都体现了控制犯罪与保障人权并重的原则，例如，刑事再审制度中，并没有采取绝对的"一事不再理"或称"禁止双重危险"原则。曾经因为证据不足被判无罪的人在以后相关证据达到确实、充分的情况下，只要不超过法定的追诉时效，还是可以重新启动追诉程序并判决有罪的。在非法证据排除规则方面，对于非法取得的或其他方面存在瑕疵的实物证据，不是一律排除，而采取裁量排除的模式，亦即只有补正不能且无法作出合理解释的，才予以排除。当然，在法律作出刚性规定的某些问题上，司法人员没有自由裁量的余地，必须不折不扣地执行，在这些问题上司法人员必须牢固树立底线思维、红线意识，决不能突破法律的底线，触碰司法的红线。如对于以刑讯逼供等非法方式获取的口供必须排除，即使因此而导致证据链断裂无法认定犯罪成立。在此情形下，"宁可错放，不能错判"虽然是无奈的选择，但也是相对更为明智的选择。保障人权与控制犯罪两个目标在个案处理中有时会发生冲突，此时究竟如何取舍，取决于法律规定和案件的具体情况，但从宏观视角和根本意义上来讲，这两个目标是有机统一的。一方面惩治犯罪是为了维护社会秩序，良好的社会秩序有利于包括犯罪人在内的所有公民的生存和发展；另一方面，切实保护包括犯罪人在内的所有公民的权利，有利于促进司法公正、缓和社会矛盾，从而促进社会的长治久安。

二是司法公正和诉讼效率兼顾。一方面，国家的司法资源是有限的，刑事司法的运作有着相当高的成本，因而对诉讼效率的追求是必然的。忽视对效率的追求，反过来也会影响公正的彻底实现。另一方面，刑事诉讼的首要目标是追求司法公正，没有公正的效率是没有意义的。任何时候都不能为了追求效率而牺牲司法的公正，否则就是本末倒置，甚至得不偿失。我国以往一些"严打"行动中就存在这样的教训，过分强调"从重从快"，却忽视了依法和公正，以至于造成一些错案。1996 年发生的内蒙古"呼格吉勒图"冤案就是在这样的背景下形成的。因此，公正目标永远是第一位的，公正优先、兼顾效率应成为现代刑事诉讼制度的理性选择。应当在保证司法公正这一前提下，尽可能提高诉讼效率。我国近年来的一些刑事司法改革措施，如推进案件繁简分流、扩大简易程序适用、增设速裁程序等，显然体现了对诉讼效率的追求，但必须在保证公正价值的前提下运行。

三是被追诉人权利和被害人权利的平衡。被追诉人和被害人是刑事诉讼中对立的两极，有效地平衡二者的权利关系，是化解矛盾纠纷、增进社会和谐的必然要求。在传统的刑事诉讼模式下，刑事司法注重的是对被告人定罪量刑的正确性，对被害人权利的保障问题关注不够。我国 1996 年以来的三次刑事诉讼法修正，都在强化被害人权利保护方面有所进展。如 1996 年修正案确立了公诉案件被害人的当事人地位；2012 年修正案完善了刑事附带民事诉讼制度，设立了刑事和解制度；2018 年修正案中，将听取被害人及其诉讼代理人意见作为检察机关办理认罪认罚案件的必经程序；同时将被告人与被害人或其法定代理人是否就附带民事诉讼赔偿等事项达成调解或和解协议，作为适用速裁程序的必要条件。此外，实践中司法机关还普遍开展了刑事被害人救助制度的试点。

2. 权力制衡理念

我国宪法和刑事诉讼法都明确规定，公检法三机关是互相配合、互相制约的关系。但以往刑事司法实践中，一定程度上存在过分注重配合、制约不足的问题。这不利于司法公正的实现，也不利于对被追诉人的权利保障。检察机关作为法律监督机关，对刑事诉讼的全过程承担着监督职能，包括立案监督、侦查监督、审判监督、刑事执行监督等。公诉权的行使，某种意义上也是对侦查机关和审判机关的一种监督。有效的监督是规范司法权力运行、提高办案质量的保证，严格的监督也是最好的配合。刑事诉讼中检察监督的重点是对侦查权的监督，公安机关的侦查权具有司法权和行政权的双重属性，容易产生扩张滥用并侵犯公民权利的风险。事实上，近年来纠正的一系列冤假错案，源头都是一些基层公安机关办案不规范、不讲程序造成的。同时，后续的公诉、审判环节没有起到应有的监督制约作用，造成所谓的"起步错、步步错、错到底"的局面，最终酿成错案。赵作海案就是一个负面典型。

在办理刑事案件过程中，检察机关应当用好退回补充侦查、批捕、审查起诉、非法证据排除等制度，从严把关，规制和引导公安机关的执法行为，杜绝和纠正各种违反程序、侵犯被追诉人权利的现象。对于法院的刑事审判活动而言，检察监督主要是通过行使诉权来实现，即履行抗诉职责，促成二审程序或再审程序的启动，以纠正原判在事实认定或法律适用方面存在的错误。对审判权的监督必须符合司法规律，既要敢于监督、善于监督，也要注意尊重和维护法院和法官的权威。

随着国家监察制度的建立和职务犯罪侦查体制的调整，贪污贿赂、渎职等大多数职务犯罪的侦查权改由监察委行使，监察调查活动由监察法来规范。准确把握检察机关和监察机关的关系是值得注意的问题。监察机关的监察权涵盖所有的公职人员，当然也包括检察人员。但在职务犯罪的办理过程中，检察院和监察委应是平行关系。《监察法》第4条明确规定，监察机关办理职务违法和职务犯罪案件，应当与审判机关、检察机关、执法部门互相配合，互相制约。这里讲的配合和制约是双向的。尽管监察调查活动的程序不直接受刑事诉讼法的调整，但《监察法》第33条规定，"监察机关在收集、固定、审查、运用证据时，应当与刑事审判关于证据的要求和标准相一致"。在监察调查活动结束、案件移送检察院后，检察院应当在批捕和审查起诉等环节，依法发挥法律监督作用。

3. 司法谦抑理念

谦抑性原则是从德日刑法理论引进的一个概念，也称为刑法的必要性原则或最后手段性原则，意指刑罚权的启动以必要为限，刑罚对社会的调控范围与调控力度都应当适度，以避免刑罚过度干预社会所带来的负面影响。从一定意义上讲，谦抑性原则体现的是一种慎刑思想，这种思想实际上在中国古代就有所体现，如西周时就有"明德慎刑"的说法。谦抑性原则起初是在刑事实体法意义上理解的，即所谓的"非犯罪化""非刑罚化""非监禁化"，能不定罪就不定罪，能不判刑就不判刑，能判缓刑就不判实刑，能判轻刑就不判重刑。近年来，学界对谦抑性原则的理解扩展至刑事程序领域，如在强制措施的适用上，尽可能多用非羁押性措施，可捕可不捕的不捕；对于轻微刑事案件，通过不起诉等方式实现司法分流，或者适用简易程序、速裁程序，提高审理效能。司法谦抑理念兼容了刑事法律的人道价值和效益价值，既有利于降低司法成本，也有利于人权保障。由谦抑性原则进一步引申出来所谓的比例原则。比例原则最初是行政法理论上的一个原则，被称为行政法领域的"帝王条款"，其基本含义是行政行为如果会对相对人的权益造成不利影响，则这种不利影响应被限制在尽可能小的范围和限度之内，二者应有适当的比例。从刑事法角度看，比例原则就是对犯罪行为的追诉和惩治，应当将对行为人权利的限制和剥夺控制在合理必要的范围内，采取的处理措施应当同行为的危害程度与行为人的危险程度相适应。刑法上的罪责刑相适应原则，实际上就体现了比例原则的精神。在刑诉法意义上，比例原则主要体现在强制措施的选择与适用，应当同被追诉人的罪责大小、危险程度相匹配。对罪行轻微、人身危险性小的被追诉人，尽可能采取取保候审等措施。此外，只有涉及危害国家安全犯罪、黑社会性质犯罪、恐怖主义犯罪、重大的贪污贿赂犯罪等，才允许适用一些有别于普通犯罪的非常规处理措施。

4. 平和司法理念

平和司法理念是近几年我国刑事司法界提出的一个概念，但对其具体内涵尚没有形成统一的认识。有人将其理解为注重司法的人文关怀、贯彻轻刑化的刑事政策、追求社会和谐的价值目标等。笔者认为从广义上讲，这都可以理解为平和司法理念的题中应有之义，包括利益平衡、司法谦抑、协商司法等理念，同平和司法理念的内在精神是相通的。但既然作为一种相对独立的司法理念提出来，其必然有特定的内涵和意义。对于检察工作而言，笔者认为平和司法理念的核心要义，就是检察官应当恪守客观公正的立场，秉持理性平和的态度，坚守依法办案的底线，追求情理法相统一、法律效果和社会效果相统一的办案效果。

在刑事诉讼中，检察官虽然处在控方的地位上，但作为国家利益、社会利益的代表，胜诉不是其唯一目标和最高目标，实现社会的公平正义才是其终极目标。同时，检察官还对面向公众普及法治理念、引领社会核心价值观负有一定责任。就此而言，检察官和律师是有所不同的。此外，在我国的司法体制下，审前程序的立案、批捕、审查起诉等环节，检察官实际上扮演着"准法官"的角色，对侦查机关和被追诉方提出的异议或存在的争议进行裁决。因此，检察官必须坚持客观公正立场，全面收集同案件有关的相关证据，包括对被追诉人不利和有利的证据；对侦查机关违反程序、侵权相关主体权利的行为，必须依法监督纠正。

平和司法理念的另外一层含义，就是检察官应当坚持法律人的思维方式，牢固树立规则意识、程序意识、证据意识，理性地分析问题、处理问题，尤其是要冷静地对待民意，不能以感情取代理性，以义愤代替证据。激情司法与舆论审判是法治最大的敌人。尤其是在一些社会关注度较高的刑事案件办理中，司法者不能盲目地屈从民意，致使司法活动被社会舆论所绑架，从而丧失法律底线、损害司法公正。

需要强调，法律是有温度的，司法者也不应是冷酷无情的，平和司法理念并不否认司法处理过程和结果考量的情理、情感、民意等因素，关键是须把这些因素进行理性的思考和鉴别后，在法律赋予的裁量权范围内斟酌把握。在现代社会中，司法人员不仅要执法如山，坚持法治原则和底线不动摇，还要"执法如水"，审时度势，灵活地理解和运用法律。在法律的框架内适当融入情理因素，会增强司法活动的说服力和可接受性，提升司法的权威。这不仅体现在司法处理的结果中，也体现在司法处理的过程中。例如，2010年上海"世博会"期间的一个案例。华东某市警方在执行安保巡查任务时，发现入住某宾馆的一位女青年是网上追逃的诈骗罪嫌疑人。经盘问，该女子从外省潜逃至本地打工，其间与本地一名小伙子恋爱，马上要举办婚礼，入住宾馆是等待第二天新郎前来迎娶。警方经过调查研判，认为该女青年涉嫌参与的罪行较轻，且人身危险性较小，遂没有采取拘留措施，而是派两名女警察贴身监控，使得第二天的婚礼照常举行，随后又依法采取了取保候审措施。该案中警方的处理就较好地体现了情与法的有机结合，取得了较好的法律效果和社会效果。也有相反的案例。例如，在对某涉嫌贪腐犯罪的官员的查处中，办案人员为了获取该官员妻子的配合与指证，将得到的该官员嫖娼的录像给其妻子反复播放，最终使其精神崩溃，如实交代了赃物存放地点等情况。再如，某知名歌手与其妻子曾是媒体报道过的恩爱夫妻，该歌手后因精神颓废而吸毒，其妻子则因邀约丈夫的朋友来家里一起吸毒而以容留他人吸毒罪被诉，办案人员动员该歌手作为控方证人出庭作证。这两个案例中办案人员的做法均不存在程序违法的问题，但从情理角度看似有值得商榷之处。为了惩治犯罪的需要，是否一定有必要牺牲涉案人员的夫妻感情与家庭稳定？这值得我们思考。

5. 协商司法理念

"二战"后，西方国家逐步兴起了所谓的公法私法化的法学思潮，即民事法律的一些原则如平等协商、意思自治等，在一定范围内向刑事法、行政法等公法领域拓展。由此进一步催生了刑事领域的协商司法理念（或称合作式司法理念），即倡导通过对话、协商的模式解决刑事纠纷，实现社会正义。由于这种犯罪治理的模式有利于修复被犯罪破坏的社会关系，增进社会和谐，又被称为恢复性司法理念。其代表性的制度建构就是在 20 世纪六七十年代后崛起的辩诉交易制度和刑事和解制度。在我国，进入 21 世纪后，储槐植教授、姚建龙教授等先后提出了"刑法契约化""刑法民法化"等见解，陈瑞华教授则指出我国的刑事司法正在由对抗式司法走向合作式司法。2012 年和 2018 年刑事诉讼法修改，先后增设了刑事和解制度、认罪认罚从宽制度及刑事速裁程序，同时扩大了刑事简易程序的适用范围，并赋予被追诉人一定的程序选择权。这标志着协商司法理念在我国的生根发芽。检察机关应当转换思维和观念，摒弃那种刑事司法只是国家对抗犯罪的活动，司法机关和犯罪人之间是绝对的强制 - 服从关系的传统观念。在新的刑事司法理念和模式之下，司法机关和犯罪人之间固然存在对抗，但也可以有一定范围的合作，适当的合作有利于实现各方面利益的最大化。而合作的前提是有效的沟通和对话，同时也是一场心理上的博弈，检察官需要学习和掌握相关的经验和技巧。

从某种意义上讲，协商司法理念的兴起与相关制度的构建，体现了对被追诉人的主体地位的肯定，是我国刑事领域人权保障的一大进步。但相关制度的运行中也存在一些问题和隐忧。最大的问题在于如何把握好公正与效率的关系，这在认罪认罚从宽与速裁程序中表现尤为突出。在相关的配套机制不能完全跟进的情形下，认罪认罚从宽与速裁程序存在过分追求诉讼效率，而忽视人权保障与司法公正的风险。一些地方的值班律师制度、法律援助制度等落实不到位，辩护律师的作用不能充分发挥，如何保障被追诉人认罪认罚的真实性、自愿性成为很大的问题。而一些地方的司法机关一味追求办案速度和效率，最低的办案时间不断刷新记录。例如，笔者在媒体上看到一则报道，某法院采用速裁程序集中审理四个刑事案件，总耗时六分钟，平均一个案件用时一分半。这样的高效率背后，办案质量能否保证令人担忧。实践中已经发生速裁程序案件中被告人违心认罪，司法机关审查把关不严而造成错案的情况，值得警惕和反思。换个角度看，在我国，审判活动还具有一定的法治教育功能；

所谓"寓教于审"，如果速度过快、用时过少，这种功能也就荡然无存了，司法审判的仪式感、庄重性和由此反映的司法的权威性也会受到影响。总之，在认罪认罚从宽、速裁程序等协商性司法制度的运行中，必须把被追诉人权利保障放在突出的位置，程序虽然可以简化，但对其基本权利的保障不能忽略，不然这些良好制度的生命力就会面临衰竭。

（二）准确领会与把握刑事政策

刑事政策是刑事法律的灵魂，对刑事立法、刑事司法和刑事执行都具有导向作用。宽严相济是当前我国的基本刑事政策，这一政策在实践中的具体表现之一，就是刑事政策出现了两极化的发展趋向。北京大学储槐植教授将其概括为"轻轻重重"四个字，即在刑罚总体趋轻的同时，对轻微的罪行、对危险性小的犯罪人，处遇更为宽松；对严重的罪行、对危险性大的犯罪人，处遇更为严格。两极化政策在实体和程序两方面都有体现。从程序角度看，"轻轻"主要表现为对犯罪轻微者慎用羁押性强制措施，更多地作不起诉处理及适用速裁程序等；"重重"的体现包括：近年来通过几次刑事诉讼法的修订，对危害国家安全犯罪、恐怖活动犯罪，在律师会见、指定居所监视居住、拘留后的家属通知等方面都有一些特殊规定；规定对于危害国家安全犯罪、恐怖活动犯罪、黑社会性质的组织犯罪、重大毒品犯罪或其他严重危害社会的犯罪，可以采取技术侦查、秘密侦查等特殊侦查措施；还先后增设了针对贪污贿赂、恐怖活动等犯罪的违法所得特别没收程序以及缺席审判程序。此外，针对性质与危害都相当严重的一些犯罪，实行"严打战略"，保持高压态势，如近年来开展的反恐、扫黑除恶等专项行动。

两极化必须以法治化为前提。尤其是"重重"方面，立法实际上创设了刑事诉讼的一些例外规则，对某些严重犯罪的被追诉人的诉讼权利进行了一定的限制。这是在面临犯罪威胁加剧的情形下，立法者在安全与自由之间进行价值权衡的结果，具有合理性和必要性。由此，形成了犯罪控制的双轨制模式，这也是世界范围内刑事立法趋势，即对于普通刑事犯罪，适用一般的处理规则，坚持严格的正当程序要求；但对于一些社会危险极大的犯罪，则允许采取一些有别于普通犯罪的特别规则，对被追诉人的权利有所限制。需要明确，这种例外规则只能由法律设立，而不能由司法机构自行设置；同时，司法人员在实践中须树立底线思维，坚守底线正义，即使面对涉恐、涉黑等严重犯罪，刑事法律的一些根基性原则不能突破，如罪刑法定、证据裁判、非法证据排除等原则，被追诉人的基本人权如不被强迫自证其罪、辩护权等必须得到保障。特别是在"严打"行动中，要力戒刑事司法中的情绪化、运动化、形式化倾向，避免某些违背法治精神和刑事诉讼规律的做法，如召开公捕公判大会，人为设定抓捕、定罪率等指标，为限期破案而立军令状等。在全面推进依法治国的背景下，刑事司法必须坚持法治原则，"严打"行动必须在法治轨道内开展。如此次扫黑除恶专项行动中，最高司法机关反复要求各地司法机关必须依法规范办案，既不降格处理，也不人为拔高，确保"是黑恶犯罪一个不放过，不是黑恶犯罪一个不凑数"。但一些地方在工作中还是存在一些偏差，出现了一些不适当限制被追诉人权利的现象，背离了法治原则和中央要求，需要检讨并纠正。

（三）合理解释与适用刑事法律

刑事法律同其他任何法律规范一样，内容上是一套具有普遍性的行为规则和裁判规则，形式上则表现为具有高度概括性、抽象性的法律文本。当普遍性、抽象性的规则适用于司法个案时，往往需要司法者根据个案情况对某些规则进行具体的理解和把握，严格而合理地解释法律条文，对于案件的公正处理至关重要。即使我国存在最高司法机关制定司法解释的机制，仍不能完全解决司法适用中的困惑。在刑事法学界，对实体法即刑法规范的解释近年来备受关注，理论成果丰厚，甚至出现了所谓的学派之争；但对于程序法即刑事诉讼法的解释问题关注度还不够高，研究相对单薄。刑事诉讼法作为专门的法律规范，肯定存在解释的空间和必要，在解释和适用相关法条的过程中，应当立足于现代刑事法治的基本价值与理念，同时考虑现行刑事政策的精神和需要，既不能完全因循守旧，对条文作机械化、形式化的理解，也不能完全脱离条文语义而任意解释。例如，《刑事诉讼法》第 39 条规定，辩护律师要求会见在押的犯罪嫌疑人、被告人的，看守所应当及时安排会见，至迟不得超过 48 小时。有人曾将其曲解为看守所在 48 小时内作出会见的安排就可以了，这显然不符合立法精神。从充分保障被追诉人权利和律师执业权利的精神出发，应当理解为看守所应当保证律师在 48 小时内见到其当事人。再如，《刑事诉讼法》第 56 条规定："采用刑讯逼供等非法方法收集的犯罪嫌疑人、被告人供述和采用暴力、威胁等非法方法收集的证人证言、被害人陈述，应当予以排除。"收集物证、书证不符合法定程序，可能严重影响司法公正的，应当予以补正或者作出合理解释；不能补正或者作出合理解释的，对该证据应当予以排除。如何理解这里的"等"字？如何理解"可能严重影响司法公正"？这都是需要加以解释的问题。

（四）完善被追诉人权利保护机制

目前，以刑诉法为主体的有关法律法规对被追诉人权利的保护问题作了比较系统、全面的规定，我国基本上形成了比较完备的被追诉人权利保护机制。但这一机制仍有进一步完善的必要。对此，以下问题是需要特别加以关注的：一是如何充分发挥辩护律师的作用，保证被追诉人获得有效的辩护；二是如何进一步规范刑事强制措施的适用，减少不必要的审前羁押，解决羁押率过高以及以捕代侦、一捕到底等问题；三是如何有效运用非法证据排除规则，切实贯彻证据裁判原则，杜绝刑事错案的发生，并促进侦查取证工作的规范性、合法性；四是如何处理好审判中心主义与认罪认罚从宽制度的关系，提高庭审的质量和效能。

在解决上述问题、完善被追诉人权利保护机制方面，检察机关责无旁贷，大有可为，笔者认为可在以下几个方面发力：一是应当履行好法定的刑事诉讼监督职能，保障相关诉讼主体的申诉、控告权利，及时对有关办案机关的违法行为提出纠正意见，并督促落实，提高监督的刚性。二是要用好刑事诉讼法保留的对 14 个罪名的侦查权，严格查处办案人员侵犯被追诉人权利的犯罪行为。三是要从严把握批捕条件，做好捕后羁押必要性审查工作，最大程度减少不必要的审前羁押，推动电子监控手段的运用，提高监视居住的效果，激发其作为逮捕替代措施的功效。四是要严格把握非法证据排除规则，在审查起诉环节坚决排除各种非法证据，引导侦查机关规范取证。五是要正确认识辩护职能和律师作用，尊重和保障律师执业权利，构建新型检律关系，强化检察官与辩护律师之间的良性互动与沟通，推动法律职业共同体的形成。六是要推动监所检察制度的改革，发挥巡回检察制度的作用，更好地保障被羁押嫌疑人、被告人的权利。七是要充分依靠社会力量，尤其是要发挥人民监督员的作用，以加强对刑事司法权力的社会监督。八是要创新工作机制，如探索建立听证制度，使之在提高审查批捕、量刑建议等工作的准确性、合理性方面发挥作用。

▶第十讲

正当程序与司法方法

——刑事疑难案件控辩裁判之道[*]

李永红[**]

目　次

---

　*　本文系作者根据在浙江省检察机关案管业务骨干实务培训班上的讲义整理。

**　浙江工业大学法学院副院长、律师刑辩学院院长、靖霖律师事务所名誉主任。

一、处理疑难案件的总体思路

一个门外汉通过法学教育成为一个合格的法学新青年，需要学习的是关于法律的"理、律、例"即理论法学知识、应用法学知识和案例分析技能。一个法学新青年通过职业训练成为一个理想的卓越法律人，需要掌握的是"例、律、理"即办理疑难案件的能力、适用法律规范的能力和对法律现象进行理论思考的能力。让我们以一个案例为切入点。

（一）例：案情概要

行为人甲先犯有 A、B、C 三罪，各被判处有期徒刑 15 年、11 年、10 年，总和刑期为 36 年，按照《刑法》第 69 条规定应在 15 年以上 25 年以下决定执行的刑期，法院遂判刑 24 年。在送监执行当日，甲又犯 D 罪（故意伤害罪），法院对该罪判处有期徒刑 9 年。问：数罪并罚时如何决定执行的刑期？

（二）律：法律规范

我国《刑法》第 45 条对有期徒刑的期限规定："有期徒刑的期限，除本法第五十条、第六十九条规定外，为六个月以上十五年以下。"《刑法》第 69 条对判决宣告前一人犯数罪的并罚做了以下规定："判决宣告以前一人犯数罪的，除判处死刑和无期徒刑的以外，应当在总和刑期以下、数刑中最高刑期以上，酌情决定执行的刑期，但是管制最高不能超过三年，拘役最高不能超过一年，有期徒刑总和刑期不满三十五年的，最高不能超过二十年，总和刑期在三十五年以上的，最高不能超过二十五年。"《刑法》第 71 条对判决宣告后又犯新罪的并罚规定："判决宣告以后，刑罚执行完毕以前，被判刑的犯罪分子又犯罪的，应当对新犯的罪作出判决，把前罪没有执行的刑罚和后罪所判处的刑罚，依照本法第六十九条的规定，决定执行的刑罚。"

（三）理：解决之道

1. 研究对象：重罪案件何以轻判

本例案情中的 D 罪是判决宣告以后刑罚执行完毕以前又犯的新罪，按《刑法》第 71 条规定的规则，并罚公式是"24 并 9"。再依《刑法》第 69 条规定，数刑中的最高刑为 24 年，总和刑为 24 + 9 = 33 年，因没有超过 35 年，并罚最高刑应为 20 年。于是，一个被判刑 24 年在送监狱执行时又犯新罪再被判刑 9 年的罪犯，并罚后的刑期不升反降，变成了不得超过 20 年。

问题出在《刑法》第 69 条和第 71 条在立法时存在漏洞。我国《刑法》第 45 条规定，单一犯罪有期徒刑的最长刑期是 15 年。数罪并罚决定执行的刑期可以超过 15 年：当数罪的有期徒刑总和刑期不满 35 年时，决定执行的刑期最高不能超过 20 年；当数罪并罚的有期徒刑总和刑期超过 35 年时，决定执行的最高刑期不能超过 25 年。在刑罚执行期间，罪犯又犯新罪应当数罪并罚，罪犯只有悔罪自新才可以获得减刑待遇。问题是，对这种情形数罪并罚时，此前因数罪并罚而被判决决定执行的刑期已经超过 20 年但数罪并罚总和刑期却又不满 35 年的，依目前法条又犯新罪并罚后的刑期反而不能超过原判刑期，导致不悔过自新继续犯罪者反而受益。此种情形如何处理，刑法缺乏规定。[①]

2. 研究方法：疑难案件如何处理

既然问题是立法缺陷所致，那么立法解决自然责无旁贷。比如修改立法，增加规定：数罪并罚决定执行的刑期，有期徒刑总和刑期不满 35 年的最高不能超过 20 年，但是，数罪并罚前因犯数罪被判决决定执行的刑期已经超过 20 年但判决执行期间又犯新罪数罪并罚总和刑期不满 35 年的，在原判决决定执行的刑期以上 25 年以下决定执行的刑期。如果立法者能够充分预见到可能出现的各种情形，

---

① 张明楷：《数罪并罚的新问题——〈刑法修正案（九）〉第 4 条的适用》，载《法学评论》2016 年第 2 期。

那么法律漏洞将不会发生。可惜，这只是实体立法的一个梦想。因此，司法过程中总会遇到法无明文或规则冲突的情况，这就是实体法上的疑难案件。

思路一：法学方法论的作用。

在立法未修改以前，如何解决以上案例中的法律适用问题，在实体法领域涉及法学方法论问题（形式解释论与实质解释论），在程序法领域涉及正当程序问题（起诉权与审判权关系问题）。法学方法论的宗旨在于，基于法教义学立场，针对法律适用疑难问题，将填补法律漏洞、缓解规则冲突的价值判断客观化，即为非正式实体法源正式化提供正当的理由。面对本例疑难，我国刑法学有形式解释论和实质解释论两种不同思路。依形式解释论，即使又犯新罪的罪犯的原判刑期是 24 年，与又犯新罪所判的刑期 9 年数罪并罚后因总和刑期不满 35 年而决定执行的刑期，仍然不得超过 20 年。罪犯又犯新罪，不被惩罚反而受益，不是司法的错，是立法的错。司法无权改变法律出入人罪，只能严格适用法律依法裁判。依实质解释论，一个判刑 24 年的罪犯又犯新罪被判刑 9 年，决定执行的刑期时，不但不加刑期反而缩短刑期，明显与刑法实质精神违背，不符合罪责刑相适应原则，不能如形式解释论那样判刑不得超过 20 年；但是，数罪并罚时既不能超过刑法规定的有期徒刑最高刑期 25 年，又不能违反《刑法》第 67 条关于总和刑期不满 35 年的决定执行的刑期不得超过 20 年的规定。因此，唯一正确的做法只能是对所犯新罪不予判刑因而不再数罪并罚。

形式解释论属于严格的罪刑法定主义立场，认为个别案件中因贯彻罪刑法定原则而出现的实质不合理，是刑事法治应有的代价，如果允许法院脱离法条确定的规则一案一议去实现个案裁判的实质合理，那么整个法律规则体系将失去权威，裁判将游离于法律之外；而实质解释论则属于相对的罪刑法定主义立场或者因主张扩张解释、类推解释而被前者诟病为反罪刑法定主义，当规则内容明确无疑但适用规则又明显违反刑法原则和社会常理时，它主张拒绝裁判，无异于顾首不顾尾的鸵鸟政策。显然，无论形式解释论还是实质解释论，都不能为本例疑难问题的解决提供恰当的方案。此例表明，旨在解决法律适用疑难的法学方法论，并非无所不能。

思路二：正当程序论的贡献。

如前所述，无论形式解释论还是实质解释论，都有不可克服的弊端：一个罪犯，不悔过自新而继续犯罪，不但不予惩罚，反而减轻刑罚，无异于鼓励罪犯再犯新罪，这将导致罪刑关系的混乱，令刑罚无法执行，最终整个刑法体系从原则到规则都会崩溃；《刑法》第71条明文规定对服刑期间又犯罪的，应当对新犯之罪作出判决，并与前罪未执行的刑罚数罪并罚，法院以实质合理为由拒绝判决，缺乏正当性。因此，此类问题，仅靠法学方法论（无论形式解释还是实质解释），是无解的。虽然实体法会存在法学方法论也不能解决的疑难问题，但是并不意味着这些疑难问题在法律框架内不能解决，只是实体法无能为力而已。对于内容毫无争议但是明显自相矛盾或与法律原则明显抵触的实体法规则，法学方法论不能提供没有任何弊端的解决方案。此时，应该出场的是正当程序论。

正当程序发端于古老的自然公正理念。其原则有二：其一，讼争各方的意见都应被听取；其二，任何人不能成为自己案件的法官。从诉讼制度上看，这些理念后来进化为两造平等、直接言词、裁判中立等司法原则和回避制度。无论权利的救济还是纠纷的解决，不再是法官一人绞尽脑汁的"独裁"，而是融合了当事人意思自治、由中立的一方在讼争双方参加下共同决策处理案件的程序。具有自治、平等、中立、公正等要素的程序被称为正当程序。在本例中，检察院明知案件起诉后法院除了作出荒唐判决外别无选择，就相当于检察院把明知无罪的案件提起公诉要求法院定罪判刑一样。依起诉权和审判权关系的正当程序法治原理（诉审分离、审判消极被动、起诉启动审判并限制审判的范围），检察院应当作出不起诉决定。

简言之，法学方法论无力解决的实体法疑难，出路正在正当程序论。

（四）启示：对疑难问题的解决，不能偏执一端自说自话

1. 对法学的启示：两论并用才是正途

理想的状态当然是制定没有漏洞的法律。但是，立法总是不可能做到没有漏洞。敢问路在何方？当适用于个案的法律规则只有一个而其中的术语所表达的概念模糊不清时，或者两个以上语义清晰的法律规则内容存在冲突时，或者法律规则缺如而法律又不禁止司法填补法律漏洞（如私法领域部分法律漏洞）时，法学方法论通过法律解释、利益衡量等发挥澄清规则、选择规则和填补规则的作用。当法律禁止司法填补法律漏洞（如公法领域的法律漏洞）时，面对法律漏洞，司法如何裁判？法学方法论并不能为所有此类问题提供圆满的解决办法。而法学方法论论即人类智识的终点恰恰是法律制度的起点，正当程序论便应运而生。法学方法论和正当程序论都因司法过程中的争议而产生，前者给了司法者以个人智慧解决疑难问题的可能性，后者承认有些疑难问题是穷尽人类智慧都是无法解决的，只能通过程序设计终止论争，而程序又不能武断偏执，必须使利益各方有参与决策的机会，使裁判者对纠纷没有利益，而这样的程序就被称作正当程序。

2. 对司法的启示：方法自觉与制度自觉

在办理案件过程中，每一个法官、检察官和律师，都在自觉不自觉地运用他的知识或智慧，区别在于有的人停留于三段论式法律推理，只会处理一些简单的案件，而有的人善于利用法学方法论解决疑难复杂问题。同样，虽然每一个法律人的工作日常无不处于法律程序之中，但并不是每一个法律人都能理解并执行正当程序。比如，当下被广泛执行的"两高一部"关于网络诈骗的规范性文件规定，网络服务提供者"明知"他人利用网络服务实施诈骗犯罪而仍然提供服务的，以共同诈骗处理。如果不能证明网络服务提供者明知他人诈骗而仍然提供服务，根据其服务的内容等，可以按照《刑法修正案（九）》的规定，认定帮助网络犯罪活动罪。问题来了：什么是明知？前述文件给出了认定的指引。在司法实践中，有公诉

检察官以诈骗行为人供述中"我和网络服务提供者虽然没有见过面没有打过电话，只是网络聊天，也没有商量过诈骗一事，但我想他是心知肚明的"作为指控网络服务提供者"明知"的依据。其理由是张明楷教授的文章中说"默契"也是共同犯意的一种存在形式，"心知肚明"就是双方默契的表现。

这种思路在实体法上好像没有毛病，但在程序法上却明显不堪一击。因为"我想他是心知肚明的"，属于一方当事人对他人主观心态的一种判断，在双方对诈骗行为从未商量交流的情况下，一方对他方是否明知自己在实施诈骗的说法，只能属于猜测或推断，而最高人民法院关于刑事诉讼法的解释明文规定，证言中猜测、评价、推断的内容不能作为证据使用。依正当程序原理，控方对指控事实负有举证责任，被告人没有自证其罪的义务。即使实体法上默契可以成为共同犯意的存在形式，控方在程序法上也仍然负有证明双方存在默契的举证责任。若举证不能，则默契无存，遑论共同犯意。心知肚明也好，默契也罢，本身是一种判断，而不是对事实的体验、记忆和表述，因而它不是证据本身。实体逻辑再圆满，都只是文本中记载的理念，要落实于个案，必须用证据说话。这就是正当程序论的一个具体体现。

总之，既不能像立法中心主义那样，无视生活事实的多样性、回避司法实践中的疑难杂症，又不能像司法中心主义那样无视规范的确定性、随意重复创制工作。成文法的弊端为成文法所固有，它是法律（作为意志的法）和社会（作为规律的法）互动的产物。用这种有弊端的法律去解决社会上发生的案件，必然捉襟见肘。因此，疑难案件的历史与成文法及其与生俱来的弊端一样悠久。为此，在司法实践中，以下原则是应当坚持的：一是穷尽规则：凡是立法有了的，司法都不能离开它另行创制；二是补充漏洞：凡是立法没有的，司法必须从立法以外的非正式法源中寻找规则。为此，在疑难案件场合，司法得像立法者那样思考（可补充但不重复）。既要正视那些游离于成文规范要件之外的个案事实，不能一概漠视不理，又要认识到并非全部游离于成文规范要件之外的个案事实都需要裁判，不能完全有求必应。事实上，适用于疑难案件的判例（指导案例）制度与成文法相伴而生，只是人的理念扭曲着它的存在而已：大多数时候它是显性的（如秦朝的廷行事、汉朝的决事比），有时候是隐性的（如法制重建后立法中心主义时代对判例的敌视）。在法学理论上，判例（指导案例）制度的生命力与成文法一样，不仅源远，而且流长。无论大陆法系还是英美法系，不论议会制还是总统制，不论西式政制，还是我国的人民代表大会制，不论古代还是现代抑或未来，它都存在或将继续存在。

二、正当程序：刑事疑难案件的诉讼机制

正当程序属于制度范畴，司法方法属于知识范畴。任何制度，都离不开经济奠基和文化涵养。以正当程序为重要内容的司法制度，是社会主义民主政治的重要组成部分，它以社会主义市场经济为基础；研究制度的人，不会无视文化的作用，比如，写《政治学》的亚里士多德，先撰有《尼各马可伦理学》；无独有偶，写《国富论》的亚当·斯密，先写出了《道德情操论》。我们要探讨解决疑难案件的制度范畴的正当程序，就先须关注一个文化问题即司法职业伦理。

（一）司法职业伦理

如果说简单案件的司法裁判只是一个纯知识的实体法上的三段论演绎推理过程的话，那么疑难案件的司法裁判则是一个知识与道德、立法与司法、实体与程序相互缠绕的复杂现象。

1. 疑难案件的正确处理对司法者的品格素养有要求

虽然按照通行的法理，宪法高于立法，立法高于司法官意志，但是正如卡多佐所说"法典和制定法的存在并不使法官显得多余，法官的工作也并非草率和机械"，因为制定法"会有需要填补的空白，也会有需要澄清的疑问和含混，还会有需要淡化——如果不回避的话——的难点和错误"，也就是说当法官在处理案件过程中遇到法律适用疑难时，法官不能因问题出在法律而无所作为，"法官所要做的并不是确定当年立法机关心中对某个问题空间是如何想

的，而是要猜测对这个立法机关当年不曾想到的要点——如果曾想到的话——立法机关可能会有什么样的意图"，"制定法经常支离破碎、考虑不周并且不公正。因此，法官作为社会中的法律和秩序之含义的解释者，就必须提供那些被忽略的因素，纠正那些不确定性，并通过自由决定的方法——'科学的自由寻找'——使审判结果与正义相互和谐。"卡多佐引用埃利希的话说，从长远看来，除了法官的人格外，没有其他东西可以保证实现正义；他又引用布莱克斯东的话说，法官是活着的法律宣示者。[①] 既然立法本身出了问题，司法官工作失去了确定无误的大前提，此时司法官就肩负填补缺漏、澄清疑问或淡化错误的责任，此时司法官的人格便至关重要。由于刑事程序是控辩审三方组成的诉讼结构，所以在疑难案件的诉讼中，公诉检察官、辩护律师和审判法官的品格素养，对疑难案件的解决而言都是至关重要的，只是因为诉讼职能的差异而表现有所不同。因此，探讨疑难案件的诉讼机制，刑事法律人的职业伦理便成为前提条件。

2. 刑事法律人的职业伦理

在刑事诉讼中，客观公正的检察官、诚实守信的律师和中立公正的法官，是疑难案件司法诉讼的主要角色。

第一，刑事检察官的职业伦理。刑事检察官的职业伦理在检察官法和检察官职业道德中多有表述，通常将其归纳为"客观公正义务"。但在司法实践中，由于司法体制和司法机制的弊端，检察官的职业伦理可能会淹没在繁杂的司法诉讼业务中，正如法律监督的宪法定位事实上可能让位于相互配合的诉讼职能一样。诸多疑难案件原本可能通过检察官察微析疑而得到正确处理，却时常因为无原则的配合让步而错失纠偏的机会。在一些典型的事例中，检察官不但未能发挥应有的宪法监督功能，甚至连法定诉讼制约职能都受到局限，个别的甚至反而成了侦查错误的辩护士。在刑事诉讼中，检察

---

① ［美］本杰明·卡多佐：《司法过程的性质》，商务印书馆1998年版，第4—7页。

官不仅是法律监督者、刑事追诉者，而且还是程序法上的裁判者。比如，当诉讼参与人对侦查行为提出控告或申诉时，检察官应当通过调查及时依法作出决定；当案件进入审查逮捕和审查起诉程序时，检察官必须作出批捕或不批捕、起诉或不起诉的决定。这些决定尽管是程序法上的，但会对实体法上的权利义务和责任形成重大影响，比如，对一个有罪的当事人来说，不起诉决定一经生效，刑事实体责任即告免除。因此，以事实为根据、以法律为准绳的司法原则在刑事诉讼中就落实为检察官的客观公正义务。

第二，刑事律师的职业伦理。刑事律师在刑事诉讼中承担两个方面的义务，这些义务既可能是法定的，也可能是约定的。一是诚实义务，诚实信用既是一种社会道德也是民商法上的"帝王条款"，更是律师对委托人要承担的第一义务和最高义务，该义务首先是基于约定，同时也有行业准则和法律作出相应规定。二是真实义务，刑事辩护律师的真实义务有别于检察官的客观义务，律师只负有消极的真实义务，这是刑事律师在刑事诉讼中必须承担的法定底线义务。[①]

其一，刑事律师的诚实义务。诚实义务包括积极作为的诚实义务和消极不作为的诚实义务。前者是指律师的权利派生于当事人自己的权利，律师是受当事人委托为其服务的法律工作者，律师必须恪守委托合同，为当事人的权益尽力做到有效服务。联合国《关于律师作用的基本原则》第 15 条规定，律师应当诚实地尊重委托人的利益。在刑事辩护中，具体的表现是：被告人辩解无罪的，无论你本人认为他有罪还是无罪，你都只能做无罪辩护，不能做有罪辩护；被告人供认有罪的，你既可以做罪轻辩护，也可以在被告人不反对的前提下做无罪辩护。无论无罪辩护还是罪轻辩护，都要尊重当事人的意愿，按照法律和约定作出积极的符合专业标准的努力。积极诚实义务的履行之所以强调尊重当事人的意愿，是因为律师的权利源自当事人的权利（在委托辩护中最为典型，在援助辩护和值班律

---

① ［日］佐藤博史：《刑事辩护的技术与伦理：刑事辩护的心境、技艺和体魄》，法律出版社 2012 年版。

师制度中同样存在），这是律师职业伦理的核心问题。

所谓消极的诚实义务，就是律师在刑事法律服务时承担的不作为义务，即不能自行其事，律师非因正当理由不得泄露其获取的当事人相关秘密（正当理由以律师法、刑事诉讼法明文规定的为限）。

其二，刑事律师的消极真实义务。刑事律师在刑事诉讼中有没有真实义务？答案是明确的，刑事辩护律师在刑事诉讼中没有积极的真实义务。这个很简单，因为被告人本人没有自证其罪的义务，被告人委托的律师当然也没有协助公安机关、检察机关、人民法院去发现案件事实真相的积极真实义务。刑事诉讼法也明文规定刑事公诉案件的举证责任由公诉机关承担。辩护律师在法律上仅负有消极的真实义务，即在整个刑事诉讼过程中，辩护律师不得积极地实施歪曲事实的行为，不能自己或者教唆别人去制作伪证以达到诉讼目的，这是法律明文禁止的。也就是说，律师没有积极作为的真实义务，但是承担消极不作为的真实义务。

其三，诚实义务与真实义务发生冲突的解决办法。当诚实义务和真实义务发生冲突的时候怎么办？有两种情况。第一种情况是被告人无罪但拒绝无罪辩护的时候，怎么办？律师对自己认为无罪的案件作有罪辩护，往往会与自己的良知发生冲突。在这种情况下，律师应当耐心了解无罪的被告人坚持作有罪供述的原因，告知被告人律师可以作无罪辩护，只要被告人不反对即可，律师作无罪辩护并不影响司法机关对他态度的判断。如果被告人容忍或同意，他作有罪供述，辩护人作无罪辩护是不矛盾的，是可行的。但如果被告人明确地要求辩护人只能作有罪辩护，而辩护人认为这个案件是无罪的时候，要么选择尊重当事人意愿，要么选择解除委托。第二种情况是被告人确实有罪却要求作无罪辩护，这种情况怎么办？如果辩护人认为被告人的行为根据现有证据证明的事实和法律规定是有罪的，作无罪辩护完全是无谓地浪费精力，辩护律师可以告知被告人认罪和不认罪可能产生的后果，最终由被告人自己决断。如果他坚决不肯作有罪辩护的，辩护人不能擅自作有罪辩护，只能作无罪辩护。当然如果辩护人不愿意这样做，可解除委托。

第三，法官的中立公正。在一个微信群看到有检察官、法官在讨论一个话题：如何做到既依法办案、不得罪领导又在案件纠错后不被追究渎职责任。笔者说了四个字：无欲则刚。如此回答，可以从两个角度理解。一是从抽象的司法角度，裁判应当是居中的不偏不倚的判断过程，除了储存在法律规范中的价值，它应当是价值无涉的，越是中立越是理性，它的权威便越能彰显，故云"无欲则刚"。二是从具体的司法官角度，无欲则刚不是说司法官如何超凡脱俗，而是为了说明"如果一无所有也就不怕失去什么"这个道理，除了公正司法，裁判者个人不应当考虑任何个人的得失荣辱，更是为了说明"当事人应得的公正不能等到司改成功以后才予兑现"，因为你的一个案件，很可能就是别人的一生祸福。法律人的尊荣，无关特权私利，而在于永远坚守法律理性，为每个案件落实法律的公正。司法职务只是用来法律服务社会的工具，并非个人的私产。因此，所有的疑难杂症（尤其是事后被纠正的冤假错案），在办理过程中，作为承办人、中层负责人或分管主管领导，都完全可以也应该在程序内外坚持自己的职业良知与专业判断，不违心屈从任何法外指令，但必须服从按照法律程序形成的结论。

（二）刑事司法体制

刑事司法实践中一些疑难案件的发生，与刑事司法体制有重要的关系。刑事司法体制包括外部的党政与司法的关系、内部的各刑事司法机关之间的关系和刑事司法主体与刑事诉讼主体之间的关系。尽管自刑法和刑事诉讼法颁布的当年中共中央就专门发出通知要求切实实施刑事两法，但是，直到 2015 年中办国办再次颁发规定，才首次明确了党政领导干部干预司法的具体责任及其记录通报和追究办法。

在司法实践中经常有检察官和法官抱怨，尽管中央已发文禁止党政领导干部干预司法、插手具体案件处理并为此建立了记录、通报和责任追究制度，但是，在眼下，干预司法和插手具体案件处理的现象仍屡见不鲜，甚至有党政领导公开召集公检法开会"研究"

"协调"具体案件处理,一些原本无罪的人就这样经过领导的研究、协调而被拘捕、被起诉、被判刑。相关制度落实很难。制度在文本上的确立只是第一步,如何有效落实才是关键。健全完善制度,有效约束权力,的确为当务之急。同时,在同样的制度环境,司法状况在各地、各单位、各案件存在差异,说明非制度因素也在发生作用。个人的违法犯罪,只不过是侵害了社会秩序,而党政领导法外用权、司法人员失去法度,则会破坏法治的根基。正如培根的名言所说,前者污染的只是水流,后者污染的却是水源。

因此,有效约束公共权力的制度仍是根本的因素。为了确保人民法院、人民检察院依法独立公正行使审判权、检察权,2012 年党的十八大报告重申绝不允许以言代法、以权压法、徇私枉法,2013年十八届三中全会深改决定和 2014 年十八届四中全会全面推进依法治国决定再次就此作出体制改革的部署,2015 年 3 月 30 日中共中央办公厅、国务院办公厅《领导干部干预司法活动、插手具体案件处理的记录、通报和责任追究规定》公布,这一规定旨在贯彻落实《中共中央关于全面推进依法治国若干重大问题的决定》有关要求,防止领导干部干预司法活动、插手具体案件处理,确保司法机关依法独立公正行使职权。

制度完善之后,并不意味着个人作用的丧失。清末,在沿海城市建立了现代型的检察、审判机构,并要求行政不再兼理司法,检察官和法官依法独立办案的观念和实践被引入中国。当时浙江的绍甬台道军政长官未经公诉审判而法外用刑,对抢劫犯方德胜执行死刑,引起宁波检察厅、裁判厅两位司法首长公开辞职抗议以捍卫司法权威。梁启超写道:"何谓司法?谓尊法律以听狱讼也。何谓独立?使审判官于法律范围之内,能自行其志,而不为行政官所束缚。凡任此者必将身在其职,苟非犯法或自行乞休,则虽以法部大臣,亦不能褫革之左迁之……此又立宪国之一重要条件也。"①

---

① 梁启超:《说常识》,载《饮冰室合集》(第 3 册),中华书局 2011 年版,第 39 页。

公正司法，既需要一个符合法治要求的司法体制和诉讼机制，以有效屏蔽法外干预，又有赖法律人依法独立、公正不阿之勇气与智慧。

（三）刑事司法证据裁判规则

1. 证明标准

证明标准在 1979 年、1996 年、2012 年和 2018 年四个版本的刑事诉讼法中的表述，基本精神都是一样的：案件事实清楚，证据确实充分。但是后两个版本的刑事诉讼法有了具体的规定。现行《刑事诉讼法》第 55 条对作为刑事证明标准的"证据确实、充分"所作的立法解释："证据确实、充分，应当符合以下条件：（一）定罪量刑的事实都有证据证明；（二）据以定案的证据均经法定程序查证属实；（三）综合全案证据，对所认定事实已排除合理怀疑。"何家弘教授认为，我国的刑事证明标准"证据确实、充分"其实包括了两个方面内容：另一个是规范证明，另一个是自由心证。

规范证明，亦即定罪判刑的前提就是事实的认定，第一个要求是定罪量刑的所有事实情节都要由证据证明；第二个要求是定案的证据都必须经过法定程序去查证事实，这两条可称为规范证明。对此，司法官是没有自由裁量余地的，必须按照法律规定的证明标准、法定程序去做到。自由裁量就是前述法条的第三个要求"综合全案证据，对所认定的事实已排除合理怀疑"，这一点类似于自由心证，因为它没有具体量化的可操作标准，需要司法官根据经验、常理等作出自己的判断。

2. 证据审查"三步法"

无论辩护人还是公诉人，在疑难案件的证据审查当中，如何去发现事实之疑、程序之疑？如何从这些疑点中寻找或预测控辩争点？南京市建邺区人民检察院副检察长李勇的课程和专著对刑事案件的证据审查总结了一个"三步法"的办案方法，对刑事控辩裁判很有启发。当一个案卷放在承办人面前，如何阅卷？他认为分为三步：

分解验证，对比印证，综合心证。①

　　第一步，分解验证。分解验证，就是把全案证据体系分解成一个一个单独的证据。每一个证据的合法性、证据力，都需要去对照法律的规定进行审查。因为在证据力和证据合法性问题上，不存在自由心证，完全取决于刑事诉讼法的明文规定。我们结合一个人人皆知的刑事案件，就可以得知分解验证的重要性，这就是最高人民法院再审改判无罪的聂树斌强奸杀人案。这个案件按照证据审查三步法的方法，在第一步分解验证上，作为该案最重要证据的尸体检验报告就存在严重的合法性问题。尸检报告作为对物证尸体的检验记录，属于实物证据；作为对死因的分析鉴定，属于科学证据。实物证据和科学证据也会撒谎，主要是因为证据的收集者不遵守法律规定的取证程序。尸体检验是有国家标准的，尸体检验报告的制作也是有法定程序的。按照这些标准和程序，尸体检验分尸表检验、解剖检验和特殊检验三个步骤。而聂树斌案的尸检报告反映出法医对尸体的检查只做了第一步尸表检验，没有对被害人的尸体进行解剖检验和特殊检验。而仅仅凭尸表检验就能得出死者康菊花是被人扼颈致死的判断，这个结论的科学性因检查步骤与国家标准和法定程序不符而大打折扣，根本无法排除其他死因的可能性。

　　第二步，对比印证。具有合法性因而具有证据资格的每一个证据之间能不能能相互印证？是否存在矛盾？如果有矛盾，能不能得到合理解释？这类案例有很多。被纠正的一些冤杀案件，大都存在这个问题。比如内蒙古的呼格吉勒图案，按照当时 1996 年刑事诉讼法规定的证明标准和证明规则，当时该案的口供、尸检报告和现场堪验这三者之间，是存在无法解释的矛盾的。这样的案件当初为什么能够定罪判刑，当时的公诉人和辩护人有没有对这些证据进行对比印证，真是一个很大的问题。

　　笔者在担任公诉处处长时曾经手一个故意杀人案，按照当时的刑事司法政策，没有任何法定或者酌定从轻情节的故意杀人通常是

---

　　① 李勇：《刑事证据审查三步法则》，法律出版社 2017 年版。

判处死刑立即执行的。但是该案最后却作了一个死刑缓期两年执行的判决。原因何在？就是当时这个案件受理后在起诉前笔者发现了一个问题，本案的两个物证不能相互印证。尸体检验报告记载被害人胸口的伤是单面刃刺器造成的，而侦查机关移送的作案凶器却是一个双面刃的匕首。两个物证之间就存在矛盾。笔者提出这个意见后公安机关也很重视，就把匕首拿到省公安厅做 DNA 鉴定（20 年前这项技术尚未普及）。鉴定的结果显示匕首上的血是猪血而不是人血。虽然这个案件的被告人自始至终供认犯罪，其他证人证言都保持高度稳定，但是两个物证之间的矛盾始终无法解释。经检察委员会讨论提起公诉后，法院最后作出了一个留有余地的判决死刑缓期两年执行。这就是证据审查的第二步，对比验证。

第三步，综合心证。这一阶段全案证据已经排除合理怀疑，自由心证与前两步的证明明显不同。合理怀疑的"怀疑"，意味着不需要证据，否则就不是怀疑而是证明了；合理怀疑之"合理"，意味着得有一定根据，不能是无端怀疑。合理与否的判断标准，可以是常理、逻辑等。辩护人提出了合理怀疑，公诉人便有义务排除它，否则法官可以按照不能排除的合理怀疑认定案件事实未达到法定证明标准。既然怀疑本身不是一个具有法定标准的司法诉讼行为，而是主观色彩浓厚的认知活动，那么它对认识主体的司法经验等综合素质具有较高的要求。

（四）刑事司法程序的侦查与辩护

在侦查、审查逮捕、审查起诉、审判等程序中，无论作为控方还是辩方抑或是裁判者，一个重要的任务就是尽力发现案件的争议焦点。争议的焦点在不同程序中有不同的呈现方式。对于公诉检察官来说，最需要重视的司法诉讼行为是侦查和辩护，"审查逮捕""审查起诉"的"审查"，绝对不只是审查犯罪嫌疑人的行为是否构成犯罪、应否逮捕或者起诉，还必须审查侦查行为的合法性，必须听取律师的辩护意见及其他诉求，只有在审查过程中把这些基础工作做好了，才有可能全面履行检察职能，既打击犯罪又保障权利。

1. 侦查：坚持正当程序，保障证据合法性

在侦查阶段，按照国家刑事诉讼法的规定，侦查行为必须要符合正当程序，确保证据力，也就是证据的合法性。作为公诉检察官和辩护律师，如果能够发现侦查程序存在的不当，证据存在的问题，就可以寻找到争点，为司法诉讼行为的作出打下基础。

第一，审查程序法律文书、讯问询问笔录与同步录音录像是否一致，以判断言词证据的合法性、自愿性。

【案例】在一个受贿案中，讯问笔录显示被告人在侦查初期是认罪的，到侦查后期全部推翻了以前的供述。当时已有明确的规定要求职务犯罪的侦查讯问必须全程录音录像。作为本案的辩护人，笔者并没有首先提出查看录音录像的申请，而是先审查检察机关的程序性法律文书和讯问笔录，发现二者就讯问起止时间的记载存在矛盾，再以此为由查阅了录音录像。通过查阅录音录像，发现侦查人员至少存在谩骂、侮辱嫌疑人的不文明行为，更关键的是通过录音录像、讯问笔录和对行贿人询问笔录的审查，笔者发现被告人和行贿人双方均讲到有一笔贿赂款是在被告人上班途中双方通过电话联系后几分钟时间就在某个路口碰头后交付的，后来被告人辩解称这笔事实根本不存在。考虑到双方先要通过通话才能在一个街头见面，双方的通话记录就成为一个非常重要的客观证据，经向法院提出申请，人民法院向移动通信公司调取了双方的通话记录，记录显示行贿人与被告人的确有过通话，但是行贿人主叫的这次通话是漫游状态，他当时不在本地而在车程一个半小时以外的另一个城市，但是他们双方的笔录都说双方电话打了以后没几分钟就在街头见面了。

这次行贿受贿的事实是否存在，产生了重大的疑问，虽然双方就犯罪事实的描述在时间、地点等细节上完全一致，但是却与通话记录存在明显的矛盾。最后法院以指控的事实无法排除合理怀疑为由不予认定，适用的法定刑因此降了一格。

第二，审查言词证据对关键情节的陈述，应着重审查同一人多次笔录之间是否保持了稳定，它的变化是不是能够得到合理解释，不同人的笔录、不同证据之间能不能相互印证，取证主体是否具有

合法性。

【案例】笔者曾参与过一起环境污染案的辩护。除了单位被告的诉讼代表人以外，其他 16 名自然人被告人都是文化程度偏低、没有专业知识的车间工人或槽罐车驾驶员。他们第一次的供述笔录都讲到从工厂往外运输的是一般的废水。第二次笔录开始就变成了日常生活中不太用的行话"碱母液"（之所以说它只是行话，是因为它只是缺乏专业训练的一线工人对农药生产工艺中加碱中和后的废水的一种不规范称呼，因为母液是酸性溶液，废水既然是碱性的，就不可能是母液，但因为它是含盐量很高不符合排放标准的碱性废水，所以工人们把它叫作"碱母液"）。最后几乎所有的笔录都将这种废水统一称为专业术语"母液"了。

相信今天参加培训的各位，如果没有办理过相关的案件，可能未必都知道母液的概念。母液，首先是一个化工术语，然后因为国家危险废物目录的规定，它成了一个法律术语（只要是母液就可以直接认定为污染环境罪中的危险废物）。办理这类案件，检察官、法官和律师在审查言词证据时需要注意的是，那些毫无化学知识的人，他们对处置的废水是什么所使用的称呼，为什么会在不同的笔录中呈规律性的变化？这样的笔录可信吗？显然，办理该案的侦查人员与这些当事人一样，并不清楚涉案废水到底是什么，在侦查初期甚至对危险废物的概念可能也不清楚，边办案边学习，后来知道了母液作为危险废物，擅自处置可以直接入罪，只有涉案的废水属于母液，被拘留的这十几人才有可能被顺利批捕起诉，于是后来的笔录便出现了规律性的变化（统一从废水向"碱母液"和母液改变）。为了查明这些被告人的笔录是否合法客观，就必须调阅讯问的同步录音录像，若没有同步录音录像，则通过讯问、发问被告人查清其供述内容发生变化的原因。如果定罪的内容并非出自犯罪嫌疑人的原话而是侦查人员自行添加的，那么这些笔录就应当排除。如果案件中又缺乏可以证明废水化学属性的实物证据或科学证据，那么这种案件就属于定罪证据不足的案件，应当退回补充侦查，最终无法取得定罪证据的，应当依法作出不起诉决定。

第三，审查检验、鉴定程序是否合法，过程是否规范。

一些案件之所以疑难复杂，是因为人员缺乏背景知识，案件事实本身原本是可以弄清楚的。在审查检验报告、鉴定意见这些证据时，无论作为公诉人还是作为辩护律师，要想达到有效指控或有效辩护，必须得具备超越刑事法律的知识面，对案件涉及的专业问题相关的背景知识要有所了解。对于物证检验、鉴定，必须要了解一个专业常识，就是几乎所有的检验鉴定，国家都是有标准的。伤害案、杀人案、强奸案都可能会涉及 DNA 的检验、尸体或人身的检查、检验，这些活动国家都有相应标准。而在司法实践当中，侦查机关在侦查过程中对于物证的检查、检验或鉴定程序，往往可能存在不符合国家标准的不严谨操作，导致检验报告和鉴定意见的合法性存疑。

2. 辩护：如何看待不同风格的辩护

履行控诉职能的检察官和履行裁判职能的法官有必要了解律师在刑事疑难案件诉讼中的辩护风格。现在公认刑事辩护律师的风格、做法有三种：一种是偏重协商的沟通派，一种是绝不妥协的死磕派，还有一种是追求极致的技术派。无论哪种风格，笔者认为只要是在法律框架内的操作，都可以理解包容。考虑到我国社会的现状即发展不平衡，某些地方的司法环境不尽理想，有些案件的办理难以恪守法律精神，不只是律师要死磕，连法官、检察官也会同情他们。因此，无论哪种风格，只要有利于公正司法，都是好风格。

第一，沟通派。在刑事诉讼程序内，辩护人运用专业知识，运用辩护技术，说服检察官、法官采纳其辩护意见，实现其诉讼目的，这当然是理想的状态。在司法实践中，有一些案件也不一定由法官、检察官说了算，即使说服了他们也仍然难以实现有效辩护。因此，在司法体制和司法机制还没有改革到位还不能够良性运转的情况下，为了履行法律服务合同，履行当事人托付的辩护责任，辩护人必须要寻找到案件真正的决定者、真正的裁判者去发表辩护意见。这样的操作完全具有合理性。为了被告人利益的最大化，为了法律能够在法定程序得到正确的实施，在案件存在法外因素干扰的情况下，辩护人采用一切不违法、不缺德的方式，去和有关方面沟通，让他们能够尊重法律、尊重司法。然后使当事人不被冤枉。这就是沟通的目的。当然，如果沟通的方式超出了职业纪律允许的范围，它就有可能成为"勾兑"，各方对此不得不提防。

第二，死磕派。关于死磕，律师抓住司法的缺陷，利用网络媒体进行抗议，这个现象是前几年开始引起广泛关注的一个问题。在司法不理性的情况下，死磕就如同以毒攻毒，具有一定的合理性。但是，媒体审判，又是有损司法权威的。因此，过分死磕会有很大的副作用。更重要的是，如果死磕不利于当事人权益的实现，那更是违背律师职业伦理的做法。

第三，技术派。作为法学院教师兼职刑辩律师，很高兴能看到刑辩专业化的趋势正在形成。全国主要省份大都成立刑辩专业律所，一些综合性的大所也组建了很强的刑辩团队。刑事辩护律师很注重相互交流，很注重总结研讨，刑事律师的辩护水平将来一定会和公诉人的公诉水平相媲美。随着社会的进步，人们对生命、自由会越来越重视，对冤错案件的容忍度也会越来越小，因而社会对高质量辩护服务的需求会相应增加，刑事律师的业务收入也会相应提升，技术派应该有广阔的前景。

三、司法方法：刑事疑难案件的规范适用

（一）刑事疑难案件司法中的不完全法律规则适用

司法实践中刑事疑难案件的形成，与法源供给不足有很大关系。刑事立法不精确导致法律规则模糊，或者法律规则存在漏洞，都会引发司法适用的困难。法源供给不足，有两种情况：一是不完全法条，二是法律漏洞。我们以不完全法条为例与大家一起探讨刑事疑难案件如何正确适用法律规则。

1. 刑事立法：空白罪状和法定拟制等不完全法条

在卡尔·拉伦茨《法学方法论》的法条理论中，法律规则以"法律语句"（法条）为语言形式，法条具有规范性意义，对法条不

像对陈述性语句那样可以衡量其真假，"只能研究其是否有效，是否为现行有效之法秩序的构成部分"，法条"以一般方式描述的案件事实（构成要件）被赋予同样以一般方式描绘的'法效果'……当构成要件所描述的案件事实存在，法效果即应发生，易言之，即应适用于该具体事件"。"法律通常包含多数法条，其未必均是完全法条。有些法条是用来详细规定完全法条的构成要件、构成要件要素或法效果；有些则将特定案件类型排除限另一法条的适用范围之外，借此限制起初适用范围界定过宽的法条；再有一些法条，它们或就构成要件，或就法效果的部分，指示参照另一法条。在语言上，这些法条都是完全的语句，作为法条则属不完全法条。"① 除了说明性法条和限制性法条外，指示参照性法条和作为指示参照的法定拟制，对刑事司法中的疑难案件的正确处理意义重大。

第一，空白罪状。我国现行刑法 452 个条文、10 个修正案，规定了 469 个罪名。按照刑法学界对犯罪的分类，这 469 个罪名分为自然犯和法定犯（又称行政犯）两类。自然犯罪名主要集中在刑法分则第四章"侵犯公民人身权利、民主权利罪"、第五章"侵犯财产罪"两章，其他八章规定的"危害国家安全罪""危害公共安全罪""破坏社会主义市场经济秩序罪""妨害社会管理秩序罪""危害国防利益罪""依法贿赂罪""渎职罪"和"军人违反职责罪"，总体上属于法定犯。刑法条文对犯罪行为的规定，在立法技术上主要采用叙明罪状和空白罪状两种方法。采用空白罪状立法技术的罪名主要集中于法定犯，其法条对危害行为类型的具体特征不作表述而通常采用"违反国家规定"或者"违反国家有关规定"的方式进行规定。自然犯只有两个新罪名例外，即《刑法修正案（四）》在《刑法》第 244 条之一新增的"雇佣童工从事危重劳动罪"和《刑法修正案（七）》在《刑法》第 253 条之一新增的"侵犯公民个人信息罪"。在法定犯比如刑法分则第二章"危害公共安全罪"中的

---

① ［德］卡尔·拉伦茨：《法学方法论》，商务印书馆 2003 年版，第 132—138 页。

事故类犯罪和第六章"妨害社会管理秩序罪"中的计算机犯罪，大多数罪名均采空白罪状的立法技术。如，《刑法》第134条规定的"重大责任事故罪"罪状表述为"在生产作业中违反有关安全管理的规定"，第135条规定的"重大劳动安全事故罪"罪状表述为"安全生产设施或者安全生产条件不符合国家规定"。空白罪状，即刑事法条未对行为类型作具体描述，是否构成犯罪取决于行为有无违反国家规定。而按照《刑法》第96条对"国家规定"所作的立法解释，国家规定是指"全国人民代表大会及其常务委员会制定的法律和决定，国务院制定的行政法规、规定的行政措施、发布的决定和命令"。刑法之所以存在大量的空白罪状，也是无奈之举。作为一个飞速发展的发展中国家，既要满足法律的安定性，又要顾及刑法与社会生活的衔接，妥协的办法只能是将需要刑事规制的行为的部分要件，托付给国务院的行政法规进行具体的表述。由于行政法规的立法程序相对便捷，对社会生活的适应性较强，通过行政法规的立、废、改，可以满足刑法的适应性，同时又避免了刑法的频繁修改以确保安定性。

第二，法定拟制。在我国的刑事立法中，还存在法定拟制的情形。与此相关的问题是，在其他部门法中的法定拟制，是否具有刑事司法的效力。比如，行政法上的拟制原本与刑事法司法无关，但是，刑事司法所适用的罪名遇到空白罪状的情形，就必须引用到行政法和行政法规的规定。此时，就产生了刑事法律拟制与非刑事法律拟制、法律拟制与法规规章拟制在刑事司法中的法律效力问题，对这些问题的理解适用，决定了案件行为的有罪或者无罪。诸多疑难案件中法律适用的争议，并非对刑事法律本身的争议而是对非刑事法律相关规范在刑事司法中的效力的争议。为表述方便，可以把法律拟制分为刑事法律拟制和非刑事法律拟制，当然按照法律的位阶，又可以把非刑事法律拟制区分为法律拟制、法规拟制和规章拟制。

2. 案例分析：不完全法条与罪刑法定原则

在刑事司法实践中，疑难案件所遇情形，有的是空白罪状填补中的问题，有的则是法律拟制引发的争议，更有甚者，既有空白罪状问题又有法律拟制问题。

在法定犯场合，罪刑法定、空白罪状与国家规定之间的关系该如何把握？通过一个司法实践中发生的真实案例，可以发现实践中的问题已经走得有多远。

【案例】这是一件被定性为"破坏计算机信息系统罪"的网络犯罪案，其争点是涉案公司的行为到底是竞争纠纷还是网络犯罪。具体案情是：从事智能手机 App 推广业务的某涉案公司（业内称这类公司为渠道商），负责将软件开发商（业内称为上游开发商）开发的手机操作程序 OS 和应用程序 App 推广安装于手机制造、销售商（业内称下游制造销售商）生产销售的手机。上游开发商可通过技术手段统计其开发的 App 被渠道商有效推广的数量，并按照每部手机0.8 元钱的价格支付给渠道商作为推广费用。渠道商再以稍低的价格将这些 App 推广至下游手机制造商，以赚取差价。下游厂商或者再下游的批发零售商为了赚钱便不讲诚信，收了渠道商的钱装了App 后再刷机重装，这样导致渠道商向下游支付了费用却不能得到上游的费用，因为上游开发商通过技术手段能够确认渠道商未能有效推广其应用。渠道商为了维护合同利益，确保其预装的 App 不被刷机覆盖或者替换，便采用技术手段破解上游手机操作程序 OS，并将其编制的一款保护程序写入该 OS 内。该保护程序的功能是：手机未装 SIM 卡时删除其预装的 App、通过 WIFI 联网并重装同款 App，导致 App 推广渠道改变从而使推广费用归属改变，保护程序可以使手机再次启动时自动将该款 App 恢复为原渠道安装的 App；手机安装 SIM 卡后，无论删除还是重装，该程序均不启动。之所以以是否安装 SIM 卡为程序是否启动的条件，是因为安装 SIM 卡意味着手机已联网且到了具体的用户手上，渠道商为避免对计算机网络通信和用户造成影响，在程序设计时对装有 SIM 卡的手机不启动保护程序，未装 SIM 卡则意味着手机还在下游生产商或销售商手上且未联网，若渠道商付费安装的 App 被置换将导致自己的合同利益不能实现，保护程序启动不会影响计算机网络通信且不会对最终用户造成不便。

关于涉案公司的行为（破解上游公司开发的手机操作系统 OS 并写入本公司的保护程序、该程序在手机安装 SIM 卡的情况下不被触发），如何定性？检察指控该行为构成破坏计算机信息系统罪。问题有二：其一，手机单机的操作系统是否等同于刑法上作为犯罪对象的计算机信息系统？其二，违反国家规定即全国人大及其常委会和国务院两个位阶的法律、法规，这些法律法规中的原则性或宣示性规定是否具有填补刑法空白罪状"国家规定"的资格？经检索相关法律法规，适用于本案的法源，即刑法规定的破坏计算机信息系统罪空白罪状"违反国家规定"中的国家规定，除全国人大常委会的立法（如网络安全法）外，主要是国务院的行政法规《计算机信息系统安全保护条例》。

为了讨论方便，还必须先解决三个问题。第一，先区分两个技术概念即域名劫持与链路劫持。流量劫持（利用软件修改浏览器、锁定页面主页等强制用户访问某些网站从而导致流量增加或减少的技术操作），可分两类："域名劫持"和"链路劫持"。前者通过对运营商服务器、用户路由器等 DNS 设置进行修改、破坏计算机域名解析系统导致用户访问错误的网站，后者只是对用户访问特定网站的路径进行改变，并未对用户使用计算机网络造成实质性影响，也没有危害到计算机系统的运行安全，因此没有侵害到《刑法》第286 条所保护的法益。第二，再区分两个法律概念即单机操作程序与信息网络系统。《计算机信息系统安全保护条例》第 2 条规定"计算机信息系统是指由计算机及其相关的和配套的设备、设施（含网络）构成的，按照一定的应用目标和规则对信息进行采集、加工、存储、传输、检索等处理的人机系统"，即信息网络系统。显然，未联网的单机并不是计算机信息系统本身，因为单机不具备采集、传输、检索等处理信息功能。在辩护时，必须区分技术概念"手机操作系统"和刑法概念"计算机信息系统"，前者只是单机操作程序（单机软件），后者才是作为网络犯罪对象的人机系统（网络）即计算机信息系统。第三，还要区分规范种类即原则性规定与规则性规定。检察院引用了《计算机信息系统安全保护条例》第 7 条作为指控被告人违反国家规定的依据。而该条只是"宣示性"规定，并未具体设定任何权利义务，它抽象地规定"任何组织和个人不得利用计算机信息系统从事危害国家利益、集体利益和公民合法利益的活动，不得危害计算机信息系统的安全"，危害的行为方式种类及其后果各是什么，仍然语焉不详。问题是：用来填补刑法空白的国家规定，本身也是空白时，如何处理？用空白规范（不完全法条）填补空白规范（不完全法条），在法学方法论上显然不能达到完善法律逻辑、澄清规范意旨的目的。若强行用空白填补空白，则违反罪刑法定原则。

按照《刑法》第 286 条的规定，破坏计算机信息系统罪是指"违反国家规定，对计算机信息系统功能进行删除、修改、增加、干扰，造成计算机信息系统不能正常运行，后果严重的"行为。该罪显然属于法定犯，因为刑事评价须以当事人行为违反国家关于计算机信息系统的法律和行政法规定为前提。同时它采用的空白罪状立法技术：既要求以"违反国家规定"为定罪条件，又不在刑法中具体表述国家规定的内容。按照罪刑法定原则，刑法惩罚违反法律义务或侵害法律权利的危害行为，以法律规则明文具体规定的为限。因此，违反国家规定的本义，应当是关于权利义务的"具体规定"，即明确设定了行为主体权利、义务的国家规定，生活中的实质利益或负担形式化为行政法的权利或义务，进而成为犯罪的客体即犯罪行为侵害的法益，而不应该是抽象的宣示性规定。《计算机信息系统安全保护条例》第 7 条关于"任何组织或者个人，不得利用计算机信息系统从事危害国家利益、集体利益和公民合法利益的活动，不得危害计算机信息系统的安全"的规定，没有就行为类型进行具体规定，其表述与刑法总则关于犯罪定义的抽象规定并无二致，若该抽象规定可以成为填补空白的法源，那么直接引用刑法总则关于犯罪的定义不就可以了，又何必舍近求远援引《计算机信息系统安全保护条例》？法条中的原则性规定属于价值宣示性规定，其不具备填补刑法规则空白以指引司法的功能。不能援引这种"原则性规定"，否则就会使刑法规定的定罪要件失去确定性内涵，违反罪刑法定原则。而规则性规定是以权利义务为内容的对行为类型进行具体描述的法律规定，才是具有填补刑法空白罪状的具体规定。裁判时只能援引具体性规定，如该条例的第四章法律责任部分，相关条文就明确规定了哪些行为是禁止的，一旦违反法律责任如何。

若刑法采空白罪状，用以填补空白的又是民商法、行政法或社会法上的抽象原则性规定（相对于具体规则性规定，毋宁称其为空白规则），用空白填补空白，必然导致严重结果：刑法规则中的犯罪，不是取决于立法，而是取决于司法者自己的任性。

在人民代表大会制度这个根本的政治制度下，无论是侧重个体自由的辩护，还是持保守抑或能动立场的司法，无论是机械严格的罪刑法定，还是允许扩张解释的罪刑法定，都得承认：立法是执政党领导的人民利益意愿的国家意志化，它对行政和司法具有约束力。如果允许用低位阶的行政法规的空白规定填补高位阶的刑事法的空白规定，那么不只是纵容了行政对司法的侵越，而且是司法和行政一起侵犯了立法的权力，因而是不合国体政体的。刑事法律人的法律思维，应该是实质思维和形式思维的高度统一。所谓实质思维，就是入罪的行为必须有实质的社会危害，而社会危害不能单纯地只从刑法去判断，必须是从行为的具体性质来考量：如果是自然犯，必须侵犯了民商法上某个法律保护的权利；如果是法定犯，必须侵犯了行政法或者社会法上某个法律保护的权利。如果没有任何一个权利被侵害，那么行为也就没有实质的社会危害，就应该一律出罪，不应该入罪。形式思维则是就算有了实质危害，如果不满足法定要件，按照罪刑法定原则也是要出罪的。司法实践中疑难案件未能得到正确处理，原因之一正是理论法学未能为司法实践提供可适用的司法方法，导致刑事法律人不关心刑事以外的民商法、行政法和社会法在刑事司法中不可或缺的重要作用，进而用个人的价值偏好或有限的经验替代了缺席的民商法、行政法和社会法。

（二）刑事疑难案件司法中的原则适用

在司法实践中，原本可以正确解决的疑难问题之所以未能正确解决反而导致司法不公，与法律人司法作业过程中法条主义倾向有很大关系。不少法律人心中只有法律规则，而忽略了法律原则对法律规则在价值取向、规则解释和自由裁量中的指引功能，导致那些在原则指引下规则原本可以解决的个案法律问题被复杂化，最终导致法律未能正确适用，酿成冤假错案。

刑事疑难案件固然源于规则的局限，但是解决法律规则适用中的疑难问题不能局限于规则本身。在我国诉讼实践中，体制改革、社会转型导致标准和观念纷争。一个有效的代理、辩护或检控、裁判，一个能将形式正义和实质正义兼容的司法决定，需要法律人运用社会科学的方法，援引实证的数据、政策和学理，将抽象的法律原则落实于对具体法律规则的理解、解释和适用中，而不是缘木求鱼、刻舟求剑地在螺蛳壳里做道场。

我们以比例原则为例，分析权利、义务和责任之间的比例关系与罪责刑相适应的关系。法治原则大致可以分为质和量两类。民商法上的诚实信用原则，行政法上的权力法定原则和刑事法上的罪刑法定属于前者；民商法上的公平原则，滥觞于德国警察法现成为重要的行政法原则的比例原则和刑法上的罪责刑相适应原则，属于后者。罪责刑相适应原则作为刑法基本原则之一，旨在约束检察院程序法上的自由裁量权（起诉还是不起诉）和法院实体法上的自由裁量权（量刑从重还是从轻）。可以说，比例原则就是行政法中的"罪责刑"相适应原则，罪责刑相适应就是刑法中的比例原则。一般认为，比例原则的含义有三：一是目的适当；二是最小侵害；三是损益相称。正因为各部门法的权利、义务和责任都存在数量上的比例关系，所以有学者将行政法中的比例原则提升到宪法的高度，从法理角度对比例原则进行了多层次、多角度、全方位的论证，尤其是对比例原则的法哲学基础、法精神基础和正当性基础进行了理论分析。[①] 刑事法中的比例原则，比刑法中的罪责刑相适应原则范围更为宽广，内容更加丰富。它除了解决刑事实体法上的罪责刑比例关

---

① 姜昕：《比例原则研究——一个宪法的视角》，法律出版社 2008 年版。

系外，还规制刑事程序法上强制措施和司法决定问题，甚至还涉及民商法、行政法、社会法与刑事法之间的比例关系。

（三）刑事疑难案件司法中的政策指引

无论是指导政策作为法律规范的构成要素，还是把政策作为与法律平行的社会规范，抑或政策作为非政策法源，都不能无视政策对司法过程中法律适用的指引功能。尤其是社会转型期，法律的安定性与法律的合目的性之间常常会发生剧烈的紧张，进而导致司法过程中恪守法律规则确定性这一形式理性与追求个案纠纷合理解决、实现个案中的实质正义这一实质理性之间发生矛盾。在刑事司法中，由于罪刑法定原则的特别重要的法治意义，在法律规则没有明文规定为犯罪的情况下，政策不应当成为入罪的根据，这就是法学史上有名的"李斯特鸿沟"理论。

我国现行《刑法》第3条规定："法律明文规定为犯罪行为的，依照法律定罪处刑；法律没有明文规定为犯罪行为的，不得定罪处刑。"按照文义解释的方法，该法条确立的罪刑法定原则有双重含义：前半句讲的是入罪，后半句讲的是出罪。但是，按照体系化解释的方法，并非所有法律明文规定为犯罪行为的都一律依照法律定罪处刑。比如，刑法本身规定了大量免予刑事处罚的情形，刑事诉讼法规定了有罪但可以不起诉的情形。但是，有一点是确定的：无论行为实质的社会危害多么严重，只要法律没有明文规定为犯罪行为，便绝对不应定罪处刑。因此，刑事法学界一般认为罪刑法定原则的实质在于强调法无明文规定不为罪即法条的后半句，而不是强调法律明文规定为犯罪行为的一律定罪判刑即前半句。基于以上分析，既然有罪的行为可以通过不起诉不再定罪判刑、起诉了的也可以免予刑事处罚，那么，在司法实践中，司法人员如何行使这种自由裁量权，便成为一个问题。滥用自由裁量权，将会伤害法律的确定性；不用自由裁量权，将不利于个案中实现实质正义。根据我国的法治实践，政策的功能之一恰恰就在于对司法自由裁量权的指引。

自党的十八大以来，最高司法机关乃至中共中央、国务院纷纷发布对民营经济给予保障的政策，其中大量的内容涉及刑事司法问题，包括业已判决的案件的平反纠正和尚未处理的案件如何裁判。刑事政策的前提是法律赋予司法程序法和实体法上的自由裁量权。无裁量自由便无刑事政策。法律至上，政策在法内。当法律规范的形式要件规定模糊理解有歧义时，政策与习俗、学理一样用来指引法律解释。开放的法律不拒绝政策的帮助。① 当然，在一个连形式规则都难以普遍遵守的社会，谈论这些可能是奢侈甚至是危险的。但是，国家创制法律、人民信奉法治，绝不是为了审美或者逻辑圆满，而是为了让社会更有秩序、人们更有自由，当法条混乱、僵硬、呆滞甚至空缺时，总得找到一条恰当的出路。政策，不仅是非正式法源，在正式法源缺位时可以作为替补出场，而且它还对正式法源的理解与适用具有不可否认的指引作用。

1. 政策对事实认定和法律解释的指引

在简单案件中，作为案件事实中的当事人行为与作为法律规则中要件事实的行为，可以等置对接，因而不会发生事实认定和法律适用困扰。在疑难案件中，等置对接并非易事。若法律规则本身不能得出唯一结论，那就势必从规则之外寻求资源以论证某种结论更加妥当。规则外的资源，有作为正式法源地位和作为法律规范构成要素的法律原则，有虽非正式法源但具有政治正当性的政策和具有实效性的常理。原则和政策的指引，常情常理的考虑，对规则适用进而对行为的法律评价至关重要。

依德沃金的定义，虽然原则和政策都是相对于规则而言的准则，时常也会总体上概括地使用"原则"这个词，但二者的内容有别、位阶也不同。原则被认为是涉及宪法意义上基本人权这一最高价值的法要素，而政策则是不涉及个人自由平等这些基本人权的其他价值，承载着社会目的或公共利益。原则应该得到遵守，并不是因为它将促进或者保证被认为合乎需要的经济政治或者社会形势，而是因为它是公平、正义的要求，或者其他道德层面的要求。政策，是

---

① 李勇：《坚守李斯特鸿沟》，载《检察日报》2016 年 2 月 25 日。

规定一个必须实现的目标，一般是关于社会的某些经济、政治或者社会问题的改善。[①]

在刑事司法中，原则旨在保障人权，在定性确定的案件中，它可以指引规则适用和限制自由裁量；在定性不确定的案件中，它可以填补规则漏洞，但公法和刑事法案件除外。政策旨在维护公共利益，在定性确定的案件中，政策具有引导自由裁量的功能，当规则适用与公共利益明显不合，政策可以成为出罪依据；在疑难案件中，政策只具有出罪功能，若缺乏规则，政策不可填补规则漏洞，不能入罪（李斯特鸿沟）。

原则是人权价值的法律表达，政策是社会目的的政治表达。指引规则的原则，在规则要件符合时可以成为强化入罪和自由裁量理由的根据，在规则要件不合时可以强化出罪的理由，而基于规则优先适用原理，原则本身单独难以成为入罪和出罪的根据；而政策，在要件符合时可以成为自由裁量的指引，但重要的是，即使要件符合，它也能够单独成为出罪的正当根据，无论如何，政策本身不能单独成为入罪的根据。这就是原则和政策在入罪和出罪中的各自作用的有趣表现，二者似乎发挥着与它们自身使命相反的功能：以人权为核心价值的原则，并不能排除规则的入罪功能以保障人权，但以社会目的为核心价值的政策，却可以在规则要件符合可以入罪时排除规则的适用，虽然动机是为了某种社会目的，但效果却是被追诉人得以出罪进而使他个人的自由或权利免受剥夺。

2. 政策有助于防止法条主义的弊端和片面司法至上的危险

极端的法条主义和片面的司法至上是危险的。[②] 司法实践中之所以大量疑难复杂案件未能正确处理最后以冤错收场，可能与法条主义被极端化、司法机关的自闭任性有关。法律原本是社会生活的形式，司法运用这个形式解决纠纷以实现社会生活的正常进行，是法

[①] ［美］德沃金：《认真对待权利》，中国大百科全书出版社 1998 年版，第41—42 页。

[②] ［美］马克·图什内特：《让宪法远离法院》，法律出版社 2009 年版。

律和司法的本分。司法固然应当服从实在法，尊重法的安定性，"但是法的安定性不是法律必须实现的惟一的、决定性的价值。与法的安定性同时存在的还有另外两个价值：合目的性和正义。在这个价值序列中，我们把有利于公共利益的法的合目的性置于了末位。"①无论属于哪个学派抑或持什么立场，法学家们都承认规则的优点在于它的刚性确定以保持法的安定性，但是正如拉德布鲁赫所说正义价值优先于安定性和合目的性，毕竟规则具有不可忽视的弊端。按照博登海默的说法，法律的弊端之一是它的"时滞"问题，法律一经制定都具有一定的稳定性，不可朝令夕改，否则就失去了其权威性和确定性，但是法律所调整的社会关系却是不断在发展和变化的，而且社会变化，从典型意义上讲，要比法律变化快。社会的发展同法律的安定性产生的矛盾很可能使法律成为进步和改革的羁绊。法律还存在机械性、僵化性问题。法律规范总是以一般的和抽象的术语来表达的，而法律所要解决的案件是个别的、具体的，因此，有时将具有一般性和抽象性的法律规范运用到具有具体性和个别性的案件中去，会产生违背法律规范本义的结果，有时甚至会牺牲个别正义。②因此，对规则弊端发挥纠偏作用的，正是原则的正义性和政策的合目的性。当形式背离内容，若法律仍牢不可破，司法仍固执己见，恐怕这并非法治的本义。

最高人民法院、最高人民检察院近年所发关于民营经济的司法政策文件，不但对自由裁量给出指引，甚至直接发挥政策在出罪或宽缓适用实体法和程序法强制措施中的法源功能。如，最高人民检察院 2016 年 2 月 19 日《关于充分发挥检察职能依法保障和促进非公有制经济健康发展的意见》第 7 条规定："准确把握法律政策界限，严格执行宽严相济刑事政策。坚持法治思维，充分考虑非公有制经济的特点，优先考虑企业生存发展，防止不讲罪与非罪界限、

---

① ［德］拉德布鲁赫：《法哲学》，法律出版社 2005 年版，第 232 页。

② ［美］E. 博登海默：《法理学：法律哲学与法律方法》，邓正来译，中国政法大学出版社 1999 年版，第 402 页。

不讲法律政策界限、不讲方式方法，防止选择性司法，防止任意侵犯非公有制企业合法权益问题的发生。注意严格区分经济纠纷与经济犯罪的界限，个人犯罪与企业违规的界限，企业正当融资与非法集资的界限，经济活动中的不正之风与违法犯罪的界限，执行和利用国家政策谋发展中的偏差与钻改革空子实施犯罪的界限，合法的经营收入与违法犯罪所得的界限，非公有制企业参与国企兼并重组中涉及的经济纠纷与恶意侵占国有资产的界限。"第 9 条要求，"注意改进办案方式方法，防止办案对非公有制企业正常生产经营活动造成负面影响"，"慎重选择办案时机和方式，慎重使用搜查、扣押、冻结、拘留、逮捕等措施；不轻易查封企业账册，不轻易扣押企业财物。对于有自首、立功表现，认罪态度较好，社会危险性不高、积极配合的非公有制企业涉案人员，一般不采取拘留、逮捕措施"。实务界和学术界对此类文件往往无动于衷。他们偏好于对法律至上和司法独立的念念不忘，对破坏规则和干预司法的痛心疾首，而往往对法律与生活的关系、司法的权威与公正，缺乏辩证的理解。

▶代跋

关于检察机关适用认罪认罚从宽制度的
几点思考[*]

王祺国^{**}

《刑事诉讼法》第 15 条规定："犯罪嫌疑人、被告人自愿如实供述自己的罪行，承认指控的犯罪事实，愿意接受处罚的，可以依法从宽处理。"认罪认罚从宽作为我国刑事诉讼法的一项重要原则得以确立。检察机关应当精准把握、科学谋划，实现认罪认罚从宽制度功能和价值的最大化。

一、深刻认识认罪认罚从宽制度的社会价值

认罪认罚从宽制度既涉及实体也涉及程序，覆盖全部罪名，关系公正与效率，关系案件的繁简分流，对实现刑事诉讼的宗旨意义深远。认罪认罚从宽制度适用中起决定作用是在审判之前的审查逮捕、审查起诉环节。这项法律制度本身也是一种重要的社会治理制度，有着深厚的文化、社会、时代基础。

首先，这一制度与悠远深厚的中华文化具有内在一致性。以人为本、以德为先、以和为贵、德主刑辅是中华五千年传统文化的精华，说到底，中华文化本质上是一种和谐文化。发展着的新时代

---

   * 原标题为《在执行"认罪认罚从宽"中发挥检察主导作用》，发表于《检察日报》2019 年 4 月 23 日，有修改。

   ** 浙江省人民检察院党组成员、副检察长，一级高级检察官，全国检察业务专家。

"枫桥经验"也始终秉承"化解矛盾、以人为本、维护社会和谐稳定"的价值追求。我国刑事诉讼制度始终秉持司法谦抑性、人本性，始终把落实尊重和保障人权的宪法原则作为刑事诉讼制度完善的重要思想基础。认罪认罚从宽制度无疑汲取了中华文化的精髓。

其次，这一制度有着反复证明的实践成效。与我国刑事诉讼立法相适应，我国刑事诉讼实践始终坚持宽严相济的刑事政策，反映到打击犯罪中就是始终强调刚柔相济、打防结合、多策并举、综合治理，对轻刑犯罪更是坚持打击极少数，教育、挽救大多数的方针，尽可能减少社会消极因素、增强积极因素。检察机关不断增强"少捕慎诉"的理念和实践，极大地增强了刑事诉讼活动的和谐因素和社会活力。认罪认罚从宽制度的试点更是为认罪认罚从宽法律制度的建立提供了富有成效的实践养分和经验规则。

二、适用认罪认罚从宽制度应当坚持的基本原则

认罪认罚从宽制度作为综合性的刑事诉讼法律制度，极大地丰富了我国刑事法律的社会功能。依法严格适用认罪认罚从宽制度，无论对于个案的公正处理还是整个刑事犯罪法治化治理均意义重大。检察机关作为国家的法律监督机关，在刑事诉讼中上承侦查下启审判，要充分履行好认罪认罚从宽制度适用中的主导责任，必须坚持以下几项基本原则。

一是坚持刑法的三大基本原则。认罪认罚从宽制度是对认罪认罚的犯罪嫌疑人、被告人作出从宽处理的激励制度。适用该制度的法治底线，必须是坚定不移地遵守罪刑法定原则、罪刑相适应原则和刑法面前人人平等原则。这些基本原则是刑事法治的根基，认罪认罚从宽制度只能在这些基本原则的框架之内适用。

二是坚持以审判为中心的原则。未经审判不为罪是刑事诉讼法的重要原则之一，以审判为中心的诉讼制度改革就是要进一步强化审判的中心地位。适用认罪认罚从宽制度的案件庭审程序可以相应

简化，但认定事实、采信证据、定性量刑等，都必须按照法律规定进行。

三是坚持案结事了的原则。认罪认罚从宽制度具有深刻的社会治理功能，适用该制度必须坚持案结事了的原则。在对犯罪嫌疑人、被告人适用认罪认罚从宽制度的同时，要实现被破坏的社会关系得以修复，犯罪侵害的国家利益和社会公共利益得到保护，对被害人的损害给予补偿和精神慰藉，最终社会矛盾得到有效化解。

三、加强对认罪认罚从宽制度适用的法律监督

检察机关对认罪认罚从宽制度的适用要紧紧依托正在进行的捕诉一体改革的有利时机，强化精准性、主动性的法律监督。

一要保障全面落实认罪认罚从宽制度。保证每一诉讼阶段告知犯罪嫌疑人、被告人认罪认罚从宽制度，特别是该制度对于犯罪嫌疑人、被告人权益的重大意义；要加强释法说理、道德教化，增强犯罪嫌疑人、被告人认罪认罚的内心自愿性，并要对认罪认罚的意思表示记录在案、随案移送；要创造良好的工作环境，充分调动值班律师和辩护人在执行认罪认罚从宽制度中的积极性，认真听取他们的意见建议，增强该制度适用中的平等性、协商性。

二要保证认罪认罚从宽制度的严肃性。认罪认罚从宽制度的适用中要维护法律的统一性和权威性。一方面，坚决防止因适用认罪认罚从宽制度而降低办案质量、降低证据合法性和证明力条件，坚决监督纠正非法取证、强迫认罪认罚等行为；另一方面，坚决防止犯罪嫌疑人、被告人假认罪认罚的情形，要高度警惕以认罪认罚为幌子掩盖严重犯罪现象的发生，增强法律监督的敏锐性，通过立案监督、侦查活动监督，加强追捕追诉，深挖严重犯罪，确保认罪认罚从宽制度全面落实。

三要推进认罪认罚从宽制度适用的规范化。检察机关要以职能特点和办案优势，不断优化制度的标准化、规范化建设。从认罪认罚从宽制度的科学性、功能性、规律性出发，着力对检察环节认罪

认罚从宽的标准和程序，主要犯罪类型认罪认罚从宽的标准和程序，适用认罪认罚从宽制度的组织形式、评价要素、监督制约等，深入总结分析，主动加强规范化建设，推动这项富有生命力的制度不断完善。